唐长安城示意图

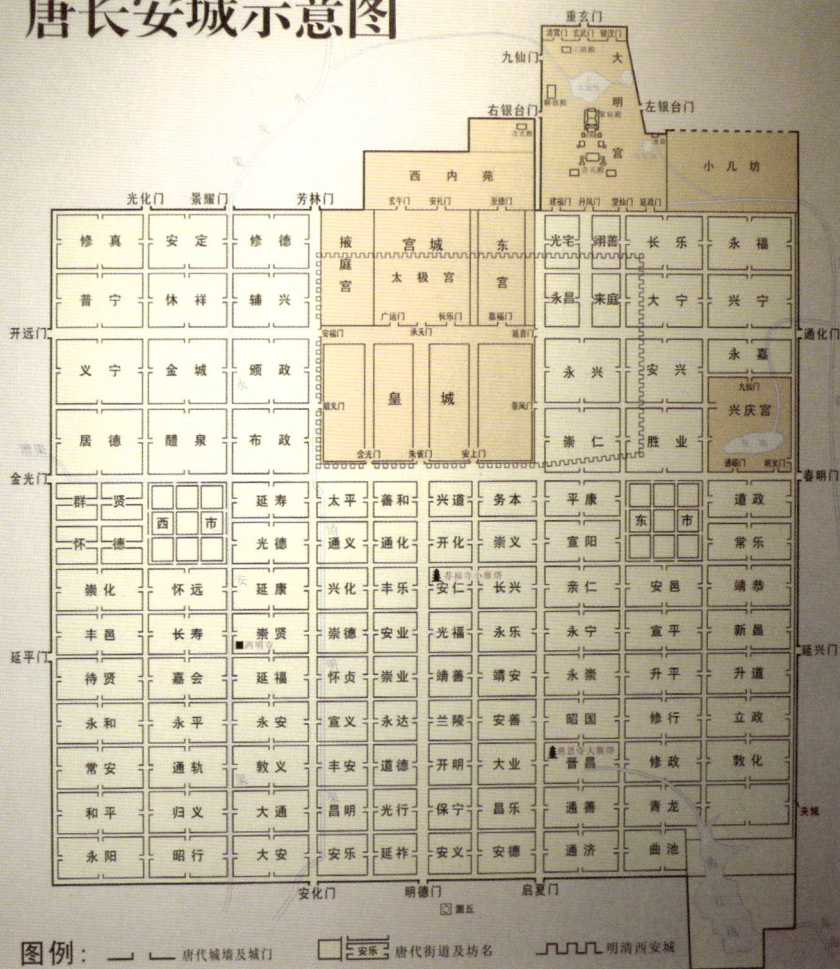

图例：￣￣ 唐代城墙及城门　　□安乐□ 唐代街道及坊名　　〰〰 明清西安城

《第一章　穿越先过语言关：想穿越到长安过夜生活？城管叔叔欢迎您！》配图

　　宫城、皇城和110个里坊，把庞大的长安城分割成整齐严密的棋盘状。唐代长安实行夜禁，日落后百姓不可出坊。从西安博物院展出的唐长安城复原模型，可见坊门、坊墙、街道和排水沟。照片由西安博物院志愿者张和鑫于2012年6月拍摄。

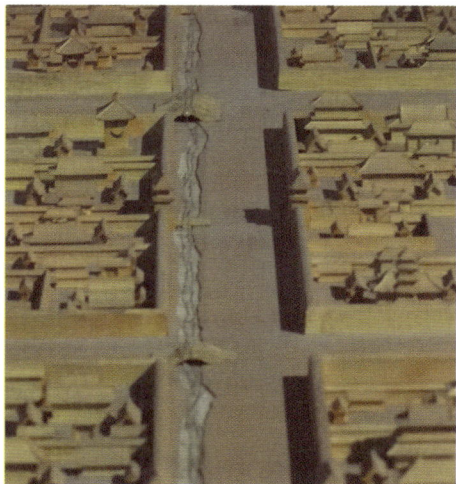

《第一章 穿越先过语言关：是谁在叫"太巴荒"？那是杜甫呼唤"太白兄"……》配图

　　元代乘驿银牌，上镌"天赐成吉思皇帝圣旨疾"十字，是元朝因公务使用驿站的官方凭证，现藏中国国家博物馆。

　　历代官驿站都不为普通百姓服务，要住宿换乘，必须出示相应的公务证明和官方凭证。

《第一章 穿越先过语言关：见了官员别乱叫"大人"，除非您想拜干爹……》配图

　　《宋拓淳化阁帖》中收入的唐太宗李世民书法，是他写给儿子李治的家信《两度帖》。由中国书店影印出版，新华书店首都发行所1988年发行。文字辨录及试译为作者鹿自作。

　　李世民在家信中对儿子自称"耶耶"，确凿地证明了这是当时子女对父亲的称呼。全信语气随意亲切，感情表达强烈，完全未受君臣之礼拘束，极具唐人个性。

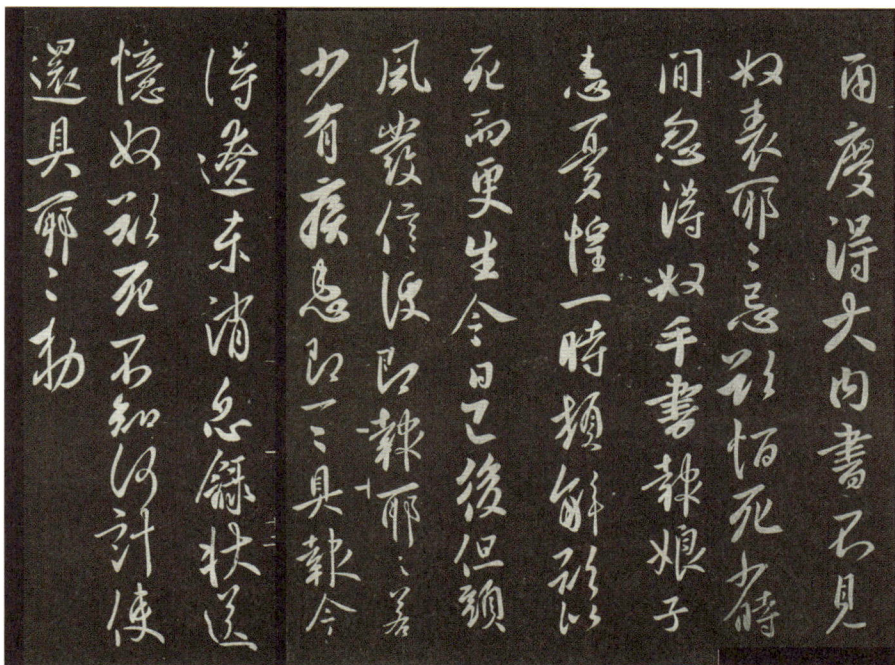

文字内容：	试译：
两度得大内书	两次接到宫里送来的文书
不见奴表	都不见雉奴你的书信
耶耶忌欲恒死	爸爸我担心得要死
少时间忽得奴手书	刚才突然得到雉奴你的亲笔手书
报娘子患	说娘子生病了（未知此"娘子"身份）
忧惶一时顿解	我的担心害怕顿时消失
欲似死而更生	就像死后又复活一样
今日已后　但头风发	从今以后　只要（未知指谁的）头风病发作
信便即报	就立即写信来报告
耶耶若少有疾患	爸爸我如果生病
即一一具报	也会写信告诉你
今得辽东消息　录状送	今天得到辽东（战场）消息　抄一份给你
忆奴欲死　不知何计	想你想得要死　不知道该怎么办
使还具	派人送信（书信套语）
耶耶　敕	爸爸　敕（皇帝亲笔签名）

《第一章 穿越先过语言关：哑巴亏不能吃，教您几句唐代骂人话》配图

　　莫高窟第321窟南壁，大杂院。
　　画面上反映了大杂院内的生活情景：右上屋内系猎户夫妇及随从；左下一屠户肩扛已屠宰的牲畜往外走；院内有两个男子在斗殴，一穿袍服，一上身赤裸，前者撕裂了对方的裤腿，旁边着襦裙的妇女挥着左手，劝阻不要再打，一牵犬者在回首旁观；山坡处一男子持刀追抢前面背负财物者。这种底层人民的生活状态，是产生俚语詈骂的典型环境。

《第二章　如何在唐朝做一名合格的吃货：上朝日请务必参加公款吃喝，品种丰富，料足量多》配图

　　唐彩绘劳作女俑，1972年吐鲁番市阿斯塔那201号墓出土，新疆博物馆藏。照片由连枝草于2012年6月拍摄于山西博物院与新疆维吾尔自治区博物馆、吐鲁番博物馆共同举办的"天山往事——古代新疆丝路文明展"现场。

　　此组劳作俑由舂米俑、簸粮俑、推磨俑、擀饼俑组成，旁边有一整子，生动地再现了饼食制作的全过程。唐代北方已经大规模种植小麦，主粮以面食为主。女厨师们妆容艳丽，衣饰精美，表情安详喜悦，她们造出来的面饼会有多美味，您不想尝一块吗？

《第二章　如何在唐朝做一名合格的吃货："没见过吧，这叫日式刺身！""不就是切鲙嘛……"》配图

北宋妇女斫鲙雕砖，传河南偃师出土，现藏中国国家博物馆。

"鲙"也就是生鱼片丝，本来是我国的传统美食，自周朝到明代一直很流行。唐代贵族男子都很乐于当场向客人展示自己的切鲙手艺。唐人吃生鱼讲究新鲜、切细丝缕、拌葱花食用。这块北宋雕砖上的高髻妇女，腰缠宽大斜格纹围裙，挽袖，露出了臂上的长圈套镯，凝目注视着面前的高木方桌。桌上置短柄尖刀一把，大圆木菜墩上有大鱼一条，鼓鳃动鳍。刀旁有一柳枝穿三条小鱼，形象生动活泼。

《第二章　如何在唐朝做一名合格的吃货：欢迎光临正宗河北醋芹老店，本店专营魏家菜》配图

　　葵菜，现名冬苋菜、冬寒菜，为明清之前我国大部分地区人民最常见、食用量最大的蔬菜。唐朝人重视栽食葵菜，称为"园葵"。现在我国四川两湖等地区较常见。照片由彭二拍摄。

《第二章 如何在唐朝做一名合格的吃货：茶里不加葱姜盐果汁，让人怎么入口啊，掀桌！》配图

　　陕西法门寺出土唐懿宗咸通年间"文思院造"银金花茶具一套，现藏陕西法门寺珍宝馆。照片由叁叁君于2010年11月拍摄。

　　"文思院"是专门制造金银犀玉巧工之物的宫廷手工工场。法门寺地宫发现的唐宫廷茶器包括鎏金壶门座茶碾子、鎏金团花纹银碾轴、鎏金飞仙鹤纹银茶罗子、鎏金银龟盒、蕾纽摩羯纹三足架银盐台、金银丝结条笼子等共11件，完整地再现了唐代烹茶的全过程。

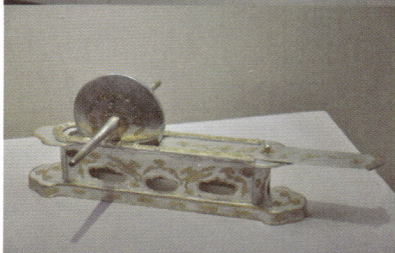

　　唐镶金兽首玛瑙杯，1970年出土于陕西西安南郊何家村，陕西历史博物馆镇馆之宝。

　　此杯通高6.5厘米，长15.6厘米，口径5.6厘米，鼻部金帽可以拧下，大小口都可用来饮酒。材质为罕见的五彩缠丝玛瑙。玉师在玉材的小端雕琢出惟妙惟肖的兽头，把纹理竖直的粗端雕琢成杯口，而口沿外又恰好有两条圆凸弦，线条流畅自然，天衣无缝。专家认为这种形制起源于西方，希腊人称之为"来通"，后来传播到亚洲。

《第三章　入乡随俗，基本生活常识要具备：站累了想坐会儿？抱歉，您可能找不到椅子哟！》配图

　　唐花鸟人物螺钿青铜镜，1955年河南洛阳出土，现藏中国国家博物馆。

　　螺钿工艺是用蚌、螺壳片制成各种纹样，用漆镶嵌在器物表面。此镜背图表现唐人户外游场景，从中可见中古时代的习惯坐姿。

《第三章　入乡随俗，基本生活常识要具备：户口簿、暂住证、单位介绍信，一个都不能少》配图

　　唐开元二十年（732）石染典过所，吐鲁番市阿斯塔那509号唐墓出土，现藏新疆博物馆。照片由连枝草于2012年6月拍摄。

　　这份文件是粟特人石染典从瓜州和沙州户曹处领取的商旅通行证，上面写明了他的身份、所携财物和旅行目的，并有瓜州、沙州、伊州三地官员签名和印章，最大字为伊州刺史张宾的批示——"任去"，是一份唐代"旅行证明"的珍贵实物。

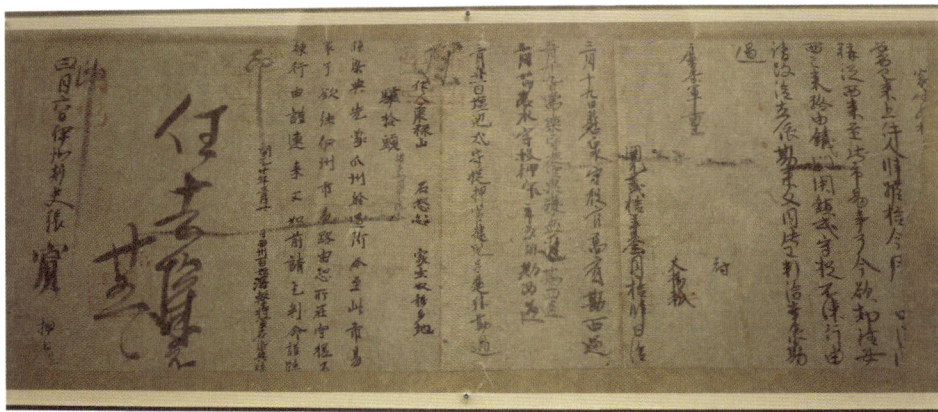

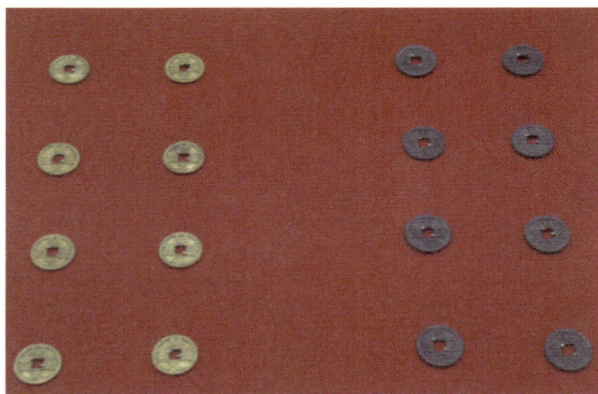

《第三章 入乡随俗，基本生活常识要具备：对不起，本朝
拒收银两，有诚意请背来50斤铜钱》配图

　　陕西历史博物馆展出唐代银铤（即银锭）、开元通宝铜钱、金
钱。照片由宋猫拍摄。

　　唐代的白银一般不作为流通货币使用，街面上基本看不到人们
拿着银子买东西的场景。白银主要来源于产银区向中央交税（"银
课""窟课""税商"都属这类）、地方官向中央进贡（如图中
"贺冬"银铤）。朝廷拿到这些白银之后，主要用来铸造器物、赏
赐臣下或与外商进行大宗贸易。

《第三章 入乡随俗，基本生活常识要具备：尚书省将出台政策，遏制长安房价过快上涨》配图

　　陕西西安中堡村唐墓出土随葬三彩建筑模型，现藏陕西历史博物馆。照片由叁叁君拍摄。

　　唐代的典型民居建筑是"回"字形的四合院，前院中央位置有一座"正堂"，是最重要的起居待客地，也是整座屋宅的门面精华。这套房屋模型虽然较为简单，但仍基本反映出两后两进院落的布置，后院内原本还有假山池塘模型，有时布展不完全。

《**第四章　娱乐生活要抓紧：长安城五大热门景点一日游开团！**》配图

　　陕西西安大唐芙蓉园主建筑"紫云楼"照片。
　　曲江池、芙蓉园位于唐长安城东南角水面，是历史上著名的城市公众游览风景区。今西安"大唐芙蓉园"按原唐代芙蓉园规划复建，主建筑"紫云楼"取名依自唐玄宗时代的皇家楼苑，是一座四层仿唐建筑，两边由飞桥连接侧楼，这种形制也有唐代史料依据。

《第四章　娱乐生活要抓紧：秦淮风月休闲会所唐朝分店盛大开业，胡姬八折！》配图

敦煌莫高窟第9窟北壁，妓院图。

左侧是妓院的大门，门两侧各有一侍役，大门内侧是维摩诘居士。右侧下方是后门，门半掩，一女子在门边站立，从后门入内的是两名士人。前方厢房回廊处，两男士围桌对坐，两妇女在左侧侍候。右侧内院分前后两院，前院一名着上襦下裙的妇女独立花丛中；后院三名盛服妇女伫立庭院中。

《第四章 娱乐生活要抓紧：骑上骏马，带上豹子，一起来体验大唐最流行的户外运动吧！》配图

　　唐三彩绞胎釉陶狩猎骑马俑，1972年陕西乾县懿德太子墓出土，现藏中国国家博物馆。

　　猎手身着典型唐人男装——幞头与圆领袍，臂上架鹞，马背后横放猎物。"鹞"是助猎家禽中体型最小的一种，主要用来抓捕小鸟、小兽。架鹞在唐代十分流行，某著名皇帝曾经因某种原因把一只鹞子塞进自己怀里闷死了。

《第四章 娱乐生活要抓紧："这位郎君，老夫能请你跳个舞吗？"》配图

敦煌莫高窟第445窟北壁，婚嫁图。

在一次民间婚礼上，主人、宾客和各色人等在旁围观，一人翩翩起舞。唐人感情热烈奔放，无论男女老幼、皇帝贵族，还是平民百姓，经常在公开场合随性唱歌跳舞。

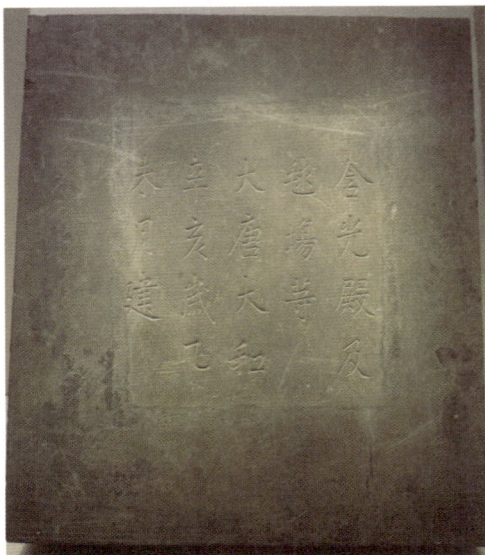

《第四章　娱乐生活要抓紧：吐蕃马球队表示：我们没有恐唐症，黑色三分钟并不存在》配图

唐彩绘陶打马球女俑，1958年陕西西安出土。

唐含光殿"毬场"石志，1956年陕西西安唐长安城大明宫遗址出土。现均藏于中国国家博物馆。

马球是唐朝最流行的体育运动，无论男女都十分热衷。打马球陶女俑手中的木质鞠杖已朽失，但从她们和马匹的生动姿态，仍能看出场上的紧张形势。石志上刻文字——"含光殿及毬场等大唐大和辛亥岁乙未月建"，显示这个大明宫内的马球场建于唐文宗年间，之前和之后的几代唐朝皇帝有不少人是标准"马球迷"和技术高超的马球运动员。

《第五章 长安潮女指南：
单身上街者，必是穿越
女，捉来杖六十》配图

　　唐彩绘骑马男装女俑，
1972年吐鲁番市阿斯塔那187
号墓出土，现藏新疆博物馆。
照片由连枝草拍摄。
　　这个女俑头梳唐朝侍女
流行的双垂髻，但身上的圆领
袍和黑色长靴是男装，无遮掩
骑马外出，可能是随同女主人
出行的侍女形象。

《第五章　长安潮女指南：
〈祥丽〉杂志打造秋冬首都时
尚潮人》配图

　　唐代女舞俑，1972年吐鲁番
市阿斯塔那206号墓出土，新疆博
物馆藏。照片由连枝草拍摄。
　　高髻，浓眉，丹凤眼，高
鼻梁，樱桃小嘴涂以红色，左右
两颊绘有如意纹，眉中有钿花，
肩披绛红色印花罗，左边发髻残
缺。上身穿绿色窄袖短襦，半臂
面料是当时十分贵重的联珠兽纹
锦，流露出东西方文化相互交流
的痕迹。

《第五章　长安潮女指南：〈祥丽〉杂志打造秋冬首都时尚潮人》配图

（上左图）武周年间胡服侍女，参考吐鲁番市阿斯塔那墓出土屏风人物，扬眉剑舞考证形象。燕王WF绘制。

这位姑娘头戴华丽的锦胡帽，身穿大翻领彩色宽缘袍，系腰带，穿黑长靴，妆容艳丽，是把一套胡服穿戴得比较齐全的形象。

（上右图）武周年间低胸间色裙侍女，参考太原金胜村唐墓壁画，扬眉剑舞考证形象。燕王WF绘制。

初唐女装以高腰间色长裙、短襦和帔子的搭配为主，胸口低到露出半个乳房的时装持续的时间并不太长，但的确存在。

（左下图）高宗咸亨年间戴帷帽出行的侍女，参考唐房陵大长公主墓壁画，扬眉剑舞考证形象。燕王WF绘制。

此帷帽垂纱较长，有遮蔽全身的效果，是初唐时遵守礼法的矜持贵族妇女形象。

《第五章 长安潮女指南：上官婉儿倾情代言，本季新香开始发售，满
万送香囊！》配图

　　唐鎏金银香囊，1963年陕西西安沙坡村出土，现藏中国国家博物馆。
　　香囊外壁用银制，呈圆球形，通体镂空，以中部水平线为界平均分割成两个
半球形，上下球体之间，以子母扣套合。内设两层双轴相连的同心圆机环，外层
机环与球壁相连，内层机环分别与外层机环和金盂相连，内层机环内安放半圆形
金香盂。外壁、机环、金盂之间，以铆钉铆接，可自由转动。无论外壁球体怎样
转动，由于机环和金盂重力的作用，香盂总能保持平衡，里面的香料不致洒落。
这种工艺高超的金属香囊有多种型号，大的可以挂在床帐上，放在被子里；小的
可以系在腰带，甚至手腕上随身携带。

《第六章 如果您嫁给一个唐朝人：新娘子您的红盖头呢？没带？这都能忘带？》配图

（上左图）莫高窟第12窟南壁，婚嫁图。左侧礼席客人已就座；右侧跪拜地上者是为新郎，一旁作揖站立者是新娘，后面是众傧相。画面正中陈列的是新郎送给新娘的财礼（以布帛为主）。左前方是前来贺婚者。

（上右图）莫高窟第33窟南壁，拜堂图。新娘满头珠翠钗钿，着襦裙，罩半臂，长帔绕身。新郎穿绛红色公服。行礼时"男跪女不跪"。

（下左图）莫高窟第186窟北坡，青庐图。新人成婚的"青庐"，又称"百子帐"。地面铺一圆形花毡，供新人坐卧。

《第六章　如果您嫁给一个唐朝人：斗二奶，打小三，唐朝麻辣主妇的婚后生活》配图

　　敦煌藏经洞出土北宋绢画，分娩、浴儿图。

　　十月怀胎，一朝分娩，产妇在房内就褥，丈夫在一旁陪伴。屋外是浴儿的情景，一妇人抱婴儿在高底座的盆中洗浴，旁立一梳双丫髻的侍女。这幅风俗画上同时出现了妇女分娩场景和主妇婢女的形象对比，但均做了美化处理，至少现实中妇女分娩时是不可能那样端庄跪坐着的。

（上图）唐代粮食残余与谷仓底层结构，洛阳含嘉仓第160窖存谷物与底层结构，1971年河南洛阳含嘉仓遗址出土，中国国家博物馆展出。

该窖尚存大量已炭化的谷子。窖底的防潮处理以夯打、火烧、铺烧土块和黑灰等为主，然后上铺木板或草，再铺谷糠和席等。唐代给官员发放的"工资"以粮食等实物为主，高官贵族家里必有大型仓库，储存供全家食用的粮食。当时商品经济不发达，不可能像现在这样随时买到各种生活用品。

（左图）唐彩绘文吏俑，1972年吐鲁番市阿斯塔那墓地201号墓出土，新疆博物馆藏。照片由连枝草拍摄。泥塑彩绘，身穿圆领袍，腰系蹀躞带，袍下部加一道横襕，腋下夹一卷带有汉字的文书，是一位低级文职官员或书吏的形象。唐朝文人即使参加科举考中了状元，也要从最低级的九品官做起，想一步登天是不太可能的。

唐描金石雕武士俑，1958年陕西西安杨思勖墓出土，现藏中国国家博物馆。

此武士俑为开元年间形象，背负装备较多，有腰刀、弓韬、箭囊、弯刀等。初唐实行"府兵制"时，大部分士兵的装备和衣粮都需要自己准备带入军队。

《第七章 有心进入政界的同志注意了："凤凰男"安倍仲满的海外留学之路》配图

敦煌莫高窟第12窟北壁，学堂图。

学堂自成一座院落，一间单檐庑殿建筑是正房，供老师所用。房前中坐者是老师，侧坐者是维摩诘居士，一仆人正恭敬地上茶侍候。两侧厢房里学郎正在读书。

《第七章　有心进入政界的同志注意了：想去华清池偷窥李世民、武则天洗澡的看过来……》配图

（上图）唐昭陵长乐公主（李世民女）壁画，战袍仪卫图。照片拍摄于昭陵博物馆。壁画上的皇家卫士们戴幞头，身穿半臂外袍，系黑腰带，带革囊和长刀。侍卫首领尤其英武矫健。初唐的皇家卫士们都由高官贵族子弟担当，他们视这为一种荣誉。

（下图和右图）陕西西安骊山华清池温泉水源和"星辰汤"考古遗址。"星辰汤"是唐太宗李世民曾经使用过的温泉浴池，在唐代是露天的，照片上的屋顶等建筑是现代人修建。

《第七章　有心进入政界的同志注意了：不能一高兴就"诛九族"，也不能"拉出去剐了"，请依法治国！》配图

莫高窟第45窟南壁，行刑图。

图中罪犯跪于地上，一个行刑者在后拉住捆绑犯人的绳索，另一个在前拉着犯人的头发，刽子手在中间举起长刀。"观音经变"宣扬，此时犯人若心念观世音菩萨，长刀即断为数节。此图是唐代执行死刑的写照。唐代法律中最重的刑罚就是砍头，没有分尸、腰斩、碎剐等酷刑，也取消了断人肢体的肉刑。

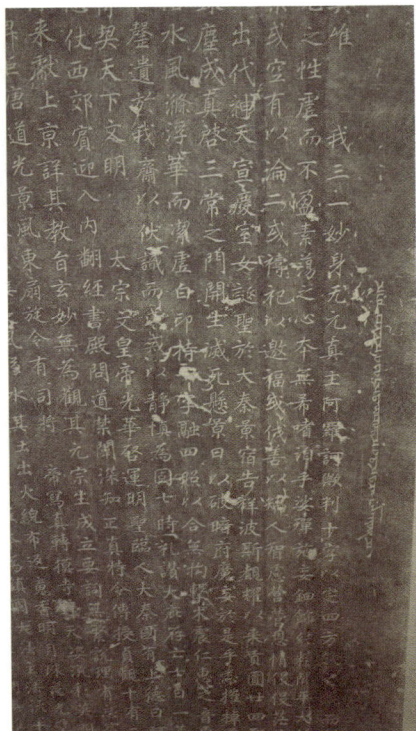

《第八章　一千多年前我们这样过节：欢迎来到唐朝教堂过圣诞节！》配图

　　大秦景教流行中国碑拓片，唐建中二年（781）为传入中国的基督教（聂斯脱利派）——景教而立于长安景教寺（大秦寺），由景教僧景净撰文，吕秀岩刻石。明天启三年（1623）出土，原碑现藏西安碑林博物馆，拓片拍摄于中国国家博物馆。

　　此碑以典雅的汉语文言叙述了景教传入中国的经过和部分基督教教义。唐代对外来宗教十分宽容，当时世界上主要的宗教在长安都有一席之地。

《第八章 一千多年前我们这样过节：五色丝线端午抛，帅哥你往哪里逃》配图

长命缕，由红、绿、蓝、黄、白五色丝线结成，又叫"五色丝""朱索""长寿缕""续命缕"等等，是唐代最常见的端午节厌胜佩饰，一般要挂在门上，悬在床上，缠在臂上，说是可以防止被恶鬼捉走或被兵刃所伤。这个风俗直到近现代还在一些地区留存，丝线的颜色和缠结方法也有多种记录。

《第八章 一千多年前我们这样过节：七月七日长生殿，美人满屋抓蜘蛛》配图

（上图）唐华清宫玄宗杨妃浴池遗址，1982起开始发掘。唐玄宗沐浴用"莲花汤"，池里可以储水近100立方米，上下两层台阶造型不同。上平面四角有一定的曲线变化，像是莲花；下平面是规则的八边形，"八边"代表着大地的八个方位。

（中图）杨贵妃用的"海棠汤"，池壁由24块墨玉拼砌而成。汤池的东西长3.6米，南北宽2.9米。

（下图）法门寺出土唐代宫女用鎏金银粉盒、指环，现藏法门寺博物馆。照片由宋猫拍摄。唐朝人，特别是妇女，很重视"七夕节"，因为它有"情人节""女儿节"的含义。宫女们喜欢抓蜘蛛关进粉盒里，次日看其结网情形用以占卜。指环也是常用于七夕节表达心意的定情物。

《第八章 一千多年前我们这样过节：过年喽！穿棉袄、放鞭炮、压岁钱……对不起，您穿错朝代了》配图

　　唐代面点及饺子（牢丸）。1960年、1972年吐鲁番市阿斯塔那331号唐墓出土，现藏新疆博物馆。照片由连枝草拍摄。

　　过年吃饺子的习俗在我国由来已久，一说从东汉起就流行于北方，只不过唐代的饺子不叫饺子，经考证当时叫"牢丸"。但是以面皮裹馅，捏成月牙状煮或蒸熟的做法与现代完全一致。

唐朝穿越指南

长安及各地人民生活手册

森林鹿 著

北京联合出版公司

Beijing United Publishing Co.,Ltd.

图书在版编目（CIP）数据

唐朝穿越指南：长安及各地人民生活手册 / 森林鹿
著 . —北京：北京联合出版公司，2017.8（2022.8 重印）
ISBN 978-7-5596-0289-3

Ⅰ . ①唐… Ⅱ . ①森… Ⅲ . ①中国历史—唐代—通俗
读物 Ⅳ . ① K242.09

中国版本图书馆 CIP 数据核字（2017）第 088244 号

唐朝穿越指南：长安及各地人民生活手册

作　　者：森林鹿
出 品 人：赵红仕
责任编辑：徐秀琴 昝亚会
────────────────────────────────
北京联合出版公司出版
（北京市西城区德外大街 83 号楼 9 层　100088）
三河市冀华印务有限公司印刷　　新华书店经销
字数 288 千字　700 毫米 ×990 毫米　1/16　印张 21
2017 年 8 月第 1 版　2022 年 8 月第 17 次印刷
ISBN 978-7-5596-0289-3
定价：49.80 元

◎致有兴趣穿越到唐朝的各位

同志们，朋友们，腐女们，宅男们，有兴趣体验穿越时空的各位：

如果中国历史上的唐朝，特别是安史之乱前的初盛唐时代，被你们列入了穿越目的地名单里，请关注这个系列的小短文。

在当前无良历史剧满天乱飞，各种史实错误层出不穷，广泛误导大众的情况下，这些小文将尽量减少你们穿越到唐朝后可能出现的各种惊诧、失望、郁闷、欲求不满等负面情绪，甚至可能会使您避免做出一些危及生命的举动。

当然，由于唐代是一个社会制度变动剧烈的时期，文中所提到的各种事物也随时间不断发展变化，再加上我的水平有限，填坑很懒，文章篇幅不想弄太长，就不可能详细全面地加以叙述。这系列文章的内容，只能保证涵盖到唐朝事物60%以上的面貌，如果您穿越过去后，不幸遇到了那40%并因此发生了不愉快事件，我深表同情，精神支持，概不负责。

目　录

◎第一章　穿越先过语言关　　　　　　　　　　　　　　　　1

想穿越到长安过夜生活？城管叔叔欢迎您！　｜夜禁制度　　2

是谁在叫"太巴荒"？那是杜甫呼唤"太白兄"……　｜中古汉语　　9

见了官员别乱叫"大人"，除非您想拜干爹……　｜称呼　　15

哑巴亏不能吃，教您几句唐代骂人话　｜俚语　　24

◎第二章　如何在唐朝做一名合格的吃货　　　　　　　　　33

上朝日请务必参加公款吃喝，品种丰富，料足量多　｜官府食堂　　34

"没见过吧，这叫日式刺身！""不就是切鲙嘛……"　｜荤食　　46

欢迎光临正宗河北醋芹老店，本店专营魏家菜　｜蔬菜　　55

茶里不加葱姜盐果汁，让人怎么入口啊，掀桌！　｜茶文化　　61

李白斗酒诗百篇……你给老子喝的是假酒吧？　｜酒文化　　66

◎第三章　入乡随俗，基本生活常识要具备　　　　　　　73

站累了想坐会儿？抱歉，您可能找不到椅子哟！　｜坐具　　74

户口簿、暂住证、单位介绍信，一个都不能少　｜户籍制度　　79

对不起，本朝拒收银两，有诚意请背来50斤铜钱　｜货币　　89

尚书省将出台政策，遏制长安房价过快上涨　｜住宅　　103

◎第四章　　娱乐生活要抓紧　　115

长安城五大热门景点一日游开团！　|　**名胜**　116

秦淮风月休闲会所唐朝分店盛大开业，胡姬八折！　|　**青楼妓院**　124

骑上骏马，带上豹子，一起来体验大唐最流行的户外运动吧！　|　**贵族狩猎** 132

"这位郎君，老夫能请你跳个舞吗？"　|　**贵族男子舞蹈文化**　139

吐蕃马球队表示：我们没有恐唐症，黑色三分钟并不存在　|　**马球**　146

◎第五章　　长安潮女指南　　153

单身上街者，必是穿越女，捉来杖六十　|　**妇女出行**　154

《祥丽》杂志打造秋冬首都时尚潮人　|　**女子时尚衣着**　160

上官婉儿倾情代言，本季新香开始发售，满万送香囊！　|　**美妆**　167

◎第六章　　如果您嫁给一个唐朝人　　173

新娘子您的红盖头呢？没带？这都能忘带？　|　**婚俗**　174

斗二奶，打小三，唐朝麻辣主妇的婚后生活　|　**婚后生活**　190

嫁妆还我，赡养费拿来，负心汉咱离婚吧！　|　**离婚手续**　198

◎第七章　有心进入政界的同志注意了　　　　205

吓死你不偿命，秦琼、敬德的门神工资　｜**公务员收入**　　206

想跟元稹、白居易做同事吗？为您指点一条升官之路　｜**唐后期文官仕途**　　215

历史的垃圾桶里躺满了低估我军实力的蕃酋　｜**唐前期武将仕途**　　225

"凤凰男"安倍仲满的海外留学之路　｜**赴唐留学生**　　232

想去华清池偷窥李世民、武则天洗澡的看过来……　｜**府兵三卫制度**　　242

不能一高兴就"诛九族"，也不能"拉出去剐了"，请依法治国！　｜**法律**　　250

◎第八章　一千多年前我们这样过节　　　　257

欢迎来到唐朝教堂过圣诞节！　｜**三夷教**　　258

五色丝线端午抛，帅哥你往哪里逃　｜**端午节**　　267

七月七日长生殿，美人满屋抓蜘蛛　｜**七夕**　　276

过年喽！穿棉袄、放鞭炮、压岁钱……对不起，您穿错朝代了　｜**春节**　　282

后记：网络是个好东西　　　　293

第一章　穿越先过语言关

想穿越到长安过夜生活？城管叔叔欢迎您！

夜禁制度

当您成功穿越到长安城或者各地城市里以后，睁开眼睛，注意，请先看看是在白天还是晚上。

如果运气不错，天上有明晃晃的太阳，您可以放心地深情赞美一下毫无污染的瓦蓝瓦蓝的天空，纯白纯白的云，清新清爽的空气……如果您不幸赶着深夜里落地，自己还正在长安城的三十八条主要大街上晃荡，那就快别看星星、看月亮，从诗词歌赋谈到人生哲学了，麻溜儿地，赶紧找个犄角旮旯躲起来吧！

您问不躲起来又怎么样？这……没怎么样，只不过隔一会儿就有城管骑着马一队一队过来到处巡查抓人。您就算躲过了在明处的，还有在暗处探访的片儿警呢——当时叫武侯的那群家伙。

落到他们手里，给您一顿耳光，打落几颗牙齿，那算赶上人家心情好、下手轻。要遇上个刚跟娘子吵完架，跪完骰子盆的，一时发狠把您乱棍打死，甚至乱刀砍死，都算正常执行公务，没准儿还能立个小功，得点儿赏钱。

活该，谁叫你小子犯夜禁的。

您如果想穿越回唐朝，在长安城里逛逛夜景什么的，那除非是每年的正月十五"上元节"三天，或者您面子大，能弄到特别通行证，才能日落以后在街上合法行走。否则的话，半夜出门，非奸即盗，无论是官民，抓着了，没商量先抽一顿。

怕了吧？您说啥，问能往哪里躲？

这个，得好好费心思想想了。长安城城郭被横竖三十八条街道分割成一百多个居住区（坊），每个居住区都由坊墙和坊门围起来。太阳下山以后，所有城门和坊门一齐关闭，所以您要想溜进哪个居住区去躲一躲，技术上的难度比较大。

这么着吧，我给您出个主意。首先呢，您尽量顺着大街边往南跑，长安城内的人集中居住在北部（也是皇宫和官府所在），南部各坊人口稀疏，城管巡查力度不会那么大。然后，确定附近没有巡逻队，您可以尝试爬墙进坊——坊墙都不太高，有的可能还不到人的肩膀，努努力翻过去还是可以的。

不过爬墙的时候，切忌用力过猛。因为那些墙都是夯土垒起来的，风吹日晒雨淋的，容易松动，您要是不小心蹬塌了一大块土坷垃，稀里哗啦掉地下，这动静没准儿会引来围观群众。每个坊里街角都有武侯铺，也就是派出所，片儿警要也出来围观，您这墙就算白爬了。

那么有没有不用爬墙的躲夜禁法呢？嗯……这个……倒也有，不过我怕您更不乐意使用。

长安城内的主要大街都很宽，朱雀大街宽度达一百五十米，而街两边都有又宽又深的排水沟，深度在两米到三米之间。所以，如果您能捏着鼻子跳进街边排水沟，泡在污水雨水里，蜷在靠近街面那墙下腌一夜，天又黑，又没路灯，估计在大街上跑来跑去的城管们是看不见您的。

当然，那以后很长一段时间，恐怕您走到哪里，群众都能闻见您了。

无论怎么着吧，如果您幸运地逃过了夜禁巡查队，又累又怕又脏又臭地熬到快天亮的时候，将能见证到一个很壮观的景象——全城钟鼓报晓。

冬夜五更三点，夏夜五更二点（古代把一夜分为五更，一更又分为五点），太极宫正门承天门的城楼上，第一声报晓鼓敲响，各条南北向大街上的鼓楼依次跟进。随着鼓声自内而外一波波传开，皇宫的各大门，朝廷办公区（皇城）的各大门，各个里坊的坊门，都依次开启。同时，城内一百几十所寺庙，也会撞响晨钟，激昂跳动的鼓声与深沉悠远的钟声交织在一起，唤醒整座长安大城，共同迎接从东方天际喷薄而出的朝阳。

报晓鼓要敲多少声呢？有记载是三百声，还有记载是三千声。不过无论多少声，都不是一气儿敲完的，而是敲敲停停分好几波，持续时间也比较长。我估计，如果居民们在睡梦里被第一波鼓声惊醒，慢慢腾腾起床穿衣服，洗脸，梳头出门，走到坊门口，可能正是第二三波鼓声响着的时候，此时坊门刚开启不久。要是有喜欢赖床睡懒觉的，四鼓绝时才起床，赶着收拾收拾，没准儿还能在第五鼓敲完之前出坊上班。

当然，也有喜欢早起急着出坊赶路的。天还没亮，各坊里往往会有一些人聚集在坊门前，等着咚咚鼓（长安人对街鼓的口头俗称）敲响，开门放行。

在他们身边，坊门里的小吃店开始做生意啦。灶下柴火明亮温暖地跳跃着，赤膊的胡人师傅梆梆地打着烧饼；蒸笼里的白气热腾腾上冒；刚出炉的芝麻胡饼金黄酥亮，又香又脆；带馅的蒸饼一咬顺嘴流油；大碗的软面片馎饦（bótuō）汤要加酸还是加辣由您随意。忙着赶路也不争这一时半刻的，客人您先吃点儿早饭吧？您要是急着上朝面圣，怕迟到，小店还提供打包外带服务哟！当然，如果您一边上朝，一边在马上吞饼子的吃相不幸被御史看到，被弹劾降职了，那跟小店可没关系。[1]

说到长安城的商业服务，您要逛街消费的话，有两种错误印象是必须纠正过来的。

一种印象是从近代城镇集市或者《清明上河图》里得来，以为长安城

---

[1] 典故出自张鹭《朝野佥载》："张衡，令史出身……因退朝，路旁见蒸饼新熟，遂市其一，马上食之，被御史弹奏。则天降敕：'流外出身，不许入三品。'"遂落甲。

主要大街的两边，也有很多店铺摊位依次排开，向过往行人招揽生意，迫使街面上一心走路的交通流与购物的客流混杂在一起，显得人气兴旺繁华热闹。

很遗憾，这种景象，您穿越到唐朝以后看不到。

走在长安纵横三十八条主要街道上，您能看见的是脚下黄土压实的路面，路两边成行遮阴的榆树、槐树，道旁边深深的排水沟，沟外就是各坊坊墙，坊墙内有深宅大院、寺庙道观的飞檐重楼。偶尔能看到一座很气派的宅院，在坊墙上开了自家大门，门口列着两排戟架，还有甲士豪奴看守。这是王公贵戚三品以上大官的家，经制度特许，才能对着大街开门，一般人家的门都只能向着坊内开。

大街上不许开店，您要逛街去哪里呢——请打听"东市、西市"怎么走，那是长安城内的两个CBD中央商务区。

被您叫住问路的长安人，挺和善地告诉您，您先到皇城的正南门朱雀门，沿着东西向大街，往东走三坊之地就是东市，往西走三坊之地就是西市——哎，贵人不用慌张，现在天色还早，就算匆忙赶到了东、西市，不到日中午后，市鼓不响，那些店肆也不开张啊。

东、西两市都有政府设立的市场管理委员会（市署），每天中午，两市击鼓三百下，各家店铺开始营业。日落前七刻，敲锣三百下，店铺关门，顾客回家，不准开夜场玩通宵。入夜以后有市场保安巡逻，防火防盗防穿越者。

您说这中央商务区只有下午营业，时间也太短了？唉，这也是因为夜禁嘛。市民们每天早晨才开始活动，公务员上午要上朝上班，商人上午要进货备货，长安城里地方太大，当时又没汽车地铁，住得稍远点儿的人要走大半天，才能走到东市、西市。全社会生活节奏缓慢，二十四小时营业既没必要，也不经济啊。

至于您问下午到东、西市都能买到什么？那就多了。娘子们逛街喜欢进绸缎衣帽肆、珠宝首饰行、胭脂花粉铺，郎君们直奔骡马行、刀枪库、鞍辔店，举子秀才们可以去坟典[1]书肆，农夫挑着果菜米麦进市卖掉，再买走铁锄陶碗，商人拿着钱票去柜坊存入取出……您喜欢看热闹，街上有杂技百戏拉琴卖唱算命卜卦的，走得渴了饿了，有酒楼、食店、果子铺、煎饼团子店等吃货去处，不想外食，可以到鱼店肉铺买原料回家自己做饭，生病了有药行，晚上住宿有逆旅邸舍，一睡不起了还有棺材铺凶肆[2]。

总之衣食住行生老病死，凡人应用的东西，这里应有尽有——顺便说一句，现在我们用"东西"这个词代指世间万物，其来源有多种说法，其中一种说法，就是指唐长安的东市、西市，二市里包罗万物，所以买什么都是买东西。

谈到了东市、西市，就要提到很多人对唐长安城商业服务的第二种错误印象。

有人说，既然临街不许开店，商业集中在东、西市，而二市又是入夜关门，那么长安就是一座没有夜生活的城市。里坊居民区也没有什么商店，城里冷清枯燥得很，根本没啥繁华气象嘛。

别听他们的，用脚指头想也知道，一座上百万人口的大城市，其商业活动的规模得有多大，二市（面积只占全城一百多坊里的四坊）怎么可能完全满足呢？

前面说了，东、西二市只相当于北京上海的CBD中央商务区。在全城一百多坊居民区里，各坊都有自己的小型商业服务设施，相当于各社区的便利店、食堂、裁缝铺、洗衣店、菜市场等等。

而且呢，长安城的夜禁主要针对的是三十八条纵横主干道，有城管巡逻

---

1 坟典，三坟（即伏羲、神农、黄帝之书）、五典（即少昊、颛顼、高辛、唐、虞之书）的并称，后转为古代典籍的通称，在唐朝已经泛指古书。

2 凶肆，出售丧葬用物的店铺，引自唐传奇小说《李娃传》。

队禁止夜里在大街上走动。各个坊门一关，坊里内部的夜禁倒不是那么严格了。您在坊里的十字街上行走，一看对面来了片儿警，赶紧掉头往小巷小曲里跑，弯弯折折绕几个圈子，武侯们真未必能抓到您，往往也就睁一眼闭一眼算了。前面提到的坊里小吃店，天不亮，街鼓没响就开门打烧饼营业，那也没人管不是吗？（我估计店主给片儿警们的好处费是免不了的。）

于是这就造成了一个奇特的现象：黄昏时，街鼓响起，大约要分五波击鼓八百下，夜色降临，坊市关门。长安各条大街上唯余月色茫茫，两大CBD里黑灯瞎火、人声绝迹，各坊小区里倒还热闹着。一些达官贵人在自家的豪宅里通宵达旦、饮宴作乐，住旅舍的客人在同坊酒楼食店里喝点儿酒，跟侍酒的胡姬调调情、QQ视频一下，也不会被公安扫黄。

还有一些里坊，情形更特殊一点，比如东市西侧紧邻的平康坊，那是长安城里最著名的红灯区，俗称的北里名花集中居住在此坊。唐代没有官员不准嫖妓的规定，至于来参加科举考试的读书人，到平康坊探访红颜知己简直就是半官方的活动，哪位要是不去，那不叫洁身自好，那叫土佬村气。所以入夜以后，平康坊坊门虽然关了，坊内秦楼楚馆还是红烛高照，歌舞蹁跹，出双入对，浅斟低唱……

东市西北的崇仁坊，是一个旅店集中地。您穿越以后，如果有钱有势，但还没在长安买房子，我劝您去崇仁坊找一家邸舍先住下来。这一坊西面就是皇城（政府机构所在地），去选官考试很方便；东南角是东市，逛街方便；南面则是平康坊，找艺妓娘子们谈心方便……因为有这些好处，这一坊就成了外地来长安选官考评和参加科举考试的文人们的居住集中地，附属而生的酒楼饭店等服务业也异常繁荣发达，昼夜喧呼，灯火不绝，俨然长安城的夜生活中心。

您如果住在这一坊的话，就可以邀请认识的朋友过来吃个晚饭什么的，不愁找不到开门营业的酒店。但要注意的是，如果您朋友家住别坊，那吃完饭可就回不去了，您得在自己下处给人家准备房间或床位，再不然同榻而眠，从窗口往外看星星，看月亮，从诗词歌赋谈到人生哲学，好好享受来之不易的长安夜生活吧。

本篇参考文献 & 深度了解推荐：

杨鸿年.隋唐两京考.武汉：武汉大学出版社，2005

杨鸿年.隋唐两京坊里谱.上海：上海古籍出版社，1999

（清）徐松撰，李健超增订.增订唐两京城坊考（修订版）.西安：三秦出版社，2006

吴玉贵.中国风俗通史：隋唐五代卷.上海：上海文艺出版社，2001

是谁在叫"太巴荒"？那是杜甫呼唤"太白兄"……

中古汉语

当您穿越到唐朝以后，面临的第一大困难是什么呢？

肚子饿？不认路？恐怕不是吧，唐朝的民风还是很淳厚的，找人问个路讨点儿饭吃并不太困难。但问题是，人家听得懂你在说什么吗？

您要是不信，我们就试试。

穿越落地，您发现自己在一个黑森森的四合院里。天上一轮明月，照着院中的假山、花木、三面回廊。南边的照壁前，有一个面貌干瘦、满脸愁容的老头子，正在仰面诵读照壁上的题诗：

"枪真看袜光，泥这地涨香。嘎兜蟒仙袜，得兜思过夯——唉，太巴荒……"

这一声叹息真是绕梁三日，幽幽不绝啊……客人您怎么蚊香眼了？听不懂这老儿在说啥？咦，怎么可能呢，他读的可是中国人最熟悉、最亲切，三岁小孩子都能朗朗上口，幼童早教第一篇的那首唐诗啊！咱走近看看，墙上那一笔龙飞凤舞的行书墨字，写的到底是啥？

"床前看月光，疑是地上霜。举头望山月，低头思故乡。"[1]

1　李白名作《静夜思》，在宋元书籍里均为此版本，明清时才逐渐改为国人更熟悉的"床前明月光……举头望明月……"版本。具体考证过程可见《文史知识》1984年第4期薛天纬著《漫说〈静夜思〉》一文。

给您擦擦眼泪，没事没事，中古人的语音是比较坑爹啦，您听不懂也情有可原……您问这老儿说的"太巴荒"是啥意思？呃，他是在叫"太白兄"……

说起来，您觉不觉得这位老人家的长相、穿戴、姿态很眼熟呢？看他这抱膝踞坐[1]，四十五度角仰面望天的愁苦姿态，您的眼前不由得闪出了他肩扛卡宾枪、脚踏自行车、踩滑板、骑扫帚、打篮球、扛水桶、玩电脑、弹吉他的种种英姿……杜甫！这不就是最近在网上大红大紫，忙得不可开交的诗圣杜甫嘛！

穿越见到一个历史名人不容易啊！赶紧上去勾搭吧！要怎么勾搭呢？当然是口诵人家的作品，上去表白积攒了一千多年的仰慕之情啦。

什么？您说一时想不起来杜甫有啥名作？

提点一下吧，"两个黄鹂鸣翠柳"您总会背吧？——等等，您先别往上冲，就算会背，您这一口纯正二十一世纪普通话，人家老杜也听不懂，没准儿把您当成哪里来的蛮夷呢！本公司提供中古语音翻译的特别服务，不过要收费的哦……可以先提供一首诗的翻译试用服务，比如这首"两个黄鹂鸣翠柳"，您听好了，上去以后要对子美同志这么念：

"两嘎黄列忙翠柳，一行爸落党蹭滕。香含瑟冷岑秋雪，门爸东挪么里扔。"[2]

看看，杜诗圣果然老脸大悦地起身相迎了吧。下面要说啥呢？——您嫌翻译服务太贵，不乐意买？也成，那您可以装成过来留学的日本新罗学生，只学了"哑巴汉语"，拿来纸笔跟诗圣笔谈吧。

您说您只会写简体字，怕杜甫看不懂？这完全不用担心，要知道我们现在应用的简体汉字，绝大部分并不是生造的，而是从古代的行书草书中选出来的，您哪怕把字写得潦草一点儿呢，只要上下文义通顺，语境清楚明白，

---

1 踞坐，一种两脚底和臀部着地、两膝上耸的坐姿。

2 出自杜甫名作《绝句》。

老杜同学猜也能猜出这些字是啥。

　　您需要担心的反而是语法语义问题，中古汉语的某些句子结构和用词跟现代差得太多……

　　比如说这用词吧，最明显的就是对各类名物的称呼不同。假设您给诗圣写个"我爸爸喜欢您"，老杜大概会一边蚊香眼，一边"白头搔更短"——"喜""欢"两个字连用，他勉强可以猜出啥意思，"您"字虽然是金元才出现的尊称，但是和"你"字长得这么像，他应该也可以猜对字义，但是"爸爸"……在唐朝绝大多数人都不会这么称呼父亲，当时人一般是叫"阿爷""耶耶"[1]甚至"哥哥"，"爸"这个字虽然已经出现，但只局限于山坳海沿子的方言才用，于是老杜看这六个字看了半天，最后怒而掀桌——你这是考量老子的生僻字词汇量呢！

　　不光是名词有这个问题，动词也有。比如您再写一句"我请您喝酒"，就见老杜又开始眼晕晕了——"喝"在唐代只有"呼喊"的意思，类似于"吆喝"的用法。您要叫杜诗圣去"喝酒"，他琢磨半天，一起身开始以张大导演的风格扯着嗓子高喊"酒！酒！酒！"所以不能说"喝酒"，要说"饮酒"或者"吃酒"啦。

　　以此类推，形容词、副词、介词、代词……各个词类的古今语义都有不同。再说个现在使用频率最高的汉字——"的"吧。您给诗圣写一句"我喜欢你的诗"，老杜盯着五个字琢磨，"我""喜""你""靶子""诗"啥意思啊？这小子到底是从哪个爪哇国偷渡来我大唐的？

　　因为"的"在唐朝只有"射箭靶子"的意思，想想成语"一举中的"，"的"是一个纯粹的名词，而不是现代汉语里的助词。您在唐朝说话，如果习惯性地想用"的"，大部分情况下可以直接省了，把前面的形容词、代词

1　"耶"的中古音构拟各家不同：王力等学者拟作"jia"或"jja"，按国际音标大致可读为"hia"。董同和等学者拟作"ia"，也就是"ya"。

什么的跟后面的名词硬捏在一起，"我喜欢你的诗"写成"我爱君诗"，老杜就能看明白，笑眯眯了。

如果"的"字的前后部分比较复杂，不用字连起来特别不舒服，那一般可以用"之"来代替，比如"李世民得天下的原因"就要写成"李世民得天下之因由"。

最后说说这个语法差异……唉，客人您已经听晕了？我也快讲哭了啊，语法问题比前面说的语音、语义问题还要复杂得多呢……咱就挑个最简单的说一下吧，动补式。

您来一句"您写了几十年诗啊"，老杜又不懂了，于是咱换成"公作诗数十载"——留意到这两句的结构有啥不同没？关键是在于"诗"和"几十年"（数十载）这两部分的前后位置。

现代人说汉语，"几十年"这种补语，是放在"诗"这种宾语前面的，主语+谓语+补语+宾语。而唐朝人说话，补语要放到宾语后头，是主语+谓语+宾语+补语的结构。

不能说"我想死你了"，要说"吾忆汝欲死"；"我吃完饭了"是错误的，要说"我吃饭毕"；"李世民射死李建成"也不对哦，要说"李世民射李建成死"……

咦，客人，您怎么又哭了？算啦，算啦，实在不行，您就在纸上写个——注意，从右到左竖着写——"仰慕杜公已久求教唐音"，然后扯着他给您读诗吧。您看，这院里的墙壁上，褪了色的廊柱上，甚至稍平整一点儿的山石面上，到处都是诗句啊。趁着今天月亮好，让老杜多念几首，回头旅行结束回家，跟朋友们炫耀您的中古唐音是诗圣亲自教的，多有面子的事！

话又说回来，客人您不觉得奇怪吗，这到底是什么地方，为什么院子里墙上到处都是题诗？白天进来猛一看，以为进了啥啥论坛呢，这一篇篇长长短短的帖子哟……

念头刚转到这里，大概是刚才您跟诗圣的一番折腾，动静不小，院门

"吱呀"一声开了，三个男人举着灯烛走进来，先客气地跟杜工部打个招呼，再把灯烛往您脸上照一照，为首的就开腔了："敢问足下尊姓大名？驿牒何在？"

驿——嗯，没错，您正在一座驿站里面。进来的为首这位，是"驿将"或者"驿长"，就是这个驿站的负责人。他正管您要住店证明呢。

住驿站还要证明信吗？那当然！驿站在古代一直是官方，甚至军方机构专门用来接待公务人员的，可不是谁有两个钱都能住进去。唐朝明文规定，只有军务紧急报告、在京诸司须用、诸州急速大事须汇报、国事活动时各州的奉表祝贺、诸道租庸调附送驿务[1]、在外科举人员进京应考、政府要员过往迎送、政府官员因公去世家口还乡照顾等十三种情况下，才能够动用或住宿驿站。

这些住驿站或者在驿站之间传递公文的人员，他们还要从主管机构先领出凭证来，才能上路。如果是在京城领证，那么要去尚书省兵部下属的"驾部郎中"那里申报领取；在地方的话，要从州政府兵曹的"司兵参军"手里领。

根据驿人的身份和任务不同，凭证也分四种：第一种叫"银牌"，由门下省统一发给，是一种宽两寸半，长五寸的银制牌子，上有隶书"敕走马银牌"五个字；第二种叫"角符"；第三种叫"券"；第四种叫"传符"。券和传符都是纸质的，上面也写着字，大致是说明携带人的身份和任务等。

您摸摸身上的口袋，一片纸都没有，显然您进驿站属于非法入侵……这个驿将还算客气，见您和杜工部谈得不错，没好意思翻脸拿人，只叫您速速出驿，休得延误。

1　诸道租庸调附送驿务，"道"是唐朝的一种行政区域单位，大概相当于现代的临近几个省合并起来的地盘，比如"关内道"就包括现陕西、甘肃、宁夏、内蒙古等几省区部分地区。"租庸调"是唐政府向百姓征收的三种主要税收和劳役。这句的大致意思是全国各地把各自的税收实物送往中央时，押送队伍可以住驿站。

这没办法，跟诗圣依依惜别，赶紧走吧。要知道"骚扰驿站"在历朝历代都算个不大不小的罪名呢。

您又问了，公家招待所不让住，我们去哪儿过夜？三更半夜的，难道要露宿不成？这个您别担心，我们不是在荒郊野岭，而是在天下最繁忙的两京（长安和洛阳）驿道上。这条康庄大道，行人众多，几乎每座官府驿站旁边，都有几家私人经营的"逆旅""客舍"，只要有钱，半夜去砸门，人家也欢迎。

您还可以跟诗圣定个约会，明天如果人家有空，去附近逆旅找找您，继续教您念诗——进了那些私人旅馆您就知道了，跟驿站的情形差不多，私旅的院墙上、屋壁上，也到处都题着诗。那些手欠的唐朝文人，就见不得有一块干干净净的空白地方，会作诗的写诗，会写文章的刷文章，实在啥都不会，大笔一挥也要写个"某年月某乡某官某人到此一游"……

在两京驿路上，或者天下任何比较繁华、惨遭大群文化人路过的地方，不光是客店被涂鸦了，连寺庙、酒馆、旗亭、城墙、山石……凡是能提笔写字的，大都难逃一劫。想想也能理解，当时的文人没网络、没论坛、没QQ、没博客，连活字印刷术都没发明，雕版出个书也费死劲了，有啥作品也只好用这种方式来传播。毕竟，与泡青楼教妓女诵诗唱词相比，乱写乱画的成本要低很多嘛……

本篇参考文献 & 深度了解推荐：

臧嵘.中国古代驿站与邮传.北京：中国国际广播出版社，2009

石毓智，李讷.汉语语法化的历程.北京：北京大学出版社，2001

东方语言学（http://www.eastling.org）

见了官员别乱叫"大人"，除非您想拜干爹……

称呼

上一节我们说了穿越回唐朝以后的语言问题，有客人就说了：我们学个英语，从小学到大，学了十几年都没折腾会，这唐朝汉语一年半载的也不可能学全吧？救急不救穷，你这导游先教我们一些最急用、最有用的唐朝话，怎么样？

说的倒也有道理。这样吧，今天先把人们开口最先用到的"称呼"讲一讲。

根据我的有限了解，穿越回古代的一众男女，除投胎成皇帝以外，投胎成后妃、皇子、公主、贵族子弟的概率最大。那么您投胎成王子、公主、贵族男女以后，睁开眼看到面前的人，都应该叫啥呢？

"叮咚"一声，您跟原宿主的灵魂斗争胜利，占据了他/她的身体，醒来时感觉到自己躺在一张被褥柔软华丽的大床上，鼻子里闻到浓烈的熏香味和煎药味。床前屏风外面有人喊："皇后，郎君/公主终于醒转啦！"随后床帷掀起来，一位穿戴华贵的妇女俯身来看您——

这时候，您亲热地喊"阿娘"也行，严肃地喊"皇后"也行，最好不要喊"母后"——这个词在唐代不用作当面称呼，她老人家没准儿会以为您烧糊涂了。

唐代儿女当面呼唤母亲的用词，现代人倒是不陌生，以"娘"的衍生称呼"阿娘""娘娘"（不是用来专门称呼后妃的，只是普通的儿女叫自己的母亲）等为主。如果您觉得自己是个有身份的成年人，在母亲面前需要规矩严肃，那么就叫"母亲"。

如果被您穿越上身的那位皇子或公主，跟皇后感情很亲密，那在非正式场合可以像普通平民人家一样直接叫"阿娘"，唐代宫廷里的礼法规矩并不像后世那么冰冷严格。如果是正式场合，或者您惹皇后生气了需要小心赔罪，那么就得跟着外人一起，当面称她为"皇后殿下"——不是"皇后陛下"，只有皇帝可以称"陛下"。

您叫了"阿娘"，皇后答应一声，叫您的小名，或者"儿啊"之类，娘俩儿正谈心，外面奴婢通报："圣人至。"

来的不是孔夫子，也不是关二爷，是您的亲爹当朝皇帝。

唐代一般人等对皇帝的当面称呼，较流行的有"圣人""主上""大家"（皇帝身边人用，大臣一般不用）等，传统的"陛下"当然也可以使用。至于"皇上"这个穿越流行词，在唐代似乎是一个书面用语，没看到活人这样当面称呼皇帝的例子。"万岁"则是群众情绪激动时给皇帝拍马屁用的，日常并不把这个词当作一种称谓。

至于您这个刚穿越上身的王子公主嘛，不建议叫"父皇"，这个词在唐代也未见作为称呼语出现。同样，如果感情亲密，您就像平民家庭一样直接叫唤"父亲"或者"阿耶"就行了。

跟叫母亲的"娘"系列相比，唐代对父亲的称呼，我们看上去会觉得比较陌生、比较乱，也比较坑爹。最流行的称呼是"耶"（爷）的各种衍生，如"耶耶"（爷爷）、"阿耶"（阿爷）。父母合称"耶（爷）娘"很常见，如老杜《兵车行》"耶娘妻子走相送，尘埃不见咸阳桥"，《木兰诗》"爷娘闻女来，出郭相扶将"。

但是还有一种对父亲的称呼，是"哥哥"。《旧唐书·王琚传》："玄宗泣曰：'四哥仁孝……'"这里的"四哥"，指的是玄宗的父亲睿宗（在同母兄弟中排行第四）。《旧唐书·棣王琰传》："惟三哥辩其罪人。"这里的"三哥"也是指他父亲玄宗（在兄弟中排行第三）。李世民有一封写给儿子李治的信，文末署名也自称为"哥哥"。

　　"哥哥"这称呼，在唐代既指父亲，又指兄长，如唐玄宗还曾经在公开场合称他长兄宁王为"大哥""宁哥"[1]。据说这称呼是从草原民族传过来的，在唐代还没有定型。所以我郑重建议各位穿越者，不要随便管路人，甚至自己亲兄长叫"大哥""哥哥"，这称呼很容易让人家在辈分上占您的便宜——唐代对兄长的安全称呼是"阿兄""（排行）+兄"，建议使用。

　　我们回来还说对父亲的称呼，口语上可以亲热地叫"耶耶""哥哥"，书面语或者严肃场合，自然要叫"父亲"或者"大人"。

　　"大人"作为一个当面的口头称呼语，在唐代，只用来呼父母，个别情况下可用来呼直系血亲尊长，绝不能用"张大人""王大人""李大人"来称呼各种官员。比如李世民在太原劝他爹李渊起兵反隋时说："大人受诏讨贼……"敦煌变文[2]《舜子变》里也有："舜子叉手启大人：若杀却阿娘者，舜元无孝道，大人思之。"

　　其实用"大人"来称呼父亲，直到近代，还一直保存在书信习惯当中。举个例子，我们可以从《红楼梦》里看到清代人在口语上已经不叫父亲为"大人"了，贾宝玉叫他爹"老爷"，贾环和贾蓉是叫"父亲"，但是一写书信，比如认了宝玉当干爹的贾芸，就写"不肖男芸恭请父亲大人万福金安"。

　　"大人"是什么时候变成对官员的称呼语呢？具体的时间，我也说不清，但是"大人"和"爷"的称呼演变过程一样，都是从"称父亲"逐渐扩大、外延，一种叫作"亲属称谓语外化"的现象与谄媚风气相结合，最后

1　《酉阳杂俎》卷十二："上知之，大笑，书报宁王：'宁哥大能处置此僧也。'"《因话录》："宁王对御坐喷一口饭，直及龙颜。上曰：'宁哥何故错喉。'"《旧唐书》列传第四十五《睿宗诸子》收玄宗为宁王写的悼文："大哥孝友，近古莫俦……大哥嫡长，合当储贰……十数年间，棣华凋落，谓之手足，惟有大哥。"
2　变文，唐代兴起的一种说唱文学，多用韵文和散文交错组成，内容原为佛经故事，后来范围扩大，包括历史故事、民间传说等。

"大人"的语义变化为称呼官员，"爷"（老爷）变化为称呼主人、贵人。

好吧，您这就问了：既然在唐代不能用"张大人""王大人"来叫官员，那我面前站着姓张姓王这两位大官，我该怎么叫他们？总不能直接叫名字吧？这也太不礼貌了。

嗯嗯，懂礼貌的是好孩子……唐代称呼官员呢，大致上有以下这么几种叫法。

一是"姓"+"官爵"。这里的"官爵"不必是全称，比如刘某人任职"散骑常侍"，往往只呼为"刘常侍"。基本上各个官爵都有一些约定俗成的称呼，姓赵的"兵部尚书"和姓钱的"礼部尚书"都被称为"赵尚书""钱尚书"，姓王姓李的"司勋主事、考功主事"被叫为"王主事""李主事"，等等。

二是"姓"+"公"之类的尊称，应用广泛，民间可用，官场也可用。您要是穿越到贞观年间，见了房玄龄说"房公安好"，见了魏徵说"魏公万福"，人家会觉得你这孩子挺有教养的。此外称字号、称地望[1]也可通用，"太白今日又得新句未？""柳河东何时动身南行？"这样。

三是"姓"+"官名别称"。比如唐人称县令为"明府"，于是张县令、李县令会被叫为"张明府""李明府"，中书舍人和门下省高官都别称"阁老"什么的。

总之，您要想见了什么官员都叫"大人"混过去的话，这种偷懒方法是行不通的。被叫"大人"者会轻抚你头，笑而不语，您的真正大人尊公在旁边听见了，大概会气得拿棍子抽您一顿。

回到您穿越成功的第一现场，皇帝阿耶进来看您了，坐下说说话，室

1　魏晋以下，行九品中正制，士族大姓垄断地方选举等权力，一姓与其所在郡县相联系，称为地望。

外就有人进来禀报各种事务。进来的这个人，如果是那种明代以后叫作"太监"的，那么在唐代他是被称为"宦官""宦者"或者"给使"。如果进来的是女的，就是"宫人""宫婢""侍女"，倒与后世差别不大。

这些奴婢进来，拜过"大家""皇后"，随后向您行礼。至于他们怎么称呼您，要看您到底穿越成了谁。

如果穿越质量高，成了正式册立的皇太子，奴婢以及官员们会叫您"太子殿下"。如果您当时还只是一个封了王的皇子，下面的人一般是叫您"大王"〔觉得很山寨、很难听，好像上了花果山水帘洞？哈哈，其实当时的发音，还真就是叫"戴（dài）王"〕，非皇太子，基本不会被称为"×王殿下"啥的。

至于公主，也是被当面称为"公主"或者"贵主"，变化不大。

不过还有一种情况，就是如果进来的是您父母很看重的奴婢，摆出一副"我们就像普通家庭里那样亲切温馨"的架势，那么他们有可能不叫您太子公主，而像普通家庭里一样，叫男性主人"郎君""（排行）+郎"，叫女性主人"娘子""小娘子"。

"五郎""六郎"和"大娘""七娘"这样的"排行+郎／娘"词组，是唐代社会里，对于男性和女性最普遍、最亲切的尊称，上至皇室，下到贱民，通行无阻。

您要到一个普通贵族或者平民家庭里去观察他们的生活的话，会看到奴婢们叫男主人"阿郎"或者"主人"，叫女主人"娘子""夫人"，叫男女主人的儿子们"郎君""大郎""二郎""三郎"……叫男女主人的女儿们"小娘子""大娘""二娘""三娘"……至于叫男女主人的媳妇、女婿，也是在"娘"和"郎"之前之后加上姓氏、排行等各种修饰限制语，变化很多，就不细说了。

奴婢称男性为"郎"，女性为"娘"的叫法，因为尊卑含义很明显，流传到社会上，就变成了广泛应用的尊称，大家都相互称对方为"×郎""×娘"，以显示自己有礼貌，有修养。

比如穿越者某天自己偷偷溜出来上街迷了路，要找人问路，如果面前这个人是有年纪的老人（男），就叫人一声"丈人""老丈"；是老女人的话，称一声"阿婆""老夫人"；是青壮年男子，叫"郎君"；青壮年女子叫"娘子"；少年男女叫"小郎君""小娘子"这样。

要注意的是，对于不太熟的人，您不要像现代社会一样随便叫人家"大哥""大姐""叔叔""阿姨"，这种"亲属称谓语外化"的现象，在唐代并不普及，被叫者说不定会吓一跳，以为您要分他的家产什么的。

那么对于很熟的亲人以外的朋友怎么叫呢？

除了"郎"以外，"君""卿""公""足下"之类的一般尊称，都可以作为当面称呼语。如果您跟这个朋友的感情亲密到了某种程度，还可以直呼他的"姓+排行"，双方都会觉得这是一种关系非同寻常的表示，比如大量唐诗诗题中的《送元二使安西》《宴兴化池亭送白二十二东归联句》《送韩十四江东觐省》《同李十一醉忆元九》《夏日南亭怀辛大》……这就跟现代人给朋友打电话，一开口"老六""猪头""老狗，你在哪儿呢？"的意思差不多。

叫比自己地位低下的人，比如子侄，可以直接叫他的大名或小名，当面说话时用"你""汝""尔"。叫自家奴婢，也是叫名字，生气起来可以骂"狗奴""贱婢"等，但是不要叫"奴才"。您家的奴婢也不会自称为"奴才"，这个词在唐代不是一个称呼语。奴婢的自称有"贱奴""婢子"等。

最后说说您穿越过去以后，跟不同人说话，都应该自称为啥。

跟尊长或者平辈说话，要表达对对方的尊敬，自己就应该用谦称。比如跟皇帝说话当然要自称为"臣"，您穿越成王子公主了也可以对着皇帝皇后自称为"儿"，但是不要用"儿臣"，唐代未见此称呼。

另外比较普遍的是称呼着自己的名字回话。"回大人：阿穿喝过药了。""张公莫恼，阿穿在此赔罪。"……《隋唐嘉话》里有一条八卦："太宗……初嗣位，与郑公语恒自名，由是天下之人归心焉。"李世民刚当皇帝的时候，跟魏徵（后封郑国公）说话，总是"世民"（见识浅陋，敬待公以教我）、"世民"（快要累死了，魏唐僧你少唠叨几句行不行）这样非常谦恭有礼地作秀，于是公共知识分子们大为激动，认为"由是天下之人归心焉"。

男性用的谦称还有"仆""愚""鄙人""下走"等历代通用词，不详说。想说说的是比较有唐代特色的"某"（某甲、某乙），这个算是谦称里语气较为不卑不亢的那种，全社会上下通用。如敦煌变文《韩擒虎话本》："杨坚启言皇后：'某缘力微，如何即是？'皇后问言：'阿耶朝廷与甚人诉（素）善？''某与左右金吾有分。'"——这里杨坚是皇后杨丽华的父亲，但皇后地位比杨坚尊贵，二人说话，称呼上比较尴尬，于是杨坚用了"某"这个万能自称词。

女性用谦称除了一般的"婢""妾"之外，具有唐代特色的是自称为"儿"，而且不必对着父母，对一般尊长平辈客人也这么自称。在各篇敦煌变文里，女性自称"儿"的占大多数，如《伍子胥变文》："女子答曰：'儿闻古人之语，盖不虚言……儿家本住南阳县，二八容光如皎练……'"

还有一个您大概听着非常别扭的自称语，是"奴"（阿奴），唐代男女上下尊卑都能用。《韩擒虎话本》："时有金璘陈王，知道杨坚为军（君），心生不负（服）。宣诏合朝大臣，惣在殿前，当时宣问：'阿奴今拟兴兵，收伏狂秦，卿意者何？'"——这里的"阿奴"是南陈皇帝陈叔宝自称。"皇帝宣问：'阿奴无得（德），槛（滥）处为军（君），今有金璘陈叔古（宝）便生为（违）背，不顺阿奴，今拟拜将出师剪戮，甚人去得？'"——这里的两个"阿奴"，都是杨坚自称。宋代以后，"奴"系列自称才演变为女子专用，男性一般不再使用。

唐代的"奴"含义非常广泛，而且是各种阶层人士的小名、闺名常用字，可以用来骂人，表贬义，做父母的也经常用来称呼子女，表示怜爱。

以上说的是对着尊长们的谦称语，下面来说对着下属子侄的自称。

首先要说您穿越成皇帝、太子、诸王以后，其实不必在所有场合都自称为"朕""寡人""孤"等。史官们写史的时候喜欢按照礼制加工帝王言论，使之尽量往"朕""孤""寡"上靠拢，但是大量笔记小说和一手史料里，都有帝王在不那么严肃的非正式场合里自称"我""吾"，甚至"奴"的记载。

举一条很有代表性的材料，唐代一手史料、记述魏徵进谏故事的《魏郑公谏录》里，有这么一段：有人对李世民说很多高官、大臣都看不起他的宝贝儿子李泰。性子急、耳根软的李世民大怒跳脚，把三品以上的大臣叫来骂道："我有一口语，欲向卿等道。往前天子是天子，今时天子即非天子邪？往前天子儿是天子儿，今天子儿即非天子儿邪？我见隋家诸王，一品以下皆不免其踬顿[1]，我自不许儿子纵横，卿等何为蔑我儿邪？我若教之，岂不能折辱卿等？"

这段话的中心思想，是抱怨大臣们不够尊敬他这个天子，以及他的儿子们（当然后果是被魏徵一顿板砖抽回去，蹲墙角反省）。虽然内容其实是跟皇家礼制很有关系的，但因为开篇点明了"口语"，即"不论君臣礼节的大实话、心里话"，他就通篇都用"我"，而不是"朕"。

所以一般人在一般场合，对着下属、子侄说话，无论男女，自称为"我""吾"就可以了。对儿女可以自称为"阿耶""阿娘"，祖父母对孙辈可以自称"阿翁""阿婆"（孙辈也这么叫祖父母）。

综上所述，您穿越到唐朝之后，容易用错，最好避免出口的称呼语有：

1　踬顿，折磨、羞辱的意思。

皇上、父皇、母后、儿臣、大人，爷（老爷、少爷）。小姐、奴才，建议使用：奴（自称）、郎君、娘子。

本篇参考文献 & 深度了解推荐：

上海古籍出版社编.唐五代笔记小说大观（全二册）.上海：上海古籍出版社，2000

项楚.敦煌变文选注（全二册）.北京：中华书局，2006

哑巴亏不能吃，教您几句唐代骂人话

俚语

介绍完日常称呼，再讲一些穿越回唐朝时大概可能会用到的骂人脏话吧。为什么？万一您在长安大街上被官二代们欺负了，打是打不过五大三粗的唐人，骂还不会骂，白费口水喊半天"草泥马""son of a bitch"，人家根本听不懂，施施然策马而去，那多没成就感啊……

好，咱先穿回去听听唐朝人的骂架。不过我先提醒您，作为一个习惯在现代汉语语境中生活的人，您去听唐朝人骂街，可能听一会儿就烦了，感觉就像韦公小宝听俄语骂战。

> 次晨拂晓，众将各领部属，分头办事。朋春督兵挑土筑围，郎坦指挥放炮，巴海挖掘地道。洪朝率领五百士卒，向罗刹降兵学了些骂人的言语，在城下大声叫骂。只可惜罗刹人鄙陋无文，骂人的辞句有限，众兵叫骂声虽响，含义却殊平庸，翻来覆去也不过几句"你是臭猪""你吃粪便"之类，那及我中华上国骂辞的多采多姿，变化无穷？韦小宝听了一会，甚感无聊。[1]

听多了现代汉语脏话，您大概会觉得唐朝人骂街也太过简单无聊，基本上就是"畜生""去死吧"这些，不流行问候对方女性亲属，也不会把各种器官挂嘴边。

---

1 出自金庸《鹿鼎记》。

　　那么唐人流行骂啥呢？

　　一大流行是骂人为"农民"，当然原词是"田舍"系列，如"田舍汉""田舍儿""田舍奴""田舍郎"……

　　来来，您跟我穿到贞观初年的太极宫里去，咱先来围观太宗李世民陛下骂街。瞧这位，下班以后气冲冲回来找老婆诉苦，批判办公室政治，说的啥呢？

　　"会杀此田舍汉！"[1]（有机会一定砍了那个农民！）

　　下面就是历史上的著名剧情了，长孙皇后问：谁又惹你啦？李世民答：魏徵这小子不尊重领导，经常当面提意见。——唉，那位客人！您跟着皇后走干啥？想去偷窥人家换衣服？太猥琐了！赶紧给我回来！

　　您不回来的话，我们可又要穿走了！这次要穿到玄宗年间去看妹子们K歌哦！

　　冬寒，微雪，半露天的旗亭下，熊熊燃烧的壁炉旁边，一瓶开元十三，这情调够小资不？三个写诗的男人坐在一起拼酒玩笑，门响处，又拥进来一群在歌厅上班的演艺界美女，带着乐器举办行业聚会，纷纷演唱最新的流行诗歌来比拼夸耀。

　　三个诗人，王昌龄、高适、王之涣，在姑娘们身后坐听打赌，看谁的诗歌被演唱最多。王昌龄的"寒雨连江夜入吴"被唱过了，高适的"开箧泪沾臆"被唱过了，王之涣的诗迟迟没人唱，面子上挂不住，指着最漂亮的一个妹子赌咒道：她肯定唱我的诗。果然，那妹子一开口："黄沙远上白云间……"王之涣拍案大喜，调笑另外二人。

　　"田舍奴，我岂妄哉？"[2]（你两个农民，看我不是瞎说的吧？）

1　出自刘𫗧《隋唐嘉话》。

2　出自薛用弱《集异记》。

打倒歧视农民的封建帝王！打倒看不起农民的公知文人……那位客人又问了，这皇帝、大臣、文人、官僚互骂对方是"农民"还可以理解，要是两个农民对骂起来，怎么办？一句"田舍儿"骂了对方，捎带把自己也骂上？

没关系，古代社会四类人的排行是"士、农、工、商"，有的是比农民地位还低的，我们按职业地位一级一级骂下去。

比如您看，一大早开城门以后，大街上挑菜进城来卖的农民跟推车的小商贩撞在一起了，小商贩跳着脚骂农民"田舍奴"，农民抄扁担骂小贩"市井儿""市井奴""市井无赖"，好不热闹。"市井 ×"就是形容那些辛苦劳作、没多少财势的小商人，当时这类职业很受歧视，在考公务员等方面都有一定限制。

那您又问，现在两个小商贩撞在一起，又该怎么骂？还有比"市井儿"更低贱的职业吗？有啊，骂对方"乞索儿"，也就是"叫花子"，丐帮中人。

其实说起来，几乎各个职业都有特定的骂语，像与世无争的出家僧人，要惹怒了恶少，照样是被一连串"秃奴""贼秃""粗行出家儿"骂过去。

您穿越成了军人？要说唐代武人的地位还算是比较高的，不过骂街嘛，人生气起来照样有恶词骂他们，直接叫"老兵""兵奴"就算是侮辱了。或者也有高级武将用"老兵"来自谦、自嘲的。

就是最清高的"士"——那些自命不凡的读书人，人民群众照样奉送一个专用骂词给他们，叫"醋大"或者"措大"，使用时前面经常加一"穷"字，尊称为"穷措大"。什么意思呢？就是形容这些家伙成天没事找事，抬肩、拱臂、攒眉、蹙目，讥评这个，议论那个的模样，好像被灌多了酸醋一样。

以上说的都是攻击职业身份的骂词，下面来说说骂人为动物类的。

唐人最乐意拉来硬栽给自己仇人的动物是狗。

如果直接骂"张三就是李四的狗"，通常只是说张三紧跟李四，是他的走狗、打手，倒还不太涉及人身攻击啥的。但是架不住"狗"的衍生词多啊，举几个例子。

"狗鼠辈"，指卑劣下贱的人。开元名相张说曾经骂他的政敌宇文融：

"此狗鼠辈，焉能为事！"[1]

"死狗奴"，这个可以用来骂仆人。习惯穿越以后见下人就骂"死奴才"的，强烈建议穿唐以后改用这个，唐朝口语里没"奴才"这个词。

"猪狗/犬彘/犬豕"，这也是比较狠的一个骂人词。来围观安史之乱时，两方将领的一场骂战："贼识我乎？""谁耶？""我，国之大将白孝德也！""是何猪狗！"[2]

"狗屎"，这个意思就不用解释了吧。举个用法，那个写"风乍起，吹皱一池春水"的五代词人冯延巳，曾经在李后主他爹手下当宰相，很被同僚看不起，同僚孙晟就直戳戳地骂冯延巳："金碗玉杯而盛狗屎可乎？"[3]

除了"狗"以外，骂人是"××驴""×猪"的也不少。比如骂人"瞎驴（屡）"，大和尚挺爱用这个词，号称是文雅地、宗教性地骂人没有道眼、不能彻悟、见解不当。完整的骂人句："瞎屡生！尔一生只作这个见解，辜负这一双眼，冷噤噤地如冻凌上驴驹相似。"[4]"瞎屡生！尔向枯骨上觅什么汁！"[5]

如果您骂人时懒得去想到底骂什么动物合适，干脆就直接骂"禽兽""畜生"也算过得去。据《隋书》说隋文帝杨坚临终前曾经捶床大骂："畜生（指杨广）何足付大事！"

跟"骂人为动物"有点儿相似的是，还可以"骂人为妖鬼"。这个在唐传奇的鬼怪故事里特别流行，主角们经常骂异类为"老鬼""妖鬼"，当然也可以用来骂人，张祜写诗自嘲"乡人笑我穷寒鬼，还似襄阳孟浩然"[6]。

1　出自《旧唐书》列传第五十五。

2　出自《旧唐书》列传第五十九。

3　出自《新五代史》卷三十三。

4　出自慧然《临济慧照禅师语录》。

5　出自义玄《临济录》。

6　出自张祜《感归》："行却江南路几千，归来不把一文钱。乡人笑我穷寒鬼，还似襄阳孟浩然。"

"夜叉"也是唐朝人常骂的一种非人生物。单纯骂"夜叉"，往往是说不孝子的，或者形容人长相可怕。骂"母夜叉"的话……这个词的意思流传到今天也没啥变化，大家都懂的。

说到"母夜叉"，下面咱来说说专门骂妇女的、骂小孩子的和骂男人的词。

前头说了，唐朝人不流行问候对方的女性亲属，也没针对女性开发出什么有特色的污言秽语。但是呢，骂对方（无论男女）是"妇人"，本身就是一种侮辱。

骂男人是"妇人"，一般都是指责他胆小软弱、婆婆妈妈的，像唐朝大将高仙芝就骂过他的副将程千里"面似男儿，心如妇人"[1]。这种骂法也很古老了，诸葛军师曾经用这一招埋汰司马懿来着。

骂女人是"妇人"，基本意思就是"你个没见识的傻娘儿们懂啥"。要区分得更细一些，可以骂老年妇女"×老妪"，骂野蛮女友"妒妇""悍妇"，骂侍女"贱婢"，等等。要注意的是，唐朝人骂妇女时很少故意往下半身引，连"娼妇""妓"这一类的词都不用来骂良家妇女（至少我没见过），而是实指那些红灯区的工作者。

骂小孩的，也是直接骂"小子""小儿"。要加个形容词的话，比较流行的是加"乳臭"。"乳臭小儿"这些词一开始只是蔑视小孩子的，后来变成全年龄层的骂词，看谁不顺眼都可以指着那胡子拉碴的男人骂"这个小子"如何如何。

这里的例子，委屈白居易来客串一下吧。话说白居易在唐宪宗李纯那里上班时，充分发扬偶像魏徵的作风，不断管制李纯陛下不要做这个、不准做那个。李纯对老白一般还是比较尊重的，当然也有忍不了要吐槽的时候。

"白居易小子，是朕拔擢致名位，而无礼于朕，朕实难奈！"[2]（最

---

1 出自《旧唐书》列传第五十四。

2 出自《旧唐书》列传第一百一十六。

后这个牢骚还是被别的大臣劝解开了。）

专门骂男人的词，隋唐时期倒是创造性地发明了一个，叫"××汉"。

对啦，就是现在很褒义的"好汉""壮汉""山东大汉"这些词语里的"汉"字，在唐朝，大部分情况下它是贬义的，是用来骂人的。

"××汉"词语的出现，据说跟南北朝时期胡汉混战很有关系，但是到了唐朝，这个词已经没有什么民族属性了，就是用来鄙称一般的男子。

如果把"汉"字加在一种职业后面，那是在以职业属性来骂人，比如"军汉"，大家应该都明白什么意思。也不只是卖力气的人会被贱称为"汉"，唐高祖李渊指控房玄龄、杜如晦教坏他的宝贝儿子时，曾经跳脚大骂房谋杜断是"读书汉"[1]。

"汉"字前面也可以不加职业，加上别的形容词，一样是骂人话，比如"老汉""痴汉"……您说啥？唐朝没有地铁和公交车。这个"痴汉"不是"骚扰女性的色狼"啦，您看日本爱情动作片看太多了吧。唐朝的"痴汉"也是挺流行的骂人话，意思是"大笨蛋""蠢货"。

什么都不加，光一个"汉"字丢出去就可以骂人了。曾经有个要造反的跛脚将军这样自夸："（老子我）今虽患脚，坐置京师，汉辈犹不敢动。"[2]

嗯，数数，我们已经听了几大类骂人话了？职业身份类的、动物鬼怪类的、性别年龄类的，再凑一类吧，民族籍贯类。

总体来说，唐朝人比较开放，并不太歧视游牧民族，不过骂起仗来，民族属性仍然是一个攻击点。骂对方"胡""虏""戎狄"有点儿过时了，唐朝人最喜欢骂的词是"獠"。

为啥呢？大概是因为唐朝皇帝老李家的血统里有那么点儿比例不明、

1　出自《旧唐书》列传第十四。

2　出自《旧唐书》列传第十九。

来路可疑的西北游牧民成分。按传统的地理名词划分，骂"胡""狄"很可能一不小心骂到皇帝家里去，而"獠"一般是指西南少数民族，安全系数较高，于是大大流行起来。

单骂一个"獠"字，最有名的例子要算女皇武陛下。当年唐高宗李治跟大臣商量，要废了原配王皇后立武氏时，书法家宰相褚遂良死也不同意，君臣俩正吵着，武氏在帘子后面听得火大，河东狮吼，出口成脏：

"何不扑杀此獠！"[1]

褚遂良道：我家是浙江钱塘人，浙江在东南，不在西南！你个没文化的妇人……

反正呢，在唐朝，凡是南方人都特别容易被骂成"獠"。另外阴沉难测的人被骂为"险獠"，长相抱歉的被骂"獠面"，还有"獠子""獠奴""獠贼""憨獠"等一系列衍生词。

除了"獠"以外，像"突厥""奚""羯""高丽"等族号都能用来骂人。

如果您想在以上有限的脏话类别里骂出风格、骂出水平、骂出新意、骂出流芳千古或者遗臭万年，大可以自由选择、跨类组合。推荐一个水平比较高的脏话组合，是关于有高句丽血统的唐军名将高仙芝的。他因为一件事触怒了他的上司，上司唾面大骂他：

"啖狗肠高丽奴！啖狗屎高丽奴！"[2]

更加有名气的，可称为唐朝骂人话代表作的，还是千古女帝武则天陛下

1　出自《资治通鉴》卷一百九十九。

2　出自《旧唐书》列传第五十四。

的挨骂纪录。骆宾王这个唐代第一粗口王的头衔，那是怎么也跑不掉了。

　　伪临朝武氏者，性非和顺，地实寒微。昔充太宗下陈，尝以更衣入
侍。洎乎晚节，秽乱春宫。密隐先帝之私，阴图后庭之嬖。入门见嫉，
蛾眉不肯让人；掩袖工谗，狐媚偏能惑主。践元后于翚翟，陷吾君于聚
麀。加以虺蜴为心，豺狼成性，近狎邪僻，残害忠良，杀姊屠兄，弑君
鸩母。神人之所共疾，天地之所不容。犹复包藏祸心，窥窃神器。君之
爱子，幽之于别宫；贼之宗盟，委之以重任……[1]

　　现在不正当地掌握着政权的那个姓武的娘们，性情一点都不温顺，出身
也很卑贱。她曾经是太宗皇帝的使唤丫头，勾引太宗跟她上了床。太宗年纪大
了，她又偷偷跟皇太子乱搞。太子登基以后，她抓着新皇帝的把柄，继续暗里
跟新帝淫乱，终于从尼姑变成了新帝的妃子进宫。进门以后，她就开始嫉妒欺
负别的妃子，就像历史上的妖妃郑袖陷害楚怀王宠姬一样，用各种卑劣手段迷
惑皇帝、残害后妃。她把皇帝的原配皇后诬陷致死，一人跟父子两代乱搞给我
们皇室泼脏水，再加上心肠像毒蛇蜥蜴一样恶毒，性情像豺狼一样狠辣，亲近
邪恶小人，残害忠臣良将，杀害她自己的兄姐，又杀了皇帝，毒死她自己的母
亲，天上众神和地下百姓都痛恨她，天地都不容她。她还包藏祸心，想篡位当
皇帝，把先帝的爱子囚禁在别处，把自己那些混账亲朋封了大官委以重任……

本篇参考文献 & 深度了解推荐：
刘福根.汉语詈词研究——汉语骂詈小史.杭州：浙江人民出版社，2008

[1]　出自千古名篇《代李敬业讨武氏檄》。

第二章 如何在唐朝做一名合格的吃货

上朝日请务必参加公款吃喝，品种丰富，料足量多

官府食堂

同志们，朋友们，吃货们，老饕们……很多读者十分期待的唐穿美食团现在开团啦！报名从速哦！不过有个消费提示要预先公布一下，免得客人骂我们欺诈，就是美食团的团费比较昂贵，是随机穿越团的三倍以上……

您问为什么？

先不说品尝唐代顶尖美食要花费多少额外的物料费和人工费（您去打听打听名厨们的工价），就说这穿越落点选择吧。

首先，既然是美食团，那肯定不能穿越成唐朝人数最广大的普通农民。唐代跟工业化社会之前的历朝历代一样，就算是全盛时期，普通农民能够三餐无忧、终年温饱已经很不错了，离"美食"的距离实在有点儿远。您大老远地好不容易穿越回去，顿顿吃小米干饭就咸菜，不跟我们急眼才怪。

其次，就算穿越成富人，甚至首领，还得注意落地点。唐朝疆域广大，您要是不小心穿成了贝加尔湖旁边的游牧族长，隔三岔五啃羊肉干，或者更悲惨，落到唐高宗年间的朝鲜半岛上，名义上也是大唐蕃臣贵族，食案上却只有泡菜、泡菜、泡菜……

最后，您以为落到长安城里，穿越成全国顶尖的皇亲贵族，就能享受最好的美食了吗？错啦，那些穷奢极欲、穷凶极恶的高官宠臣，就跟现在成天上豪华酒店大啖鲍脯鱼翅的暴发户一样，才吃不到什么真正美味的好东西。

给您举个例子，武女皇的男宠张氏兄弟，发明了一种自以为高明的食物

烹调法，就是把活鸭鹅关在大铁笼里，笼当中生一堆火，旁边放盛有调味汁的铜盆。鸭鹅被火烤得受不了，就去喝调味汁，来回奔走，一直持续这个状态直到被烤熟烤焦，毛皮脱落，于是可以吃了。[1] 您觉得这玩意儿会好吃吗？

所以要享受真正的唐朝美食，我们要么穿越到长安洛阳去当个出身大族的中高级官员，要么穿越到成都扬州去当个世代豪门的富商，这两种人是最有机会满足自己口腹之欲的。开团第一单，我们先选择长安贵官这条线吧，坐好起航喽。

穿越成功，东方既白，您在自己家里床上睁开眼睛，婢仆过来伺候，新的一天开始了。

起床后想的第一件事：今天早晨吃什么？（有点儿出息，行不？）

下人问，郎君是在家吃还是出去吃啊？在家吃的话，一大早的没太多时间慢慢做饭，可选择的食物比较少，一般也就是吃馎饦或者粥了。

粥，您当然明白是啥，我就不细说了。馎饦听起来倒还挺新鲜，您来一份尝尝？

一声吆喝，奴仆很快用木盘端来一碗热气腾腾的食物，放在食案上。您梳洗完毕，走过去跪坐下来定睛细看，白瓷碗盛满的浓汤里，沉浮着一些拇指大小的柔软面片。

原来馎饦就是面片汤啊！这种唐朝人也叫作汤饼、索饼、水溲饼、不托的食物，比较像现代北方人叫作猫耳朵的那个东西。制作方法也很像，是把锅里的水烧开以后，用手指一下下按面团，一次按下来大拇指宽、两寸长、极薄的一片，丢水里去煮。或者也可以揪成筷子形状、一尺长的面片去煮，

1　典故出自张鷟《朝野佥载》："易之为大铁笼，置鹅鸭于其内，当中取起炭火，铜盆贮五味汁，鹅鸭绕火走，渴即饮汁，火炙痛即回，表里皆熟，毛落尽，肉赤烘烘乃死。"

就接近于粗韭叶汤面了。

白水煮面条可太难吃了，还得往里放些辅料调料。放啥呢？这就看您的个人喜好了，唐朝人留下的记载里，有放猪油葱花的阳春面，有放鸡肉鸡蛋的亲子面，还有放鸭肉的、放羊肉的、放姜汁的、放茱萸的……

这面片汤虽然不难吃，但您堂堂一条北方大汉，还是愿意噎点儿干粮才能饱，否则说根本不算吃过饭？唉，您早说啊，早说我们出去吃，既方便又省事，而且节约时间，您今天吃完饭还得去官署办公呢，可不能迟到哦，否则会被打屁股哟……

对不起，肯德基的六元早餐没有，麦当劳的汉堡咖啡也恕不提供。（费这么大劲穿到唐朝来还吃这些，客人您脑子有恙乎？）您问唐朝的早餐店都提供什么食品？那可真不少，咱就拣着最流行的几样说吧。

您先穿好衣服，骑着马，带着随从出门。这时候天还灰蒙蒙的，您住的里坊，门还没打开呢，但是坊门旁边的几家早餐店已经升火点灯开炉做生意啦。您想吃异域风味的早餐是吗？那边那家，门口干活的师傅高鼻、深目、满脸络腮胡的，那是家胡饼店。

过去看看，原来跟我们现在吃的芝麻烧饼一样嘛。白面做好饼坯，抹上油，撒点儿芝麻，放进炉子里烤熟，刚出炉时味道又香又脆，迎风飘八里，趁热赶紧吃吧您！假如您住在辅兴坊，那更是口福不浅，辅兴坊那家店里的胡饼是全京城闻名的，白乐天（白居易）同志就曾经山寨过他家的产品。

您嫌胡饼太油腻，一大早想吃点儿清淡的？也成，那边有家店是卖蒸饼的。唐朝人说的蒸饼包括了现代我们说的馒头、包子、花卷、烧卖、蒸饺等等，反正都是发酵过的面皮，可能包着各种馅料，上笼通过水汽蒸熟。

有口轻的就会有口重的，您这边嫌胡饼油太大，那边那位客人还嫌胡饼寡淡没味呢！没关系，咱花色齐全、品种丰富，比胡饼更加油腻的也有，那就是"煎饼"。

不是天津老乡用来抹酱裹油条、裹薄脆的那种煎饼。这里说的煎饼比较像油炸大丸子，杂菜和面揉成一团下油锅吱吱煎熟，捞出来放凉以后可以搁在掌心里的。这种食物可以当早餐，但更流行的是当夜宵吃。

您担心这个摊主是用地沟油在炸煎饼？这我可真没法了，您让我去哪儿找食药监局的执法人员来检查哟。不不，这可不是花生油（花生是明朝才从美洲传入我国的），也不是橄榄油，更不是金龙鱼调和油。要不，您这就穿回去算了……

唐朝人吃的油，一大部分是动物脂肪、肥猪肉炼的油啦，羊肉也会出点儿油。炼油的植物主要是大豆和胡麻，也有麻子、红蓝等。

好了，快把买的这一堆食物吃掉，咱要上班了——您最好就在店里吃，打包外带在街上吃的话，如果被御史看到，会认为您"有辱官缄"，一状告上去弄不好你要丢官。

早饭吞完，午餐打算吃点儿啥？——我说您这也太馋了吧？好歹也得先上半天班，再想吃中午饭的事啊。谁告诉您穿越美食团是可以光吃饭不干活的？

而且呢，今天上午去哪里工作，也跟您的午饭地点和内容很有关系哦。

简单地说，只要您是九品以上的朝廷命官，那么在工作日，中午这顿饭都是公家请客，您可以，而且必须跟同僚们一起公款腐败。不过对于京城的官员来说，这顿工作餐有"朝参日廊下食"和"非朝参日公厨堂食"的区别。

朝参日，也就是要进宫上朝参见皇帝的日子，大家都理解吧？唐朝规定三品以下的官员（不含三品）每个月逢一、五日朝参，也就是如果您穿越上身的这位是个七品官，那么每个月的初一、初五、十一、十五、二十一、二十五要上朝。

如果是三品（含三品）以上的大官呢？那是要每月一、五、九日朝参。另外，有一群倒霉蛋……咳，有一群位置比较重要的官员，理论上是每天都得入宫参见皇帝的，这群人是"文官五品以上，及两省供奉官、监察御史、员外郎、太常博士"，他们被称为"常参官"。

好啦，今天是您的朝参日。您呢，最好半夜三点就起床穿衣服。为啥？因为按照规定，您早晨五点半就得进入皇宫大门，否则算迟到哟。上朝迟到，后果会很严重哟。

您知道长安城有多大吧！如果您家里有钱有势，在离皇宫不太远的坊里买了房子，那还好一点儿，三四点钟起床，穿衣服，吃东西出门，等晨鼓敲响，坊门一开，赶紧往皇宫跑。如果没下雨，没下雪，天也不太黑，大概能顺利按时跑到宫门，报名验鱼符[1]打卡上班。

在朝殿里站一上午，听各级各部门领导絮絮叨叨说事儿，好不容易等到日中散朝，您肯定已经又累又饿兼头昏脑涨，只想躺倒了。

唐朝的制度这时候显示出比较人性化的一面，从太宗贞观年间开始，每次朝会结束以后，公家都会让上朝的官员们在宫殿飞檐下、廊庑[2]上坐地吃顿饭，这顿饭就叫"廊下食"。

"廊下食"都有什么东西可吃呢？唉，公款备餐，露天明吃，也就四菜一汤这种标准吧，不会简陋寒碜到丢皇帝老儿的脸，但也别奢望山珍海味。反正常参官们的肉食定量是每天三头羊，分到每个人嘴里的羊肉应该不会太多。

不过在日常供应以外，夏季还有防暑降温餐，冬季有烤火餐，各个节日也有加餐。

如果您是在滴水成冰的三九天儿上朝，退朝以后又在西北风嗖嗖的廊下半露天坐地吃饭，那么负责办食的光禄寺会依例给你们端上一碗咕嘟嘟冒泡

1　鱼符，唐朝官员随身携带的身份证明，一般为金属铸造，呈鱼形，要经过卫兵检验无误才准许入宫。

2　廊庑，这里指房屋墙外的走廊通道。

的热汤饼，其实就跟您早上吃的馎饦是同一类食物，算是高级工作餐。另外冬天的加餐还有黍臛，应该也是一种加了黄米的肉羹，趁热开吃。

如果您在骄阳似火的夏天上朝，吃"廊下食"，端上来的会是用凉水拔[1]过的冷面、粉粥，再配一些栗子、桃、梨、石榴、柿子等。

赶上特殊的节日上朝，比如寒食节，会给甜米粥喝；正月初七（人日）和三月初三加赐煎饼；正月十五、三十赐糜糕[2]；五月端午赐粽子；七月七赐斫饼；九九重阳节加糕；十月一日加黄米羹……这些都是在日常餐点之外另加的，算是额外福利，您老老实实地跟着同僚们一起叩谢皇恩吧。

像这种吃环境的工作餐，食物好不好倒在其次。有人比较看重其中的荣誉和政治意义，觉得能在皇帝眼皮底下吃顿饭光荣得不行。（拜托，皇帝早走了，你以为人家会坐在里面看着你们吃饭流口水吗？人家也饿啊！）那个写过"恨不相逢未嫁时"的张籍，就曾经为寒食节的"廊下食"赋诗一首：

> 朝光瑞气满宫楼，彩纛鱼龙四周稠。
> 廊下御厨分冷食，殿前香骑逐飞球。
> 千官尽醉犹教坐，百戏皆呈未放休。
> 共喜拜恩侵夜出，金吾不敢问行由。[3]

客人您可千万别乱跑，不要这么激动嘛。这顿工作餐真不是容易吃的，因为吃饭的礼仪要求特别严格，坐错了位置，走错了方向，遇上熟人开个玩笑，都有可能被御史弹劾，犯一次错要罚没一个月工资。

1　拔（bá），指把东西放在凉水或冰块里使之变冷。
2　糜是一种类似于小米、黄米的古代谷物，没有黏性，用这种谷物做成的糕叫糜糕。
3　出自张籍《寒食内宴二首》（其一）。

　　您先在这张食案这儿坐好，我给您讲个真事。话说某一年，朝廷里的宰相严绶参加退朝以后的"廊下食"，皇帝派宦官马江朝赐樱桃给官员们。严绶在京外当节度使的时候，认识马江朝，见面说话时脑子一乱，宰相屈膝向宦官行了个拜礼，旁边一个不明真相的围观御史也跟着拜了一下。这种违背礼节的行为算是闯了大祸，当天御史台弹劾，严绶、马江朝都受到了处分，马江朝被降级，严绶被罢相，贬官外任。[1]

　　就因为礼仪要求严格，唐后期政府又越来越穷，"廊下食"的食物越来越粗劣，有些上朝的官员就找各种借口中途溜号，宁可自己出去吃，也不受这份活罪了。以至朝廷专门下诏，硬性规定朝臣必须参加午间公款吃喝。

　　以上说的是朝参日的"廊下食"情况，那不上朝，到办公室办公的日子，公家管饭吗？

　　当然管啊，我们这就一起去瞅瞅唐朝政府的公务员食堂。

　　按照我国从古至今奉行不悖的规矩，公家管饭，灶大灶小，菜多菜少，那是要按行政级别来供应的。您要是想吃到最高级的食堂饭，那请您努力工作，迅速升官，尽早做到宰相这个位极人臣的级别，就可以进"政事堂"去吃饭了——这乃是大多数唐朝人的终生梦想。

　　什么？您说我骗您？您翻遍了唐朝官员的等级名册，就没有一个官职叫"宰相"？

　　唐朝确实是没有宰相这个官职，但是上至皇帝，下至农夫，大家都经常说起宰相，而且也都知道这个官就是辅佐皇帝处理国家大事的最高级最大的官。

　　唐朝实行的是群相制，也就是三省里不止一位高级官员，可以通过被加授"同中书门下三品"等官衔，被承认为等同于宰相，进入政事堂参议国家

1　典故出自《旧唐书》列传第九十六。

大事，以及吃到最精致、最高级的小灶饭。

政事堂在哪里呢？基本上这是一间专供宰相们一起使用的办公大厅，位置在皇宫里面，靠近上朝大殿和皇帝办公室的地方。您要是还不能理解，可以参考北京紫禁城里的养心殿和军机处之间的位置关系，当然，唐朝的宰相比清朝的军机大臣们权力大得多，性质完全不一样。

您呢，熬到五六十岁的时候，可能有一天会拜相进入政事堂。跟着其他宰相一起，各自坐到自己的书案后，就一些政事议题聊啊，商量啊，工作到午时，外面有杂役禀报："列位相公，天子赐食至。"

这时，就有御厨的杂役挑着食盒进来了。您这新晋的宰相还怪兴奋的，可是一看同僚们都一副见怪不怪的模样。当然谢恩还是必需的。原来皇帝隔三岔五地把自己御膳房做出来的食物赏给宰相们的"堂厨"，这都算是一种制度了，也是大领导努力搞好与下属关系的一种手段，意思是拿人手短吃人嘴软，你们吃了我的饭，对我打猎泡妞等私生活就睁一眼闭一眼，少管点儿吧。（某魏姓宰相：你做梦！）

于是大家开饭吧！不用换房间，就在政事堂大厅里，自有下人布置食案，放坐席，抬水来伺候各位宰相洗手，"堂厨"里的厨役也会把一道道菜肴和餐具抬进来在食案上放妥。

一切布置完毕，张相公请请，李阁老走先，王尚书不必过谦……大家按心照不宣的次序入席坐定，举筷开餐，边吃边聊。

这顿在办公室吃的午饭，气氛要比"廊下食"轻松融洽很多。朝廷不仅允许，而且鼓励宰相们边吃边谈工作。大家肚里有食，心情会比较好，很多棘手事务就在吃吃喝喝中解决掉了。如果您长期只吃饭，不谈工作、不干活，还会被别人讥笑为"伴食宰相"，意思跟尸位素餐差不多。

就算不谈政务，各位相公在吃饭时聊聊家乡的风土人情、奇闻逸事，也有助于增长见识、促进感情。当然，昨夜您在平康坊小娘子家的香艳经历还是不要拿到政事堂来聊最好。

此外，聊天内容丰富、气氛轻松，可不代表礼仪要求不严格，毕竟政事堂食是一种政治待遇，跟与狐朋狗友们下馆子喝酒吃烤串还是区别挺大的。

最基本的礼仪要求：首先，您不能随随便便地进政事堂蹭饭吃，必须有了宰相资格以后才能上桌；其次，您还不能随便退席，如果有人中途退席出门，别的宰相必须停筷等着，人齐全以后再继续吃。

曾经有一回，宰相们正在政事堂吃饭呢，某个权臣把自己的一个同党宰相叫出去商量事，商量完俩人就一起弄了点儿饭吃。政事堂里正等着继续吃饭的宰相们听说这事，有两个老臣当场摔筷子，飞马回家告病不起，闹着要辞职，朝野大哗，纷纷谴责权臣不守规矩、丧尽天良。[1]您看这乱吃饭的事故是多么严重啊。

您问这顿饭里都有什么食物？那就太多了，详细的我留到下回再说，反正您只要知道这个政事堂厨每年耗费的开支是相当大的一笔数字，以至某些宰相看了都肉疼。曾经有不止一位宰相不止一次提出来，说国家财政挺困难的，我们老这么大吃大喝，影响太坏，要不把这块的预算经费削减点儿吧？

您猜怎么着？别的宰相群起反对，其中一个姓张的说了一段话，很有代表性，大家听了都服气。这段话翻译成现代白话文大意是这样：

皇帝拨出这么多公款给我们吃喝，是为了优待人才，希望我们吃完以后好好干活，把国家治理好。[2]相公您要是心虚，觉得自己的工作成果配不上这顿美餐，那您闪闪，靠边让位，自有别人能吃能干。国家大事您不操心，尽在这种小节上叽叽歪歪，不是沽名钓誉是什么？何况省了这顿饭钱对解决国家财政问题也不起啥作用，您努力工作，办好一件大事，就能造福国家百姓，那吃顿好饭根本不过分。

如果现代公款吃喝的官员们拿这种歪理来辩解，不被网民们砸死才怪，

1　典故出自《新唐书》列传第九十。

2　典故出自《唐会要》卷五十三。

但是唐朝人（特别是文人）居然都很认同这个说法，所以政事堂的豪华午餐也就一直持续下去了。

上面说的是宰相们的午餐，官员能做到宰相级别的，毕竟是少之又少。那么非宰相的普通官员，午饭又是怎么吃的呢？

宰相们的工作餐供应系统，因为是在政事堂里吃饭，所以叫"堂厨"。别的官员的工作餐供应系统，叫"公厨"。他们不像宰相那样有集中的办公大厅，所以很多部门要在正衙大堂旁边另建一座食堂，能容纳所有上班的官员同时就餐。

这个食堂的建设规格，也有一定标准，大致是在各部门财力范围内，力求宏大严整，随便搭个茅草棚子瞎凑合可不行。食堂的内部装饰也得花心思，有的供文殊菩萨像，官员们开饭前先拜菩萨："感谢菩萨降福赐我卤煮火烧……"有的是在墙上写与工作相关的文章、诫语、圣训等："科学发展，成就辉煌……"

正经地说，最像国家机关的还是主管司法判刑的大理寺。人家的食堂墙壁上写满了常用法律条文。我叫你们这些法官不看书不学习业务。只要吃饭，你们就给我老老实实看《永徽律疏》[1]。

开饭的时间大都是午时，官员们集中到食堂（那谁谁，您不用拿着饭盆啊，我大唐还是有供应官员们的餐具钱的），也是按规矩位置坐地或者坐床，等着杂役们在食案上摆好饭。

至于就餐的仪式，管理的严格程度，吃饭时让不让说话谈笑，各个部门有自己的规定。管得最严的可能是御史台，约等于现在的纪检监察部门，开饭前主官要训话，各级工作人员固定座位，吃饭时不准走动，也不许说话谈笑。

1　《永徽律疏》，后世称为《唐律疏议》，是唐高宗永徽年间完成的唐朝法律及其解释条文的合编，亦为中国现存最古老、最完整的封建法典。

御史台在唐朝可是人人羡慕的肥缺部门，您要是三四十岁就进了御史台，那就忍受几年主官的扑克脸吧！您说这么吃饭会肠道梗阻？那咱走走门路，求外放去州县当官？除非赶上了一个活阎王似的刺史，一般外官的官场气氛都会比京官轻松随便。

如果您去比较富裕的州郡，像现在江南一带的扬州、杭州，或者蜀郡、益州，那么同等级官员的收入，要比京官强得多。这反映到工作餐上，京外州郡的工作餐成本，是由地方财政列预算，有时候是财政直接支付所有支出，有时候是财政上出一部分钱当本钱，由相关管理部门拿着本钱去做生意、放高利贷，以利息收入来支付"公厨"的消耗。

而首都里各部门的"公厨"预算几乎全是以朝廷赐本钱，各部门自己去营运收利的形式来应付。也就是说，国家财政给这个部门一次性拨付了200万钱，但是这200万钱不能花，而是找一些"捉钱人"来，把200万分成几部分借给这些"捉钱人"，叫他们拿了这些本钱去做生意，按月或者按年缴多少利息给这个部门，部门用利息来买粮买菜做饭供应"公厨"。

"捉钱人"未必各个都能做生意成功，能不能还上利息完全没谱，所以京中各部门时不时叫苦，"公厨"本钱又没啦！朝廷不给补贴点儿，大家都没饭吃啦！没饭吃的话，公务员都不上班哦！不上班就没人工作，国家机器要瘫痪啦……

您不信？唉，唐代安史之乱后，国家政治和财政收入都乱七八糟，实在没钱供应官员们天天公款吃喝，皇帝也没辙，只能下诏叫官员们隔天上班，也就是上一天班，吃一天工作餐后，第二天你在家歇着，自己解决伙食问题，这样来省钱。

所以，百官工作餐的质量，跟国家经济运行形势、财政收入是息息相关的。如果您不幸错穿到了唐代后期，又在一个没啥油水的衙门做中低级官员，那么在食堂的中午饭里吃到了一块肉，大概都能热泪盈眶地奔走相告了。

当然，如果您自己家里有钱，中午不乐意跟同事们一起吃糙米饭就咸菜，那么就找个借口，溜出官府下馆子去。

本篇参考文献 & 深度了解推荐：

拜根兴.唐代的廊下食与公厨.浙江学刊，1996（2）

黄正建.唐代衣食住行研究.北京：首都师范大学出版，1998

吴玉贵.中国风俗通史：隋唐五代卷.上海：上海文艺出版社，2001

"没见过吧，这叫日式刺身！""不就是切鲙嘛……"

荤食

穿越到唐朝当了个小京官的您，在休假不上班的日子里，跟朋友同僚脱下官服，一起去逛东市和西市。逛累了，肚子也饿了，就近走入一家叫"张家楼"的食店，体验一下大唐首都餐饮业的服务质量。

拣个靠堂口的食案坐定，您张嘴想说的第一句话是啥呢？

谁请客？穿成唐朝官员还这么小气，您不如穿越成严监生算了。

倒壶茶？估计没有，麻烦您往后翻翻本书喝茶篇。

拿菜单来？谢谢，直到晚清民国时期，饭馆里都没有现在的纸质菜单，顶多柜上挂个水牌写明今日特供。您要点什么菜，全凭跑堂的口报菜名，相声艺术那是来源于生活。

小二！上五斤牛肉、十碗好酒！

过来俩彪形大汉，先打量您几位的长相——不是熟面孔，再瞅瞅店外街上人来人往一片平和，似乎也不像埋伏着梁山好汉，相视一点头，伸出蒲扇般大手，揪起您衣领，我丢——

踉跄出店，您又满头雾水了吧？这开饭店还怕大肚汉？就算说得哪里不对了，过来纠正就是，怎么又随随便便踹人啊？唐朝人做生意这么不讲究和气生财吗？

唉，唐朝人比较凶残有个性是真的，不过正常情况下，做生意的也不会这么得罪客人。您惨遭驱逐的原因是说了当时很忌讳的话，人家食店主人怕被钓鱼执法。

什么话犯了忌讳呢？

《唐律卷十五·厩库》："主自杀马牛者，徒一年。"主人杀掉自己养的马或者牛，要服一年苦役，也就是国家禁止杀死这两种大牲畜，当然更禁止吃牛肉。您那句"上五斤牛肉"，一不小心就要把食店主人送去服苦役啦。

所以，您穿越到唐朝以后，不用指望在饭店里能看见水煮牛肉、杭椒牛柳、灯影牛肉、香辣肥牛、西红柿烧牛腩、干煸牛肉丝、土豆炖牛肉、腓力牛排……统统不供应哦。

什么？您说您吃巨无霸长大的，非牛不欢，没牛肉吃，活不下去？这都是惯出来的毛病。好吧，如果拼了性命也要吃牛肉，唐人倒也不是没有变通的办法。

最简单的方法是去乡村私下买点儿牛肉，或者自己家养几头牛，趁黑夜里偷偷杀掉，关起门来自己弄熟了吃，别让别人看见。就算有邻居闻着味道不对，一推门进来了，现场抓到您家吃牛肉，您也能强词夺理地辩驳："我杀了牛没错，不过是误杀！误杀！一时失手而已！"

唐律明文规定，杀自家牛马徒一年，但是"误杀，不坐"。至于怎么证明是过失杀，而不是故意杀，赶紧把煮好的牛肉盛一盘送给邻居，那就肯定是误杀啦……

如果您的厨艺水平跟作者鹿差不多，那么就不建议自己在家烹饪牛肉，八成会糟蹋了这好不容易弄来的珍品，顺带毒死自己。拎出门去，交给相熟的食店整治吧！注意，一定要是相熟的，跟店主交情特别好才行，否则人家没准儿会向官府告发您。

普通的食店，整治牛肉的方法大概就是清水煮，放些葱姜酱之类的调料。再高级点儿，在院子里生一堆火，烤（当时叫炙）牛肉至八成熟，焦香味道飘出来后，再撒些胡椒，就是罕见的美味了。

要说唐朝的牛肉名菜，给您郑重推荐一道"牛头褒"。

这道名菜主要在南方地区流行，天高皇帝远，长安管不着的地方才有牛肉名菜的生存空间嘛。制作过程如下：

取皮光肉嫩的小牛头，先在火上烧一下去掉毛，再用开水烫洗，把毛根都去除干净。锅里下酒、豆豉、葱、姜，把牛头煮熟，剥下肉切成手掌般大的肉块，跟酥油、花椒、酸橘等一起调好味，塞进瓶瓮里，用泥封住瓮口。最后把肉瓮埋进火塘，用微弱的火力慢慢加热烘出风味来。

这种菜品在唐朝叫"褒"，也不知道跟现在岭南地区的煲仔饭有什么关系没。总之，唐朝人想吃到牛肉挺困难的，所以疯牛病也传染流行不起来。

那么，唐朝人最经常吃的肉类是什么呢？

说错了吧，不是猪肉，是羊肉。

忍不住又要羡慕嫉妒恨一下皇亲国戚达官贵人，这些家伙只要做官做到了五品以上，那么每个月公家就给免费发好多肉吃。亲王以下到二品大官，每个月供给二十头羊、六十斤猪肉，三品官每个月只给十二头羊，四品五品官每个月给九头羊，都不给猪肉，可见羊肉要比猪肉普及得多。

您嫌羊肉膻味大吗？没关系，我们在烹调方式上多注意点儿，精益求精，高手是能把羊肉做得很好吃的。

普通唐朝人吃的炙羊肉、蒸羊头、羊肉面条，就不多说了。单说某天您的同事请您去家里吃饭，说宴客主菜是"过厅羊"，这可是当世名馔，您千万别错过这个机会。

到了宴会的日子，您和其他被请的客人齐聚主人家里大堂上，一番推让以后，德高望重的主客坐了上位，是在靠近堂口的食案边。

唐朝人家的正堂，南面往往是没有墙的，只用几根柱子支起来檐顶。南面需要挡风时可以用屏风行障之类围住，夏天就干脆撤走，是一座半露天的建筑。人们坐在堂上，可以直接看到堂外院子里的情景。

贵客坐在堂口的位子，一方面是便于上菜时先敬给他；另一方面也是方便观看歌舞——那时候举办正式宴会，堂下院里八成要有歌舞节目佐餐。

酒过三巡，菜献数道，歌舞告一段落，主菜要上场了。

只见一名庖人[1]牵着一头活羊，走到堂前阶下，向堂上行礼毕，翻手擎出一柄明晃晃的尖刀，熟练地插入活羊颈子，杀羊放血，剥皮斫肉。

这时候主人请众宾客下堂，也来到刚杀好的肥羊前，客人们觑来看去，瞅中哪块羊肉好，自己用刀子割下来。一旁服侍的下人奉上颜色不同的彩锦，把自选羊肉包扎好，送去蒸熟。

时间到，蒸好的羊肉一块块送回来。您可要认准自己选的那块彩锦，接过来打开，把羊肉放进自己食器里，用主人提供的竹刀切成一片一片的，再撒上胡椒，浇上杏酱，大家开吃吧！

也正因为羊肉是唐朝人最常吃的肉食，而羊肉膻味很重，所以能去膻的胡椒就特别受重视。这玩意儿是来自西域南亚的进口货，卖得很贵，如果您哪天听说当朝宰相被治罪抄家时，家里抄出来800石（6.4万公斤）胡椒，不要吃惊哦。[2]

那边又有客人说啦，老子不爱吃膻腥的牛羊肉，老子就要吃猪肉，不供给猪肉就投诉你唐穿团宰客。唉，至于嘛，客人别激动，谁说唐朝没猪肉啊。虽然不像牛肉那么金贵，也不像羊肉那么普及，但猪肉也算人们常见肉食之一，不会没供给的。

唐朝人吃猪肉，最常用的做法也是蒸着吃。《西游记》里动不动就弄个大蒸笼来伺候师父和二师兄，那是有生活基础的。

吃牛羊肉要撒胡椒，吃猪肉则一定要就着蒜。您在别人家做客蹭吃的，

1　庖人，古代对厨师的称呼。

2　典故出自《新唐书》列传第七十。

主人端上来一盘热腾腾的蒸猪肉，您把肉片搅碎了，浇上蒜汁蒜泥，再来点儿豆酱，用刚出炉的金黄的面饼卷裹起来，送嘴里一咬，顺边流油，别提多美味了。

除了猪、羊和牛以外，唐朝人也吃驴肉、狗肉，另外还时不时能吃到些野兽肉。当时自然环境好，人口少，到处都是山林野泽，唐朝人又喜欢打猎，所以像兔肉、野猪肉、熊肉，甚至蛇肉、果子狸肉都曾经进入唐人的食谱。您问这些野味里最经常出现的是哪种动物肉？我才不告诉你是鹿肉呢！

不过这又有个问题了，比如说您跟几个朋友外出打猎，忙活半天，放倒了一头大野猪，找柴生火，剥皮切肉，原野烧烤，哥儿几个美美撮一顿，然后野猪肉还剩下一大堆呢！叫下人背回家去也一顿吃不完，这要是放坏了怎么办？暴殄天物是要遭天打雷劈的。

同理，过年前大规模杀猪杀羊，也会有很多肉一时吃不完。这时候就得动用科技手段——人工防腐剂什么的弱爆了，古人用盐、醋、酒、花椒等各种调料，加上风干、烘干、发酵等制作技术，就能做出脯、腊、酢、菹[1]等各种纯天然、无公害，保质期又很长的食物，而且很好吃哟。

事实上，如果是一般的平民人家或者中下层士族，吃这种腌制类肉品的数量，要多过吃鲜肉，因为鲜肉真的是很贵。

贵到什么程度呢？

贞观年间曾经有一段时间，朝廷为了树立勤俭节约的清廉政风，下令所有御史外出巡查的时候，各地不准给御史供应肉食吃，以防扰民。

那么苦逼的御史们就只能枵腹从公，天天吃素了吗？嘿嘿，那也未必。

一个小报告打到皇帝李世民面前：陛下明告天下御史外出不准吃肉，但

---

1 脯和腊是肉干，酢是用醋或者其他酸化手段保存的食物，菹是腌菜或肉。

有人顿顿都叫州县杀鸡给他吃，这个御史就是您的心肝小秘书马周！

李世民陛下脸不红，气不喘，御笔一挥：我下令不许吃肉，马周吃的是鸡！吃鸡又算啥事？离间君臣关系的，拉出去打！[1]

这算是李世民偏私护短吗？事实上可能算，但理论上不算，因为在唐朝人的概念里，狭义的"肉"，是指兽畜肉，而鸡鸭鹅等叫"禽"，也可以叫"荤"，咬文嚼字的话，吃鸡还真的可以说没犯"肉戒"。

而且呢，跟猪羊牛等畜肉相比，鸡肉在唐朝要便宜得太多了，基本上普通农户家家养鸡，您要去农村看望朋友，或者只是个过路人，投宿时遇到了比较热情厚道的人家，那么主人家杀只鸡来招待，都是很正常的事。

一锅新蒸出来的黄澄澄的小米饭，现杀的放养土鸡肉或煮或蒸，如果自留地里种着菜，薅（hāo）一把韭菜或者豆叶烫一烫，再配上自家酿的浊米酒下饭，这就是最典型的唐朝农家饭啦。如果您穿越前认真培训过，边吃饭边吟咏"故人具鸡黍，邀我至田家"[2]"夜雨剪春韭，新炊间黄粱"[3]，那就更有风味了。

家禽类里面，鸡是占了绝大多数份额，仅次于它的不是鸭，而是鹅。

跟现代正相反，唐朝人养鹅多，养鸭少，吃鹅也比吃鸭子普遍，所以您想在长安吃首都烤鸭那可不容易。不过长安另有一道禽类名菜，叫"浑羊殁忽"，比烤鸭更鲜美更名贵，您信不信？

这道菜，也得在有钱人家的大宴会上才能见得到。几个仆人共扛一张大木盘上厅，盘子里放着的是一头完整的冒着热气和焦香的烤全羊……

等等，您说我们要吃的是禽类名菜，为啥端上来的是羊？唉，客人您继

1 典故出自《新唐书》列传第二十三。

2 出自孟浩然《过故人庄》。

3 出自杜甫《赠卫八处士》。

续看下去啊，厨子拿出刀来，把被缝合起来的羊肚子剖开，原来里面藏着一只烧鹅呢！

这鹅肚子里还有东西哦，是用调味品拌匀的肉和糯米饭。把收拾干净塞填饱满的整鹅塞进羊肚子，一起在火上炙熟以后，我们只把烧鹅取出来，切开——分着吃，烤羊作为容器就扔掉了，当然一般会扔给仆人们去享受。为啥我觉得这道名菜肯定是奴仆们发明出来的呢？

跟野味肉同理，唐朝人吃的禽类里，也包括山鸡、鹧鸪、斑鸠、竹鸡等野禽，大多是打猎打来的。禽类也可以做成脯腊等用来保存。

这说了半天您在外面吃别人家宴席的事，差不多的时候，您是不是也应该在自己家里设宴回请一顿？什么？您说没钱？这个月工资还没发，别说猪肉羊肉，连只鸡都买不起。您这个唐朝月光族真是……

算了，没关系，我们有的是办法。没钱买肉，自己去弄呗。就算您住在长安城的廉租房里，没场地养羊、养猪、养鸡，又手无缚鸡之力不会打猎，您总会钓鱼吧？

带上一两个下人，趁早街鼓刚响，坊门初开时，拿上渔竿、渔网，出城去。唐朝自然环境好，别说南方，连华北西北地区都是遍地河湖沼泽，"八水绕长安"您听说过没？总之在长安城外找个有鱼的水面是很轻松的，主仆几人折腾半天，怎么也能扛回一篓子鲜鱼来。

有荤食有饭，可以请客了。您家的厨子手艺还不错的，等客人都来了坐好，很快端出一碟碟又白又细的东西来奉客。

您定睛一看，碟子里的食物，大多呈丝状，也有小片状，片状的都是半透明白色，极轻薄极细嫩，碟边还堆着嫩绿色的葱碎，另有芥末、豆豉、蒜泥、橙丝等调料。拿筷子夹起白丝，就着葱芥送进嘴里一尝，又滑又凉，鲜腻中带着甜味。这种食物，您穿越前只在日本风味餐厅吃过，是标价贵得要死的生鱼片哟。

怎么样，您觉得很有面子吗？当下就喜气洋洋地向客人们炫耀"这可是稀罕的日式刺身"。唉，您看客人们瞧您的眼神，一副看乡巴佬的样子："是切鲙吧，做得不错，鱼够新鲜。"这已经是挺高的评价了。

没办法，生鱼片这种东西，在唐朝人的食谱里确实很常见。不仅如此，唐朝的贵族男子一般是看不起厨艺的，但是他们却觉得自己在人前亲手表演"切鲙"的技术，是一种时尚流行风范。您说那孙子辈炒作出来的"日式刺身"，有资格在唐朝人面前炫耀吗？

那边又有个不太厚道的客人，一边嚼着鲙丝，一边故作天真地问："这是啥鱼啊？"客人打住！您可别这么老实，顺嘴就道出实话——"是今天刚捕的鲤鱼。"要知道这可是在"李"唐王朝，官府几次下令禁食"国姓鱼"，当然民间大部分人还是照吃照抓不误，不过好歹给官府点儿面子，就别在公开场合说了。

除了鲤鱼，其他常见的鲂鱼、鲫鱼、鲈鱼、鳜鱼……凡是刚出水的鲜鱼，都能切鲙生吃。如果您这个穿越者还是不适应冷食，那么另一大流行鱼肴，是做鱼羹，刮鳞拆骨切块下锅煮稠汤，别忘了多加醋，以酸克腥最有效。

另外提醒您这个做主人的，既然主菜是鱼，那么主食最好上白米饭。如果捕鱼时能顺便再摘点儿莼菜，用来做汤，那就更好了。唐朝人也讲究食性搭配，吃羊肉时就面饼面条比较合适，要是吃鱼也就着面食，那些美食家就会嘲笑您没见过世面，不懂规矩了。

喜欢吃生猛海鲜的客人，穿越到唐朝，大概会快乐并痛着。快乐是因为基本上现代常吃的水产品，鱼、虾、蟹、贝类、乌贼、水母、蛙鳖……都已经走上了唐朝人的食案，特别是如果您穿越到长江以南地区，这些水产品都非常丰富，吃到不难。

痛呢？那是因为唐朝人的口味跟现代人不大一样，烹调方式也不一样，做好的海鲜您可能眼睁睁看着摆在面前，却一口都吃不下去。比如说，唐朝人吃螃蟹，流行"糖蟹"，把好好的螃蟹用糖蜜腌成甜的再吃。

最后说，腌鱼干也很好吃，跟肉类禽类一样，做咸鱼腊鱼什么的也是唐朝人家的必备技能，有些水边人家甚至拿这些当主食吃了。

本篇参考文献 & 深度了解推荐：

王赛时.唐代饮食.济南：齐鲁书社，2003

欢迎光临正宗河北醋芹老店，本店专营魏家菜

蔬菜

好消息！好消息！某位热爱穿越事业的女客，主动提出要招待本次唐穿美食团一顿她亲手烹饪的美餐！不过，妹子们喜欢清淡口味，这顿饭会以素菜为主。什么？她说食材需要本团提供啊？那么说说看，这位穿越女士，您都打算做什么菜呢？

西红柿炒鸡蛋？现代我们吃的大西红柿明朝才从美洲传入，而且传入以后一直当观赏植物，因为大家都认定它有毒，到清末才逐渐有人敢吃了。这一千多年前的大唐朝，您让人用什么横渡太平洋去给您找西红柿去？

醋熘土豆丝？又一个原产南美洲，明朝才传入中国的物种。我说您是不是清穿团的客人误进唐穿队了？友情提醒，烤红薯和煮玉米您也不用考虑了，都是跟西红柿、土豆一起从美洲传进明朝的。

青椒炒洋葱？不错，终于离开明朝了，这俩是清朝才引进的，青椒（以及辣椒家族）原产地美洲，洋葱原产西亚、南亚。要不然美女您穿越到唐朝以后，开金手指组建个无敌舰队，专门环球航行去给您采集食材吧？

穿越女秀厨艺，果然不靠谱。别说食材了，就现代人惯用的"炒"菜技术，到宋朝才有明确记载呢，唐朝人还是以水煮、汽蒸、火烤为主。您要穿唐去发明炒菜技术，光找合适的锅灶、铲勺就能找死您了。

老老实实的，我们还是去瞅瞅唐朝的饭店里都供应什么菜吧。上回在西市喝酒的时候，不是路过一家有皇帝题字写广告的"魏家菜"吗？这可是唐

穿食客很喜欢落脚的地方。当然，也是本公司唐穿团的长期业务合作伙伴，店里有专门的地陪导游介绍种种菜色，我可以偷偷懒。唉，这种穿越团的潜规则，客人您就不要再说什么了嘛。

娘子们，郎君们，各位唐穿团的贵客们，大家下午好。欢迎光临正宗河北醋芹老店，本店专营魏家菜。

在大家入座上菜之前，请允许我先介绍一下本店的历史渊源和特色菜肴。

请贵客们先欣赏墙上这首小诗："醽醁胜兰生，翠涛过玉薤。千日醉不醒，十年味不败。"

"醽醁"的发音是"灵鹿"，"醽醁"和"翠涛"都是古代的绿色名酒。传说唐开国名相魏徵魏玄成，家藏西域酿酒法。魏相公——那边客人您别笑，相公是我们唐朝人对宰相的尊称，跟同性恋无关——魏相公自己在家酿成的两种绿酒，分别取名为"醽醁"和"翠涛"，曾经进贡给太宗文皇帝品尝。

文皇帝是当世一流的品酒大家，尝过魏家酒以后，给予极高评价，当即挥毫写下了这四句广告词……嗯，是随笔小诗。诗里的"兰生"是汉武帝喝过的百味旨酒，"玉薤"则是前朝隋炀帝的宫中名酒，文皇帝认为魏家酒比它们都强。

至于"千日醉不醒，十年味不败"，我想就不用解释了吧。文皇帝的诗句就是这么雅俗共赏、浅近亲民。

明白了这首诗的来历，想必客人们对本店的来由和特色也就能猜得一二了。本店第一代店主，正是魏相公玄孙的表姐的二舅的侄女婿的异母妹夫，跟魏家关系近密，所以才花了很大代价，从魏相公后人手里拿到了各种正宗家传秘方。

好了，请客人们进店，按照"博士"的导引依次入座。坐好后，"博士"们将先为每位客人送上一盏魏家酒，请空腹品尝，才能感觉出它的妙处。

对不起，本店没有侍酒胡姬。魏相家风严肃端正，魏夫人不准妖孽进门。客人想见胡姬，请出门右拐，街左第三家就有。不过那是全自费项目了，您先考虑清楚。

魏相不但家风严肃，而且家境贫寒。虽然文皇帝前后赏赐魏相的财富数以万计，但巨额财产去向不明，魏相临终时家无正寝，布车载柩。因此，本店供应的魏家菜也以蔬食为主，在此事先说明。

现在端上食案的，是本店的招牌名菜"河北醋芹"。

魏相公祖籍钜鹿下曲阳（今河北晋州西），魏家是当地有名的士家大族。唐立朝之前，中原几百年兵荒马乱，各地的士家大族一代代聚集乡民守城自保，族中都有贮藏、制作耐储存食物的秘法。魏相公喜欢吃腌酸的芹菜，跟他的出身很有关系。

客人们不妨夹起一些醋芹来品尝品尝。我们唐朝人吃的芹菜，还是以水芹为主，不过本店的醋芹里，也掺杂了从西域传入不久的旱芹，这种菜更加粗壮、水嫩，风味独特。

本店使用的老醋，也是用魏家家传秘方酿造的，涉及商业机密，恕不公布细节。

另外提醒您注意本店盛放醋芹的食具。这种大白瓷杯，是本店向邢窑定制的，名称就叫"醋芹杯"，也是非常有来历、有说法的。

太宗文皇帝陛下平易近人，虽然经常因为种种事故挨魏相公的批评，但还是想方设法和诸大臣搞好关系，为此还根据魏相公的相貌特点，给他起了一个爱称，叫"羊鼻公"。听说羊鼻公爱吃醋芹，文皇帝特意在一次宴会上，给他准备了三大杯醋芹，结果宴会还没结束，魏相公就把三大杯醋芹吃光了。

面对文皇帝的善意调侃，魏相公严肃地指出，他爱吃醋芹是有重大政治意义的，因为芹菜能降血脂，腌酸以后更能清肠，我们唐朝人叫"收敛物"。这象征着执政者应该清心寡欲、节俭自奉，对精力过剩的太宗陛下很有参考意义。

当然，对于广大唐穿团客人来说，这道菜"收敛胃袋"的作用可能更加突出。我们已经听到了各位肚子咕咕叫的声音，这就上下一道菜。

现在为您奉上的，是我们唐朝人的当家菜——葵。本店特选秋季采摘的秋葵，佐以新鲜的井水和纯天然无添加粗盐，做成这道"秋葵汤"，敬请享用。

我们了解到，在各位穿越前的那个时代，葵这种蔬菜，只在湖南、四川、江西等一些南方省份还能少量见到，当地人叫它"冬苋菜"。但是在我们唐朝，葵的地位相当于北方的大白菜，种植普遍，非常重要。

请细品碗里的葵叶汤。完整的葵叶形状圆如猪耳，叶梗正绿，吃在嘴里感觉黏滑，有点儿像莼菜的口感。本店一会儿还会再奉上一碟烹葵，是给各位就着白米饭吃的，这是我们唐朝人最熟悉的家常味道。

现在上席的，是另一种在我朝很普遍很常见，但在各位的时代几乎销声匿迹的蔬菜——薤。

我高兴地听到，有几位客人表示很熟悉这种菜，在当地——岭南地区是吗，叫作"藠头"？是的，薤其实是指这种植物又细又长的叶子，但是我朝人吃薤，也主要是吃它的根部，就是客人们说的像蒜的藠头。

薤本身容易保存，可以越冬，我朝人还喜欢把它腌成酸辣的菹菜，或者干脆投入食锅里当调味料，口感很好。各位结束旅程回家以后，也不妨去买些藠头来尝尝。

按照旅游团的一般喜好，我们先为您奉上的是有本地特色的和客人们不熟悉的食物。下面上席的将是大家比较熟悉的，以及将就能填饱肚子的几种蔬菜。

说到大块根茎类代食品，客人们可能首先想到马铃薯和红薯。这些，那头导游鹿已经说过了，原产美洲，我朝没有。我朝有的能当主食啃吃的大块菜蔬，有萝卜、蔓菁、芋头、茄子、嫩葫芦等等。此外竹林里可以挖笋，荷塘里有藕，没饭吃的时候，这些都可以暂且饱肚。

不过，刚刚端上桌的这两盘萝卜和蔓菁，不建议客人们放量大吃，因为这已经做成咸菜了，一会儿配饭吃的，白嘴吃太多会齁死人。

对不起，我好像说晚了。来人，把这几位抬出去。

跟着上来的这两盘菜，都很有内涵。这一盘蒸的，客人们别看不起眼，它叫菘，现在个头还小，等再种植变异个一千多年，它就会变成黄芽白，也就是北方的大白菜。怎么样，您吃在嘴里是不是有熟悉亲切的味道呢？

另一盘，是凉拌菠菜。客人们不要小看这一盘东西，在你们的时代可能很贱价，但在我唐朝，这是太宗文皇帝开西域之后，刚刚从天竺引进的新种"波棱菜"，很珍贵的。民间刚刚大规模种植时间不久，成本挺高。

凉拌菠菜是今天本店的特供，不是每日都能吃到的。昨天一个唐穿团，吃到的特供是炙野菌。本朝的蘑菇以野生采摘为主，摘得到摘不到要看运气。

客人们少安毋躁，这就上主食了，不会让各位在我盛世长安的名食店里活活饿死的。

主食有两种选择：黄米饭和白米饭。黄米又叫粟，类似于各位时代的小米，是我朝北方人民的主食。白米饭是水稻的产物，各位客人都很熟悉，就不多介绍了。

对不起，本店不供应面饼和面条。这些小麦制品虽然很普遍，但是耗费人力较多，比粒状的饭食昂贵，不符合魏相公的俭约个性，所以本店向来不做。

口重的客人，如果实在咽不下这些饭菜，本店可以免费供应一种调味品。您可以选择腌韭菜、葱花、蒜酱、姜末中的一种，多要请自费加钱。

最后，本店再免费赠送各位一碗豆叶汤。豆叶在我朝叫"藿"，跟葵并列，都是最常见、最大众的蔬菜。豆叶中含有丰富的粗蛋白质和粗脂肪，还富含钙和磷。因此，在蛋白质饲料缺乏的情况下，利用大豆叶喂猪是补充蛋白质的有效途径。

客人们吃好走好，本店期待各位下次光临。

本篇参考文献 & 深度了解推荐：

王赛时.唐代饮食.济南：齐鲁书社，2003

茶里不加葱姜盐果汁，让人怎么入口啊，掀桌！

茶文化

唐穿美食团继续吃我们的宴席。

吃饭的时间地点讲清楚了，荤食蔬菜也说了不少。又是烤羊肉，又是生鱼片，又是蒸猪头，又是咸菜米饭的，一通胡吃海塞下来，您渴了吗？

什么？招呼小二上壶茶？

如果您现在正在玄宗开元年代之前的唐朝溜达观光，那么作者鹿奉劝您一句，出门最好自带茶水。而且，唐朝的服务员也不叫小二，您要招呼人家，应该高喊一声"博士"——对，这在唐朝是对服务行业从业者或者中低级技术人员的称呼，跟现在差很多。

所以，您可以这么喊："博士，上壶茶！"

那店里的伙计过来了，一开口道："郎君要什么？茶？茶是什么，能吃吗？"（瞪啥瞪，哥也是穿过来的行不行啊！）

您要是觉得这些干杂活的小博士既无礼又没见识，一怒叫来店主，店主八成会满脸赔笑地告诉您，贵人恕罪，他知道茶是一种很高贵、很有文化、很装十三的饮品，但是小店档次太低，日常不准备这种东西，建议您到寺庙里或者那几位南方来的高官贵人家里去装十三……啊呸，去品茗。

在唐玄宗时代以前，中国北方地区，不但街上的饮食店里没茶水，您就是跑去普通贵族官员或者平民百姓家里，也不要指望谁家能动不动给您端杯茶上来。您问为什么？唉，难道您以为我国人民是自盘古开天辟地以后就开始喝茶一直至今的？

这么说吧，假如您在穿越之前已经养成了天天喝茶的习惯，那西汉之前的年代，您最好都不要穿过去，穿过去要想喝口茶，那得装病，求医生给您开药方的时候把一味叫"茶"或者"荼"或者"茗"的树叶子加进去，然后让家人花大价钱去药铺买来这味药，自己煮水喝。

如果您很想穿越到西汉，又要坚持天天喝茶，那我建议您落地时找好坐标，一定降落在西汉的蜀中，也就是现在的四川省里。伟大的味觉特别发达的四川人民，从西汉时代就开始全民饮茶了，但也仅限于此地。您要是落点不准，穿到了别的地方，就只能跟群众一起嘲笑"那些瓜娃子好好的，没事成天喝药干啥"。

您要是穿到南北朝，落点范围可以扩大到整个南方，但最好是投胎上层贵族社会，跟乌衣巷的王谢子孙们一起挥挥拂尘，喝喝茶水，谈理想，谈人生，谈世界。顺便说，您如果爱喝酸奶，爱吃冰激凌，可以考虑穿越到这时候的北朝那边，那边日常饮料是以乳制品为主，而且保证纯天然，不添加人工化学成分。

回到正经的唐穿部分，必须说，如果您又想去围观李世民或武则天，又想在首都长安或者东都洛阳里喝到茶，那还真有点儿技术上的难度。您知道隋唐继承了北朝的政权和价值取向、生活习惯的，对吧？所以在初唐社会里，乳制品的普及程度比茶类饮料高得多，您去人家里讨一杯酸奶酪或者米酒都比讨茶喝容易得多。

所以说要想喝茶的话，要么去那些保持了南方生活习惯的江东华族家里，要么去寺院里——僧人是普及饮茶习惯比较早的群体之一，因为茶水有兴奋作用，能帮助他们保持头脑清醒，多念几卷经。

不过呢，且慢，就算您到寺庙里讨到了一杯茶水，您确定您能咽得下去？

请先把鼻子凑到杯上，深吸一口气，您能闻到的，除了茶叶的涩香味外，还可能有葱、姜、花椒的麻辣味，大枣、桂皮的甜香味，橘皮、薄荷的清凉味，酥酪的奶香味，牛羊猪肉的油腥味……

好吧，就算您运气特好，一闻除了茶味没有别的奇怪味道，于是仰头喝入口——很好，这茶水99%是咸的，至少肯定要加点儿盐，要不然算什么煎茶嘛。

唐玄宗开元天宝年间，喝茶的习惯在我国大范围流行开来，从那之后，普通人家和饮食饭店大多都能供应茶水了。但是，终唐之世，很多人，甚至说是大部分人，喝茶的时候，习惯往茶里加入以上所说的种种作料。

这些人的"刘姥姥式熬茶法"，大致步骤是这样的：

一、拿茶叶，茶叶是用鲜叶蒸焙烘干加工出来的，有可能是零散叶状，但更多的是紧压成饼状，比较像现代的生普洱饼。

二、把茶叶瓣碎了，上火烤，烤得又红又干，捣碎了倒进瓷瓶里。

三、烧水，水开之前，往锅里加入上述种种作料。

四、水开后，把茶叶末倒进水里，跟作料一起煮，煮成一锅茗粥，倒出来分好杯，开喝。

您觉得这么煮出来的茶水根本没法喝？嗯，显然这么想的不止您一个人，比如有一个叫陆羽[1]的家伙就会跟您并肩站在一起，对着茗粥跺脚大骂："这玩意儿只配倒阴沟里冲马桶。"

陆茶圣大力倡导的，高雅清新有文化有品位的，被日本人学走部分，保留至今的正宗唐式煎茶法，如下：

一、瓣碎茶饼，丢容器里上火炙烤，至少火力均匀地烤两回，越干燥越好，据说这样可以使茶味增厚。

1　陆羽（733—约804），撰有的《茶经》中提倡唐式煎茶法。

二、把烤好的茶叶趁热放进纸袋子里，防止香气外溢，放凉。

三、把茶叶倒进专用的茶碾子里的，碾得越细越好。碾成菱角那么大的碎屑不成，至少要碾成细米状，能碾成松花粉状最佳。

四、碾碎的茶屑再倒进茶罗子，用罗筛一遍，反正我就是要细细的茶粉。

五、茶粉收好，可以开始烧水了。陆茶圣认为用山泉水煎茶最好，江河水较差，井水最差，自来水的话……

六、用特制的风炉、上好的炭、专用的小锅釜烧水。水面有鱼眼纹，微微发声的时候，叫初沸，这时候加盐。

七、锅边缘如涌泉连珠冒泡，二沸了，这时候用瓢舀起一瓢水出来，放旁边备用。

八、一边用竹具搅动锅里的沸水，一边往水中心撒茶粉，很快水又开了，汹涌激荡，于是把刚才那瓢水倒回锅里，压一压火头，别让茶粉进到外头。

九、腾波鼓浪的三沸一出现，这茶就算煎好了，赶紧离火，别再继续煮，端着锅往那些高贵的青瓷白瓷茶碗里分倒吧。

十、分茶的要诀，在于把茶水上的浮沫（茶粉不是速溶咖啡粉，大部分在水里呈漂浮状）艺术地倒进各个茶碗里，最基本的要求是：厚薄均匀，看着舒服，高手甚至能把这些浮沫斟成各种图案造型来比试斗茶。

十一、煎一釜茶最多只能倒五碗，限量版才值钱，再多了就不够高贵冷艳，而是饮牛饮骡的蠢物了。

陆氏煎茶法公布以后，很快作为上流社会贵族人士玩高雅的标准之一，风行全国，传至后世，祸延东瀛，经久不衰。所以如果您是嗜茶者，推荐唐穿要选开元天宝之后（友情提示：差不多也就是安史之乱以后），在民间乱逛的时候至少可以喝到味道奇怪的八宝乱炖茶，在皇室贵族家里就可以享受正宗茶道伺候了。

本篇参考文献 & 深度了解推荐：

黄仲先主编.中国古代茶文化研究.北京：科学出版社，2010

李白斗酒诗百篇……你给老子喝的是假酒吧？

酒文化

说完了茶水，再说说别的饮品。

如果您还在饭店食肆里吃席面，吃得口渴舌干，作为一个唐朝人，无论是男是女，这时候都应该很豪爽地一拍食案，大喊："博士！店中备何酒？"您说您一喝酒就头晕，想要饮料？别怕，听我的，先要酒，饮料的事回头再说。

酒博士晃过来，先打量打量您，见穿戴打扮比较普通，张口报上亲民类的酒品："白酒清酒小店皆有备。"

白酒？茅台还是五粮液？清酒？日本进口的？唉，客人您想啥呢？真是的，为了让您对唐朝的这两种常见酒有直观认识，我们先各来一坛子。

拍肩，没关系啦，一坛子酒醉不死人，真的。先上来的是最便宜的白酒，博士开封，用个木勺把酒舀出来，倾在您面前的酒碗里，您定睛一看，不由得大叫："这是什么？"

只见酒碗里的液体，呈浅绿色，不但浑浊不清，而且上面还浮着一层细白的像蚂蚁似的漂浮物。闻闻味道，略有酒味，但很可能也略有酸败味。客人您别这么皱眉捂鼻子的一脸嫌弃相，好吗？这种白酒，在唐朝以后的历朝历代都很有名，因为有诗坛大手笔给它打广告啊。

绿蚁新醅酒，红泥小火炉。

晚来天欲雪，能饮一杯无？[1]

如果您还是觉得白酒的叫法太坑爹，而绿蚁酒的名字太生僻，那么这种酒另有一个更加大众化的名字，叫"浊酒"。

"浊酒一杯家万里，燕然未勒归无计。羌管悠悠霜满地。"[2]"一壶浊酒喜相逢。古今多少事，都付笑谈中。"[3]"虽无挥金事，浊酒聊可恃。"[4]

您就问啦，卖相这么差的酒，为什么历代文人墨客还挺喜欢的？原因很简单，它便宜啊。

其实，档次高一些的酒楼酒店，没准儿都不预备这种酒，"浊酒"更多的是自己家里酿出当日常饮料喝的。做法很简单，您也来学学吧。

第一步，先做酒曲。这是类似于发酵粉的东西。您可以从外面买或者邻居家借，或者用自己家留点儿的酒药做。每年六七月间，用粳米或者谷子，跟酒药混在一起捣熟，热水和成饼状，放在干净地方，控制好温度湿度让它慢慢发酵，发酵到一定程度以后，绑悬起来挂在灶上熏着，能保存挺长时间。

第二步，投料。把大酒瓮洗刷干净，往里投入酒曲、米和水，比例大致控制在1∶10∶10，也就是要用1斗酒曲的话，同时配投1石米和1石水。这个根据对酒质的要求，可以在一定范围内增减用量，比如您希望酿出来的酒比较浓郁，那么就少放点儿水，多放酒曲，多放米。

第三步，开坛。酒曲、米、水在瓮内发酵时间需要多久呢？也是根据个

1　出自白居易《问刘十九》。

2　出自范仲淹《渔家傲》。

3　出自杨慎《临江仙》。亦为小说《三国演义》开篇词。

4　出自陶渊明《饮酒》。

人要求，如果您是个急嘴子，做了酒就想喝，那封酒六七天以后，马马虎虎的也就能开坛取酒了。不过这样倒出来的酒，只能是上面您在酒店里看见的"浊酒"，酒精度数低、卖相差、很便宜、很山寨。

如果您能沉得住气，等上两三个月再取酒，倒出来的酒就清亮多了，酒精度数也高。不过不要直接倒啊，如果要获得更高级的酒，还得经过几道加工程序。

第四步，加灰。在开坛取酒的前一天，往坛子里倒进少量石灰、石炭、草木灰之类的玩意儿，这个是为了结束坛内的微生物发酵过程。否则酒取出来以后，还在继续发酵，很容易放酸败了。

第五步，榨酒。这是为了把酒液里那些漂浮的酒糟分离出来。用木制的酒床、槽床或者竹器，甚至您一时人品发作还可以用自己的头巾，把瓮里的原生态酒液倒进去，过滤出来的清亮无杂质部分，就是"清酒"了。剩下的满是酒糟的浓浊液，也不要倒掉，可以拿来加工食物，也可以作为"浊酒"喝掉。

第六步，客人您别急着喝啊，这样做出来的酒叫生酒。您要是一顿能喝完也就算了，如果喝不完留起来，还是有变酸败的危险，喝了可能拉肚子哦，所以最后这些酒还是要加热一下来杀菌。加热的方法，分高温加热和低温加热两种。高温加热又叫"煮酒"，您听着这词儿熟不？两个大男人对坐，一边谈论天下英雄，一边在火上把酒煮得沸腾冒泡什么的……不过这种煮沸过的酒，据说味道变异得很厉害，很多唐朝人不喜欢。

唐朝人比较喜欢"烧酒"，是用微火慢烧，把生酒加热到六七十摄氏度就可以了，既能杀菌，也不至于沸腾变味。用这种方法最终做成的酒叫"烧春"，唐朝的四川一带出产的最有名的酒叫"剑南烧春"。

现在明白了吧，酒店博士跟您说的白酒，是"浊酒"，一种类似于现在的醪糟、低酒精度的便宜货。至于清酒，是把"浊酒"过滤以后又经加工的粮食酒，酒精度稍高一点儿，价钱也稍贵。

　　不过不提名号的清酒，多半是店家自酿的，贵点儿有限，酒精度估计还不如现代的啤酒高，所以我说您喝掉一坛子也没问题。

　　您要是带着狐朋狗友美女佳人来喝酒，想挣面子，那这两种便宜酒都不要。瞪一眼博士，叫他把店里珍藏的好酒一一报上来，如果店子实在太小太穷，那哥换一家去喝算了。

　　博士一看铆上了，也不示弱，张嘴就是一大串："小店有郢州富水、乌程若下、荥阳土窟春、富平石冻春、剑南烧春、河东乾和葡萄、岭南灵溪博罗、宜城九酝、浔阳湓水、齐地鲁酒。客人若中意京师佳酿，本店也有西市腔、新丰酒及虾蟆陵之郎官清、阿婆清。"

　　听蒙了？很正常，这天南海北的一大串，谁能记住这么多啊。那您该点哪种酒呢？笼统来说，如果您想喝用稻米酿的清酒，那去点原产地在南方的郢州富水、乌程若下、岭南灵溪博罗、宜城九酝这些比较稳妥；要喝高粱酒糜子酒，就点鲁酒或者长安本地的西市腔、新丰酒、郎官清、阿婆清算了。

　　酒端上来倒进碗以后，怎么才能分辨它是好是坏，值不值您多付的那些钱呢？

　　最简单的办法，看颜色。唐朝没有无菌化车间，酿酒过程中经常有各种微生物混进酒里，导致酒出来以后呈绿色，后世的"竹叶青"这个酒名就是从此来的，所以什么绿蚁、绿醅，其实都说明制酒环境一般，操作不太经心，绿色的酒大都是便宜货。

　　如果生产者在制酒过程中比较注重保持酒曲和酒液的纯度，那么酒曲制出来是红色，而酒液则会呈黄色，最好的呈琥珀色，跟现代的黄酒已经比较接近了。白居易有云："世间好物黄醅酒。"[1]更有名的一首诗，人人能背："兰陵美酒郁金香，玉碗盛来琥珀光。"[2]

很好，您面前这碗酒，就是隐隐泛着琥珀色，看上去黏稠浓腻，说不定还会挂壁。端起碗来，尝尝吧。

嗯……没啥辛辣刺激的感觉，反而觉得很甜。您说这是兑了糖精的假酒？

哎，别掀桌，听我说，作为一个现代人，您习惯的那种动辄四五十度的高烈度白酒，是用蒸馏法造出来的，这个技术要到元朝才传入。在此之前，唐宋时代酒精度最高的酒，也不会超过二十度。跟酒曲发生化合反应的酿酒粮食，大部分是被糖化了，糖化后只有一小点儿还能继续酒化，所以唐朝的酒主要味道是甜，而不是辣。

也之所以，以李白为代表的"饮中八仙"，拿扎啤杯子一顿酒喝十扎，主要不是考验他们的肝功能，而是考验胃容量呢。

您还是觉得怪怪的，喝不惯这甜酒，想喝点儿跟现代口味接近的酒？也行，再把博士叫过来，让他给您上一坛"河东乾和葡萄"。

这是啥？这个就是小资们最爱手擎一杯装十三的红葡萄酒啊。

葡萄酒传入古代中原地区，最早可以追溯到西汉的张骞通西域。但是在唐朝以前，中原人自己不会酿造葡萄酒，只能从西域输入成品，卖得很贵，一般人喝不到。

唐初唐军开西域，把高昌国也就是现在的吐鲁番地区设置成唐朝的一个州，同时，当地的特产马奶子葡萄和酿酒技术，也就传入了中原地区。

在天可汗的亲切关怀下，唐朝工匠在内地酿造葡萄酒成功，而且实现

1　出自白居易《尝黄醅新酎忆微之》。

2　出自李白《客中作》。

了较大规模生产。大概是因为地理气候，当时的河东地区（今山西省的中南部）成为内地葡萄酒的集中产地，"河东乾和葡萄"从此名扬天下，而且是皇家贡酒。

唐朝的常见酒，说得差不多了。除了粮食酒、葡萄酒以外，唐朝人也跟很多现代人一样，喜欢往粮食酒里泡各种药材食材，号称喝了能滋补养生。什么菊花酒、松节酒、虎骨酒、生蛇酒……甚至还有鸡粪酒、猪膏酒、猪胆苦酒、猫头鹰酒……

那边有客人抗议了，说他对酒精过敏，度数再低的酒也不能入口，否则过敏休克了上哪儿给他找肾上腺素注射去。行，我们单为您点些无酒精饮料。

现代的饭局上，当主人准备给男宾客强灌烈性酒的时候，同时也会问女宾："喝什么饮料？酸奶还是果汁？"

唐朝主人请客，席上的无酒精饮料，同样是这两大类：奶制品和果饮，以及其他植物类饮品。

唐朝的"酸奶"一般叫酪，采用牛、羊、马等牲畜的乳汁经过加工制成。根据加工方法不同，得出来的成品也有酥、酪、醍醐等不同名称。奶制品在唐朝，特别是北方地区很普遍，很流行。那什么"世界上只有中国人没有食用奶制品的习惯"，在唐朝是不成立的。

果饮的名称就很多了，一般是根据所采用榨汁的原料来称为乌梅浆、葡萄浆、桃浆等等。当时最普及的是蔗浆，用甘蔗榨的汁，不但在南方很常见，在长安这样的北方地区也已经作为家常饮品了。还有一种用罕见的南洋果品制成的三勒浆，也很是风靡了一阵子。

最后说，长安的夏天很热，冰可乐……呃，冰镇饮料相当流行。皇室有专门的官员按照明文规定负责冬天藏冰、夏天取冰；一般贵族大臣家也经常自己弄藏冰窖，皇帝还经常在夏天对大臣赐冰。甚至在长安市面上，也有向普通百姓卖冰的商人，当然卖得很贵，穷人就不要奢望了。

本篇参考文献 & 深度了解推荐：

王赛时.唐代饮食.济南：齐鲁书社，2003

第三章　入乡随俗，基本生活常识要具备

站累了想坐会儿？抱歉，您可能找不到椅子哟！

坐具

了解到基本的保命技巧，又吃过各种纯天然无污染的有机美食以后，您觉得您在唐朝的穿越之旅就此可以一帆风顺了吗？哼哼，差得远呢。不好好学习的话，就算您只是出门逛逛大街，去朋友家聊个天吃个饭，都可能闹出人命来。

比如说，穿越成皇亲贵胄世家子弟的您，在春和景明的晴朗日子里，骑着骏马，带着仆从，在长安城里上门拜访亲友。到人家门前，叫阍者[1]通报进去，不一会儿主人迎出来啦，彼此长揖礼毕，入门进堂，分宾主坐定。

且慢，主人虽然满口的"请坐请坐"，您举目四望，偌大一间堂屋里，椅子在哪儿呢？

如果您穿到了安史之乱前的初盛唐时代，十有八九，青砖地面上，只放着几座扁扁矮矮的架空方形台子，台面上铺着席子褥子，这就是请您坐上去的"榻"了。假如您去拜访的主人，家道比较清寒，或者是复古爱好者，那可能连坐榻都没有，地上丢几方坐席，请吧。

没奈何，咬咬牙，在自家奴仆的帮助下，您脱了鞋子，穿着袜子上堂，走到坐榻或者坐席前，再谦让一番，双膝跪下，屁股压住自己小腿肚和脚踝，正襟危坐——哎哟，真难受。

1　阍者，看门的人。

这种跪坐、跽坐[1]、正襟危坐的方式，是最隆重端庄的坐姿。正式场合里，您要在尊长面前坐着，那只能这么自虐。您的尊长上司要是有心整您，就可以一边唠唠叨叨训话，一边命令您保持正坐姿态，眼看着您腿部肌肉压迫血管造成腰膝酸麻、头昏目眩，过一会儿栽倒一次，过一会儿又栽倒一次，直到晕过去完事儿。

如果想避免这种惨痛经历，您最好赶紧跟面前的主人套近乎。奉承话说足了，在您跪晕过去之前，主人亲切地提议，我们熟不拘礼，都松散松散吧（老子也坐得好累了啊）。

于是双方改换坐姿，把双腿从身下抽出来，在身前盘成一团，是为"胡坐"或"趺坐"，就像佛教里众位大菩萨像的那种坐姿。对于大部分古人来说，盘腿打坐已经是一种比较轻松舒适的姿态了，这么在坐榻或者地上待几个时辰，压力不大。

可惜您不是个真古人，您是刚穿过去的、坐惯了椅子的现代人。

跟主人又礼貌地交谈了一会儿，您的尊臀硌痛了，腰也酸软了，整个人止不住地往下萎。主人看在眼里，一拍手，叫下人给您送个"凭几"上来。

凭几是什么东西呢？

您眼看着主人家奴仆送上来一个像小板凳似的木制品，上面窄窄的一条木板，下面两条腿或者三条腿，可能是个通体直方的家伙，也可能呈半圆弧形正好能围住您的腰。奴仆把这东西放在您的坐榻或坐席上，注意，是在您身前。您往前一趴，手臂搁上去，全身重量都倚在这种凭几上——哎呀，真是舒服。

在中古跪坐时代，人们的身体重心都是习惯往前压的，所以凭几一般都是放在身前。当然，如果您往前趴累了，想换个重心斜歪着，而主人又不介

---

1 跽坐，即上文所说"双膝跪下，屁股压住自己小腿肚和脚踝"的坐姿，与"跪坐、正襟危坐"同义。

意，您也可以把凭几挪到身侧斜靠着。唐代还有一种布做的，类似于现代抱枕的"隐囊"，也是可以用来斜倚着，只不过那个就更私密，更不严肃，一般初次见面的主人家是不会拿出来待客的。

如果您跟主人谈得更加融洽了，相见恨晚，倾盖如故，时不时抚掌大笑，甚至开始称兄道弟，您就可以趁他不注意时悄悄挪动双腿，垂下坐榻边，或者一腿蜷着，一腿垂着，像某些人坐椅子似的。这种在榻边垂足而坐的姿态，是一种很亲热、很放松休闲的身体语言，主人可能由此会觉得"我们已经不是外人了"，也可能会认为你这小子好生无礼竟敢冒犯我——您就赌人品吧。

聊天聊到了饭点，主人表示要留您共同进餐。

按照礼貌的传统的方式呢，您两位在室内用餐，主人家会在各人的坐榻前放置一个比榻稍高一点点的小长方桌"食案"，酒菜主食按人分成份，依次往各人面前食案上摆放自己那一份吃食。大手笔的富贵人家，还会请门客们来陪着用餐，命家养的伎人在餐厅中央奏乐歌舞，让客人一边享受物质文明，一边享受精神文明。

不过在这个晴朗的飘散着花草香气的春日里，主人兴致勃勃地提议：我们拉上几个朋友，到户外去野餐吧。

简单点儿的话，就在主人家后花园里摆上一桌酒食，赏花作乐；要更时尚更小资一点儿，那我们去城里最大的野生自然公园曲江池，甚至出长安城到郊外的渭水之滨、终南山脚。春天里，这些野餐热点地区，到处可见各贵家围起来的行障帷幕，里面全是出来亲近自然的贵族男女们。

如果一行人里有女眷，那么挑选好野餐地点以后，奴婢们就要动手用围幕把这块地方围起来，或者围三面，留一面对着河水花树以便欣赏风景。如果全是洒脱风流的郎君们，围幕这种气闷的东西，干脆去掉算了。

当然，不用围幕的后果可能是招来一堆乡人乞丐密集围观。

不用理他们，人全到了，酒食也准备好了，我们坐下开宴吧。嗯，坐……坐哪儿？

同样，如果主人家是个率性简约的复古爱好者，那席子毯子一铺，各人座位就划定了。或者再高级点儿，给每人发一具胡床，也就是我们现代还在普遍使用的马扎子，各人坐着小马扎，面前摆上食案，一边看风景聊天，一边各吃各饭。

在唐代以前，郊游群众都是这么过来的，但是入唐以后，西风东渐，群众觉得这种"各吃各饭"的分食制不够热闹欢乐。于是，唐代最流行的饭局变成了这样子：当中摆一张很大很大的高足食案，跟我们现在的餐桌基本无区别了，大家的饭菜全摆在桌上。桌边放置三条又宽又长又大的坐具，您按传统规矩叫榻也行，我觉得直接叫大板凳，最是直观形象。

入席以后，客人们围坐在桌边板凳上，那些守礼节的可以盘腿打坐，洒脱放诞的垂腿而坐，不守礼又不敢洒脱的盘一腿垂一腿……总之大家是聚在一起，共同吃桌上那些盘盘碗碗里的饭菜，由"分食制"变成了"合食制"，并且延续到今天。

以上说的是在外面做客吃饭的情景。您跟狐朋狗友们玩了一天，晚上喝得醉醺醺回家，家里娘子满脸笑容地迎上来慰问：郎君辛苦了，是跪铁板席，还是跪胡床，还是跪坐墩，自己选吧。

唐代前期大户人家内室里，除了坐榻、坐床、坐席以外，还有一种现代常见的坐墩，当时叫"筌蹄"，或瓷或木，圆桶状或月牙状都有，算是最早出现的高足坐具。家中妇女平时在榻、床、席上坐着的时候，都是盘腿的，只有在使用这种坐墩时，才能垂下双腿，舒筋活血。

不过呢，习俗的力量是强大的。由晚唐至两宋，即使高桌靠背椅已经广泛普及，社会礼制仍然普遍认为，最端庄规矩的坐姿，还是最难受的跪坐法，其次是盘腿胡坐，最后才是显露出腿部线条的垂足坐。特别是对于受礼制要求苛刻的妇女们来说，在外人面前垂足坐椅子，是一种家教不好的表现。

　　总之，唐代是一个由坐榻、坐席、低案等矮足家具，向桌子、椅子等高足家具过渡的时代。前期还是以榻、床、案等低矮家具为主，长腿靠背的椅子，基本上您看不到。后期接近五代十国的时候，带靠背的椅子和高腿桌子，才算在全社会普及了，但即使到那时，甚至到两宋明清，供人盘腿坐的榻也没有绝迹，还在社会各个阶层里广泛地使用着——现在红木家具市场上大热的"罗汉床"，就是一种供人盘腿跌坐的榻。

　　所以，某些古装电视剧里，无论汉唐三国哪个朝代，一律桌椅板凳乱飞，固然是胡编乱造，但某些号称"纪录片风格"的正剧复古复得过了头，贞观开元年代的皇宫里还在坐地席，睡地垫，那也是一种误导。矮足家具虽然矮，那也是家具对不，有材料、有架构的纯天然木料，环保工艺，纯手工打造。

本篇参考文献 & 深度了解推荐：

高启安 . 从莫高窟壁画看唐五代敦煌人的坐具和饮食坐姿 . 敦煌研究，2001（3）

户口簿、暂住证、单位介绍信，一个都不能少

户籍制度

我们曾经介绍过，如果您穿越到唐朝后落到了城市里，那么千万记得防城管、躲夜禁。其实，假如您的穿越是只固定时间，不怎么在乎地点，那么直接落到城市里的概率并不大。

原因很简单，在全国疆域面积当中，城市面积占的百分比是很小的。

中国历史上的唐朝618年建立，907年灭亡，存在时间为二百九十年，人口最多时只有八千多万，疆域最大面积则超过一千万平方公里。我们就算平均人口密度是每平方公里八个人，由于人类社会的聚集分工现象和人口密度与生存资源的正比关联——简单地说，唐朝疆域内的大部分地区都是人烟稀少的荒郊野外。

好啦，不跟团的驴友野外穿越成功啦。睁眼一看，山高林密，不慌不忙，包里摸出自带指南针，天上有了北斗导航仪，定准方向，果断开走。走个一天两天，十天八天，前方果然出现了官道，顺着官道走，准定能进城。

土黄色的城楼遥遥在望，小哥美滋滋地想着拜把子，收小弟，王霸之气，统一银河，妹子乐陶陶想着勾引阿哥，迷死皇帝，整个宇宙围着她转，边想边擦口水，不知不觉到了城门，走过护城河上的桥板，来到两三个执矛的守门士兵面前。

像您这样穿着诡异、举止荒唐的人物，不被注意到是不可能的。门卒伸手一拦，直接就问："干什么的？哪里来的？'公验'拿来勘合！"

您不懂"公验"是啥？就是唐朝的身份证明啦，身份证、驾驶本、军官

证、护照、单位介绍信一类……喂，您拿出中华人民共和国二代身份证，人家可不认。美利坚合众国护照更不行。别的都拿不出来？拿不出来的话，不是逃奴就是浮浪户，来人绑住了送府衙关起来！

我说，您也不用给人家递烟啦，这玩意儿唐朝人听都没听过，您要有心还不如送几服五石散。赶紧打手机找熟人？您威武，这是打算搬着移动联通电信公司一起穿越啊？

就算您好容易从身上翻出来个值钱的小玩意儿行贿，门卒敢随便收吗？您以为这帮人是闲得没事敲诈勒索呢？唐律明文规定：门卒如果放了没"公验"的人过关，要被处以一年流放苦役，如果被放走的这人还犯有其他罪行，门卒还要加罪。

当然，如果有合法"公验"，唐律也保障行人的权利，规定如果守门的无故吃拿卡要留难行人，碍留行人一天，负责人要被打四十板子，最多可以打一百板。

这是针对门卫的法律，您以为您这个没"公验"的盲流可以不受罚吗？哪有这种好事！没"公验"去闯关叫"私渡关津罪"，被抓住了就是一年半徒刑。哪怕您只是到了关卡处没闯过去，甚至只是接近关卡还没开始闯，都得判刑。或者您的"公验"有问题，过期啦，或者带了"公验"上没写明的物品，那都要入罪，严厉得很。

知道厉害了吧？那什么带几张银票，雇个出租马车就能满世界溜达的，趁早歇了吧。

您还是不死心？问这个"公验"是什么样子的？要怎么才能弄到手？

那好，我们得从头说起。

灵魂穿越或者从投胎开始穿越的，就不提了，只说一个现代成年男子的肉身穿越到唐朝，在无人旷野里醒来之后，请先做好野外生存几年的准备。

您可以一边吃野果，打兔子，当白毛男，一边悄悄接近附近的村庄。不是让您偷鸡摸狗，好吧。瞅准村里有比较厚道的人家，或者哪家家道殷实，急缺壮男的寡妇户更好，跟人家说您是为了逃避赋税从家乡偷跑出来的，求赏口饭吃，您有的是力气，可以帮佣干活。

如果运气好，人家可能瞒着官府偷偷收留您。这个事一定要低调保密，如果被里正县尉等公务员知道了，带人把您抓住，就得打一顿板子遣送回原籍。没原籍可送？那流放到战争前线或者深山老林去做苦役打仗。总之，现代欧美发达国家对付非法移民的那一套，穿越者在唐朝很可能先享受过了。

所以要偷偷地进庄，村里还真有一户寡妇，就说姓张吧，老公死了给她留下几个小儿女，家境还算小康，有田地，有大牲口，有奴婢。这张娘子见您肤色白嫩，身材高大，语言诚恳，不觉春心萌动，先是秘密留下您干活当长工，然后在一个大雷雨之夜，那个……此处马赛克一千字。

先这么混了几年，千里之外的长安发生了一件大事，可能是皇帝的小三扶正了，或者是老婆生儿子了，总之朝廷下了一道大赦令，说"天下浮逃人等"都无罪啦，准许你们这些黑户在当地免费上户口。

张娘子和您二人欢天喜地，赶紧写了个"手实"，也就是唐朝的户口簿，报到当坊里正那里。户口簿上是这么写的：

户主 张三三 年叁拾壹岁 丁寡 右颊有痣 代夫承户

男 李阿大 年拾贰岁 小男

女 李阿小 年捌岁 小女

奴 阿福 年拾陆岁

奴 阿麦 年拾柒岁

婢 阿花 年拾伍岁

右件人见有籍（这句话的意思是上面这母子女三良民和三个奴婢目前都有正规户口）

夫 李四四 年叁拾叁岁 开元二年籍后死（这是说明张娘子前夫的情况）

夫 唐穿 年叁拾岁 丁男 脑痴 开元五年赦后附漏 入赘（这就是说您啦，写上性别、年龄、身体状况，再写明上户口时间）

合受常部田（下面是写清楚张娘子家拥有的田地）

一段二亩常田 城北廿里新兴 东渠 西道 南道 北曹君定（这是说她家这块土地的面积、性质、东南西北的边界，跟谁家耕地接壤，下面三行同）

一段一亩部田 三易 城西七里沙堰渠 东渠 西张延守 南第延守 北麴善亮

一段一亩部田 三易 城西五里马堆渠 东张沙弥子 西张阿仲 南北渠

一段一亩部田 三易 城西五里胡麻井渠 东渠 西麴文济 南渠 北曹粟堆

一段四步居住园宅（这一行是说她的家宅基地面积）

牒件通当户新旧口并田段、亩数、四至，具状如前。如后有人纠告，隐漏一口，求受违敕之罪。谨牒。（这行的意思是：我已经把家里的人口、土地全部如实上报了，如果有错漏愿负法律责任）

开元五年某月某日户主张三三牒（这一行里的"张三三"三个字应该是张娘子亲笔签名，如果她不会写字，就按个手印或者画个十字）

啰唆的"手实"写完，张娘子和您去本地的里正那儿上交。所谓里正，您可以理解成介于居委会主任和街道办事处主任之间的一个公务员，通常是由本地富户或者退伍兵来当。

里正接了"手实"，听张娘子说完情况，正眼瞧一瞧您这个刚附籍的浮浪人，是否和户口簿上写明的年龄、身貌相符——这个步骤叫"团貌"，必不可少。因为您有了户口和土地，就得缴税服役，有很多人为了逃赋役故意把自己的年龄报小或者报老，甚至假报重病残疾，这些违法行为都必须由里正同志——勘察纠正。如果里正一时走眼，失职漏过去了，日后查出来，里正要被打板子的。

团貌完毕，人籍相符，您以为这就没事了？里正手一伸，说："拿钱来！"

钱？什么钱？您正挠头，只见张娘子早有准备地拿出8文铜钱，一一数清交给里正。这也是唐律规定的，进行人口普查造户口簿的时候，用到的纸、笔、墨和人工费用挺高的，要按人头向老百姓收税，每口人交1文钱，一户人家再总共交1文钱。您这个家庭连良民带奴婢一共七口人，8文钱交出。

收了钱，里正才收下"手实"。他再把全村全坊每户人家的"手实"整理抄写一遍，编成"计帐"，再往县里送。县里的工作人员也要把每部"计帐"再统计登记一遍，这样编成的才是户籍。户籍要一共抄三份，往首都长安的户部送一份存档，州郡再留一份，县里也留一份。到了这一步，您这个穿越来的非法移民，才算摆脱了黑户的待遇，不用担心走在大街上随时被抓住遭返了。

如果您打算从此老老实实地跟张娘子一起过日子，一辈子不出本县，有个户口簿也就够用了。不过，咬牙毅然穿越的兄弟，大都抱有指点江山、统一地球的雄心壮志，叫您当一辈子唐朝农民，恐怕您会退团回来把我们告上公堂吧。

比如说，在张娘子家种了一年地，她发现您这个银样镴枪头对农活一窍不通，不帮忙光添乱，还净偷吃家里的好东西。两口子正生气呢，某天这村镇里突然来了一队西域胡商，说是要去长安城贩运丝绸的，路上遇了恶劣天气，减员不少，需要在当地雇佣几个人赶骆驼。

您一看机不可失，回家跟娘子商量，反正您也不会种田，不如应雇去做生意吧，没准儿还能发大财。张娘子有点儿舍不得，架不住您死赖活赖，还是同意了，而且很有良心地还叫您把家里的一个男奴带着上路好照顾生活。

唐朝的老百姓，只要走出本县，就得去开单位介绍信，也就是"公验"。"公验"有很多种，当官上任用的"告身"，民兵开拔用的"总历"，驿站工作人员用的"符券"，甚至买卖土地财物的凭据，只要是加盖了公章的官方凭证，都可以叫"公验"。

对于您这样的白丁百姓来说，要去开具的"公验"叫"过所"，用途很单一，就是证明您这个人是良民，有籍贯，有家业，来路正派，全国各地都应予放行。

理论上，像您这样的成年男丁，负有缴税和服役的责任，是不能脱离责任田到处游荡的，当地官府也不应该为您开具"过所"。这时候，那一队过路胡商就派上用场了，他们要跟当地官府洽谈，甚至行个贿，准许他们在当地雇佣良民一起上路。然后,您再跟这些胡商签个合同,自愿当他们的雇工,当时叫"作人",这样就可以去申请"过所"了。

申请"过所"也要找里正办理,首先呈上您自己写的材料:

开元六年某县民唐穿请给过所牒

某县某乡村/坊/里丁男　唐穿　年叁拾一　奴阿麦年拾捌家生　因歉收无济　与胡商米失芬为作人往长安　(这是写明您和家奴的籍贯、年貌、出门原因和目的地)

恐所在关镇守捉,不练情由,请给过所。(恐怕经过的地方不知道我的情况,发生留难,所以请给我开个介绍信)

保人张三、李四、王五、赵六等五人:唐穿所将人畜,保并非寒盗诳诱等色。(要找五个乡邻作保,证明您带走的人畜来路合法)

妻张三三款:夫唐穿去后,所有户徭一事以上,并请三三祗承。(要找一个您近亲的男丁或者户主,来承诺您走以后,如果在下次交税服役前回不来,那么您的赋税由他/她来承担)

开元六年某月某日

里正接到这个牒文,先核实一下里面写的情况是否属实,如果属实,签字往上一级官府(县衙)送过去。县里负责这个工作的是县尉,他也要再核查一下情况,签了字再往州郡一级的官府上报。

州府负责审核发放"过所"的官员是"户曹",他根据县里上报的材料来判断是否应该给您开具介绍信,如果材料不完整,他会用书面形式要求县里继续调查、上报、补充情况,直到他决定是否给您开信为止。

唐朝前期政治清明的时候,官府的办事效率还是很高的。您的申请报上去没几天,"过所"就批下来了,基本上是把您写的东西照抄一遍,后面有负责的官员批示"任去",还有签名和州郡官府的公章。

　　不过呢，您会发现这个"过所"，八成已经跟一卷长长的纸券粘在一起了。那个纸卷，就是雇佣您的胡商驼队的"过所"。他们在出发地申请下这玩意儿以后，每过一地，都要上交给官府检查签字盖章、补失查漏，所以走过的地方越多，前后续加的公文越长。

　　这卷珍贵重要的介绍信，当然要由您的雇主米失芬收着。趁他还没拿走，您赶紧先瞅几眼。

　　　　昭武米国萨保米失芬　年肆拾叁

　　　　伍男意奴　年叁拾

　　　　译语人　安禄山　年贰拾

　　　　奴信子　年贰拾陆

　　　　奴归命　年贰拾贰

　　　　奴捧鞭　年贰拾贰

　　　　奴逐马　年拾捌

　　　　婢春儿　年贰拾

　　　　婢绿珠　年拾贰

　　　　婢失满儿　年拾肆

　　　　右件人见连来文（以上这些人都是开始出发时登记在原始证明上的）

　　　　伍男　安奴　年贰拾贰

　　　　奴　忽陀　年贰拾

　　　　奴　白沙　年拾肆

　　　　右件人过碛亡失（这三个倒霉悲催的在沙漠里失踪了）

　　　　作人　唐穿　年叁拾一

　　　　奴阿麦　年拾捌

　　　　右件人于此雇得，见有市券，不是压良浮逃人等（这两个是在本地雇的，附上雇工合同，保证来路合法）

马捌疋 一乌骠草八岁 一枣骝父九岁 一骢草八岁 一佶父六岁 一骢
敦六岁 一骝父七岁 一骠父二岁 一骢父二岁

驼贰拾贰头……

（中间大段大段的牲畜财产登记，就别看了，咱跳到卷后，看那长
长的审核勘查记录）

悬泉守捉官高宾 勘西过

常乐守捉官果毅孟进 勘西过

苦水守捉押官辛五用 勘西过

盐池戍守捉押官健儿吕楚 勘过

东亭守捉健儿王颁逸 勘过

……

这些就是米失芬一行在唐朝的过关记录。按唐朝的规定，行人过险要地方的关卡和过河码头的时候，守卫必须查勘每个人的"公验"，查完没有问题就签字盖章留记录，以备万一出事后追究责任。然后，行人进入州县、城市，也有可能被要求出示"公验"勘察。

一般情况下，"过所"的有效期是从签发日期开始的三十天之内，过期无效，抓住就打。不过好在申请延期比较容易，只要有正当理由，往所在地官府上报一下，官府一般都给批准延期。

比如您这一行经过二十多天的跋涉，才到了长安，买卖货物又需要一定时间，铁定不可能在几天之内返回原籍，那么就得赶紧去找您在长安暂住地的当坊里正，向他申请"过所"延期。延期以后的"过所"，就能当暂住证来使用了。当然，每个月都申请一次延期实在是很麻烦，但朝廷定出这样的规矩，就是为了催促您尽早返回原籍——今年的租子还没缴呢！

除了欺负普通百姓的"过所"以外，这一路过关勘验的时候，您还看见了不少形形色色的其他"公验"，比如，有个南方人上任的时候，在关门口

向守卫出示"告身"，也就是朝廷给官员的委任状。

> 门下：《春秋》之义，尚量卿才。王国克桢，莫先相位。用增其命，必正其名。……正议大夫中书侍郎同中书门下平章事集贤院学士副知院事兼修国史紫金鱼袋上柱国曲江县开国男张九龄，经济之才，式是百辟。……既枢密载光，而亲贤称首，审能群会，所莅有孚，宁惟是日畴咨，故以多年历选，国钧系赖，邦礼克清，宜命曰鼎臣，置之廊庙。……九龄可银青光禄大夫守中书令，集贤院修国史勋如故。……主者施行。

还有更加见多识广的守卫，比如在某个位面[1]的贞观年间，西域那边的关驿守卫，可能见过这样一份"过所"：

> 长安洪福寺僧玄奘西天取经文牒
> 敕封左僧纲右僧纲天下大阐都僧纲大德玄奘 年拾玖岁 白面无须
> 敕赐 锦襴异宝袈裟壹领 紫金钵盂壹口 九环锡杖一件
> 右件人物见有告身
> 徒男孙行者 年壹仟壹佰叁拾陆岁 原籍东胜神洲傲来国花果山水帘洞 雷公嘴
> 徒男猪悟能 年不详 于乌斯藏国高老庄入门 长嘴大耳
> 徒男沙悟净 年不详 原籍流沙河 蓝脸红发
> 右件人于当地收徒，见有保人观世音菩萨，保不是寒盗诓诱等色
> 白马一疋，西海龙王敖闰第三子所化，观世音菩萨于蛇盘山鹰愁涧赠予，见有赠券
> 奉皇唐今上敕旨，往西天取经，恐所在关镇守捉，不练情由，见给过所。
> 贞观十三年某月日 僧玄奘

---

1 位面原本是桌面角色扮演游戏的异度风景战役设定中的一个名词，指一个独立的宇宙。

巩州户曹某甲 勘过

河州卫总兵某乙 勘过

镇山太保刘伯钦 勘过

黑风山熊罴怪 勘过

……

万寿山五庄观镇元大仙 勘过

……

白虎岭白骨夫人 勘过

……

乌鸡国王井底勘过

……

车迟国鹿力大仙顶过

……

金兜山青牛踩过

西梁女国国王没收未遂

……

翠云山芭蕉洞铁扇公主要一起看星星看月亮

……

太乙天尊座下九头狮子诅咒你师徒死一户口簿

……

本篇参考文献 & 深度了解推荐：

程喜霖. 唐代过所研究. 北京：中华书局，2000

陈立华. 从敦煌手实文书看唐朝的户籍制度. 贵州师范大学学报（社会科学版），2009（05）

对不起，本朝拒收银两，有诚意请背来 50 斤铜钱

货币

体验过平民百姓的黑户盲流生活以后，作为调剂，今天您穿越成贵族子弟，来给大唐首都的娱乐休闲文化产业做点儿贡献吧。

公子您在平康坊深入基层调研、了解民间疾苦时，邂逅了一位身世悲惨的劳动阶层妇女。该妇女是一位文艺工作者，在美声唱法和舞蹈专业方面有很深的造诣，另外对于裁剪、化妆、发型设计、文学、诗歌、心理咨询、异性按摩等技能也颇有心得，真是一位心灵手巧、多才多艺的红颜知己。

最难得的是，虽然她从小不幸，沦陷在风化区，但其品德高尚，生活作风严谨正派，至今还没被扫黄打非办列入监控名单。当然，对于这样一朵出淤泥而不染的高贵白莲花，贪财的假母鸨儿[1]和满脑子不纯洁欲望的背景炮灰人物，是不会放过的。

这不，假母今晚就在家里搞违法乱纪活动，请来了您和一堆炮灰，为白莲花的同流合污之夜公开叫价。您耳听着这个公子出1000贯钱，那个郎君出五十匹绢，眼看白莲花坐在旁边楚楚动人地低头不语，热血一时上涌，为使红颜知己不凋落风尘，老子豁出去了！伸手一拍几案，大喊："某以纹银

---

1 假母鸨儿，开妓院的女老板，一般为退休的年长妓女，与年轻妓女母女相称，所以叫"假母"。

1000两为小娘子赎身从良！"

假母和白莲花果然都惊了，双双转头看向您。假母大概是上了年纪，耳音不好，又问一次："郎君出多少？"

"纹银1000两！"哈哈，吓着了吧？吓着了吧？看别人也是一脸的目瞪口呆。至于这1000两（相当于现在的40多公斤）白银从哪里背过来？讨厌，这种时候不要问哥无关问题！

假母看看白莲花，白莲花看看假母，小嘴一撇，从衣袖里抽帕子开始擦眼泪。假母站起来向您肃拜一下，满脸铁青地下逐客令："国法森严，蓬门荜户，消受不得贵人深恩，郎君请吧，恕不远送。"

被拎着脖子踢出门外的您，想必是一头雾水，满脸黑线，觉得这老鸨也太不识抬举了！1000两银子嫌少吗？嫌少，哥可以再加呀！怎么直接就轰出门了？难不成哥这银子是偷来抢来的？

恭喜您，说对啦！您要是在唐代，当街掏出银子这玩意儿来买东西，那还真是非盗即抢，要么就是失心疯病人。

为什么呢？难道唐朝没有白银这种东西？

白银嘛，当然是有的，但是在宋朝以前，中国绝大部分地区都不把白银作为流通性货币使用。

好比说，我们现代也有白银制品，很多人还会随身佩戴点儿银首饰，但如果您在街上买个煎饼，摘下手上的银镯子当钱使，卖煎饼的大叔收不收？您去苹果店买iPhone，抛出个银锭付账，店员要不要？人家当然不要，苹果店是因为没有检验银子成色和真伪的手段，煎饼大叔除了这个原因，可能还因为找不到那么多钱回您。总之，缺乏"以白银做流通货币"的社会大环境的话，就算大家都知道银子是好东西，值钱，但在一般性买卖交易中，也不会收取的。

您这就说了，老鸨不收银子，她可以直说呀，哥换个别的东西出价，她也不用直接就把哥踢出门吧！

唉，客人呀，您知道在唐朝要是能拿出1000两银子，这么多白银会是啥来路啊？

大家都知道唐朝的疆域很辽阔，但是金银矿的探测和开采技术都不高明，于是全国每年的白银产量，您猜是多少？大约只有1.5万两。

这1.5万两新炼银，再加上各地方官搜刮民间存银进献给皇帝的，以及有时候各州郡也把上交的赋税折成银子运送进京，这些白银通常会铸成长方形的银铤，长一尺，宽两寸，50两一铤的比较多。铤面上要刻上或者写上银的重量、成色、来历，进贡人的姓名、官职、年份，等等。

皇帝收到这些银铤，会拿一些铸造各种器具。唐朝人迷信生活中使用金银器可以包治百病、延年益寿，所以这种需求很大。铸成的金银器，皇室自己留一部分使用，也有很多会赏赐给臣下。

当然，皇帝有时候也会把一些收到的银铤原封不动地赏给臣下。另外，有些地方官，特别是产银地区的地方官，也会用白银向朝中大臣进行馈赠或者行贿。

还有一个可能得到大量白银的渠道，比如您家是从事跨国贸易的大富商，跟西域的胡商或者南洋蛮夷们有生意往来，刚刚做完一笔大额交易，对方用金银支付了货款。

明白了这三种主要收银渠道，我们来看您刚才那一掷千银的壮举，会让白莲花母女想到些什么情景。

首先，您说的是1000两银子，那就不会是银瓶、银碗各种银制器具，而应该是标明了重量的银铤、银锭之类。这些东西的来源如下：

第一种，天子赏赐您家的。很好，皇室赐物，时间、产地、来源、进献人都还刻在上面呢，一查就能查到来龙去脉的玩意儿，您老大居然用来嫖妓，真给皇帝老儿和府上长脸啊？

第二种，地方官"送"给您家里的。您是恐怕别人不知道您家里受贿卖官是吧？

第三种，跟外商贸易收来的货款。大哥，既然是商人出身，有点儿经济头脑行不行啊？银子这玩意儿中原老百姓不爱要的，跟胡商们做买卖才是最有用的，明珠暗投，费力不讨好，这是何苦哟。

第四种，半路劫了缴税上贡的车队，或者胡商们的商队，或者半夜穿墙进官府仓库，偷了朝廷的存银，这是急着销赃来了，所以出手才这么不合理的大方。

现在明白了吧？知道人家为什么直接把您轰出门了吧？

拍肩，您也不用沮丧，天涯何处无芳草嘛，穿越者的宇宙位面里更是处处白莲花盛开，只要您下回买初夜赎身的时候，先恶补点儿货币知识就行啦。

比如说，您就是喜欢贵金属那种沉甸甸的手感，觉得劈头砸一大堆金子银子过去才过瘾，够气派，那好，下回去平康坊慰问文艺工作者的时候，记得别带银子，带点儿金链、金饼子，或者更自然的方式是随身带些小型金银器，球形的香囊啦，为某位红颜知己特意打造的金簪银梳啦。

对，您没听错，在唐朝直接用银子付钱不行，但大额数量的支付，直接用金子倒是挺常见。

吐血吧？坑爹吧？您问为什么？这……需要理由吗？从秦汉时代起，黄金就是贵重价值的代表，西汉的各位皇帝尤其特别喜欢赐金给臣下。大家都知道黄金直到现代也是最流行的保值品，那么经过五胡变乱几百年大分裂大动荡，直到隋唐，一方面人们普遍对黄金迷恋崇拜，乐意接受；另一方面社会上的黄金保有量也比较多，比较常见，于是大家都接受金子作为大额支付手段，有什么不好理解的吗？

好吧，您问为白莲花赎身需要多少黄金？这可就难说了，艺术是无价的。我可以给您提供个参考价值：在唐中后期，据一位小有名气的平康坊娘子自述，拿出一两百金就能救她脱离火坑。当然如果您倾心的白莲花炙手可热，追求者众多，她的假母拿个小锤站在台子上拍卖竞价，那就是无底洞了。

100两黄金是个什么概念呢？

唐代的金银1两，约等于现在的42克。100两黄金，约4200克，古代冶炼工艺不强，成色可能不高，算含金量90%，现在的黄金价格是每克315元左右，那么您揣着100两唐代黄金穿越回来，能在现代卖约120万元。

如果您穿不回来了，要把这100两金子在唐朝就地花掉，那能买些什么呢？

首先提醒您，上面说的金子能直接花出去，一直强调是"大额支付手段"，也就是您可以拿黄金请明星陪酒陪唱啦，给官员送礼行贿啦，给皇帝进贡或者跟外商进行国际贸易什么的。您要是拿着一铤金子（通常是10两），走进西市酒店去买酒喝，店主八成会往门口一指：郎君出门左拐，街角有家金银器铺子，麻烦贵人去换成铜钱再来光顾小店。

成，您去换钱，当然您肯定会问，哥这100两金子能换多少钱啊？刚穿过来人生地不熟的，别让奸商占哥的便宜呀。

唉，您这就难为我了。唐朝物价一直在波动，金价变化挺大的，据说最低的时候1两金子曾经只能换3500文铜钱，最高的时候1两金能换8000钱……这样吧，综合我手头的资料，似乎取1两金子换6000钱比较常见合理，那么您这黄金百两，能换钱60万，也就是600贯。

您在那家金银店里换了一个10两的金锭子，拿到60贯钱……什么？您说一趟趟跑金店怪麻烦的，不如一次性全换成铜钱算了。老大您知道600贯铜钱有多重不？现代的2500多公斤！您是打算开着三一重工的吊车穿过去吗？就60贯钱，也有现代的500多斤（市斤）了，您出门就得买几个壮劳力男奴，再买辆大车装铜钱用。我劝您在金店里把10两的锭子剪开，换1两，拿6贯钱背走算了。

您吭哧吭哧背着50多斤铜钱，回到刚才那个酒店里，抹一把头上的大汗，把背囊往酒案上一蹾（这实木的家具就是结实啊，案子吱吱扭扭晃了半天，愣没倒塌），大喊："渴死了！博士给上1斗酒！"

1斗酒？为啥？难道是因为"李白斗酒诗百篇"吗？好吧，酒店店主大概也见识过不少穿越者了，淡定地过来一摊手，请先赐酒钱。小店的普通酒1斗150文钱，好酒1斗300文钱，专供达官贵人的珍藏限量版御酒1斗要10贯，数量不多，欲购速抢。

您嚯嚯牙花子，数出300文铜钱丢他手里，店主一转身——咣当！

一个庞然大物般的酒坛子就这么掼在您面前的食案上了（实木家具质量不错，真的……），里面是您要的1斗好酒。1斗是多少呢？嗯，您知道您穿越前经常喝的德式扎啤，一杯是差不多600毫升。唐制的1斗酒，恰恰差不多相当于十杯扎啤。您老慢慢享受。

啥腰缠10万贯，骑大力神运输机下扬州，啥李大桶斗酒诗百篇……知道文人们有多坑爹了吧。好啦好啦，别哭啦！

一边抹眼泪，您一边慢慢喝这十杯好酒。没啥可干的，手上还有几枚刚从背包里抓出来的铜钱，就仔细看看这种在唐代最最通行无阻、喜闻乐见、老幼皆宜的流行货币吧。

穿越以来，您看啥都陌生得很，处处碰壁，现在看着这些铜钱，终于感到了一丝熟悉和亲切。这些就跟您穿越前在电视剧里，或者在啥啥文化街、假古董摊上见过的那些铜钱差不多，外圆内方，直径八分，成分有铜、锡、铅，铜多一点儿颜色就偏红，锡多点儿就偏白，重量就是重"一钱"（后世通用的一钱这个计重单位，就是以唐朝的铜币为基准的），钱中央的四方孔洞周围，还铸着四个纯正的欧体字，您上下左右地一转脑袋，读出来："开元通宝。"

"原来是唐玄宗开元年间铸的钱啊。"您恍然大悟地点点头，十分佩服自己知识渊博，却见酒店店主投给您一个有气无力、见怪不怪的淡定眼神，忙人家自己的事去了。

怎么了？哥又说错了？难道唐玄宗李隆基不是有一个叫开元的年号吗？

难道这些开元通宝不是开元年间制造的吗？

还真不是。

只要您穿越降落的时间，是唐朝开国第四年以后，那就能看见满大街的开元通宝了。当时的年号是唐高祖李渊的"武德"，他老人家给自己铸的钱取名开元通宝，是"开辟新纪元、走进新时代"的意思。所以，唐代既没有武德通宝，也没有贞观通宝，无论是李世民，还是武则天，还是后期德宗、宪宗、宣宗当政的时候，市面上流行的一直都是开元通宝。嗯，偶尔您也能见到一些乾元重宝、大历元宝，这些倒是年号钱，但是发行量很少，不占重要地位。

把几枚开元通宝放手里翻来覆去，您又发现了个稀罕事：有一两枚钱币背后，刻着半月形印记，还有刻星星的，也有光板啥都不刻的，这有什么讲究呢？

这个是唐代百姓们津津乐道的很多皇室八卦秘闻的出发点。

比如说，武德四年（621）开始铸造开元通宝的时候，工匠们先用蜡造了几枚样钱，送给当政者过目。那时候朝廷里最大的官是身为尚书令的秦王李世民，蜡样到他手里，他那后来被封谥"文德皇后"的妻子长孙氏也在身边，小两口一起欣赏，长孙氏拿起一枚蜡钱来细看，结果不小心用自己的长指甲在钱背上掐了一个半月形痕迹出来。

李世民大手一挥，我家娘子做什么都是对的！蜡样就这么还回去了，工匠更不敢乱改，在蜡钱外面做了泥坯子，往里浇铜汁，铸出来的这部分铜钱就跟蜡钱一样也带了半月形印痕。

这个故事是初唐的版本，到了盛唐，故事男主角换成玄宗李隆基，女主角换成杨贵妃，情节差不多。还有一个情节类同，但主角是鬼的版本，说那长指甲属于李渊的老婆——李世民的妈——"太穆皇后"窦氏，因为这位老太太在唐朝建立的时候已经死了好多年，所以……

拍肩，赶紧喝几口酒暖胃驱邪吧，其实我讲鬼故事也是为了帮您消化这十杯好酒啊。咳，根据现代学者们的正经研究，这些钱币上的星星纹、新月纹，可能跟西域胡人们信奉的宗教有关。大量带月纹的开元通宝，在安史之乱后开始流行，而当时造反的安禄山有自己的铸钱炉，他的造反也很大程度上利用了宗教手段。总之这些都是没啥关系的闲话，扯来给您下酒好了。

说点儿正经的，您现在怀里揣着99两黄金，背上背着5贯又700文钱，想在唐朝败家一番，那么这些货币都能买到啥呢？

第一，我劝您先买上两个强壮能干的奴仆，帮着背货币扛东西。您说您做不出买卖人口的事？这没办法，入乡随俗嘛，您在唐朝要找个临时雇工扛活，可比买奴婢困难得多。如果您实在绕不过自己的正义道德感那一关，您可以先买了他们，干完活再立字据把这些奴仆"放良"，让他们恢复自由民身份，也算做了件好事对不？

至于奴婢的价格，也是根据不同时间、地区、条件相差很大。一个绝色婢女可能叫价几十万，甚至上百万钱，也有体弱蠢笨的奴婢给两三贯钱就卖。您要买的这种健壮男奴……大概是每个5万文钱吧，50贯。您花17两金子，应该能买到两个健奴。

第二，解决交通工具问题。您如果想自购动力强劲的名车（一头壮牛＋一辆双轮车），得花30两金子（200贯钱）。舍不得了？那您打的雇车吧，价格大概是每载重1斤行走一里路，花1文钱，而且的哥不打表，需要上车前先谈好价钱。

第三，跟穿越前一样，您要在帝都买房子呢，就十分苦逼。长安居，大不易，地段不错的房子至少也得卖500贯钱，您那百两金子将将够，再追求豪华装修就力不从心了，茅草棚黄土地先住几年再说吧。（您说您大老远的穿到唐朝去干啥哟？）

不过有个好消息，就是帝都的房价和房租连官府都看不过眼了，刚刚出台了廉租房政策，硬性规定繁华商业区附近的住宅，每间的月租金不得超过

500文钱。如果您租一间，给两个奴仆租一间，主仆三人在长安住一个月，也就1贯钱（人民币2000元）的事。

第四，民以食为天，下面要解决您主仆三人的肚子需求。

最简单也最腐败的——下馆子去！全长安城最高级的北里名花宴，开宴300文钱，吃喝到天黑，掌灯翻一倍。如果您看上了哪位小娘子，第一次留宿，就得再翻倍，一夜掏1贯又200文钱，比一个月房租都贵。

您说这太奢侈了，要自己生火做饭吃？也成，先去买粮食。唐朝的粮食价格也是变动特别剧烈，太平盛世的时候3文钱就能买1斗米，遇个水旱兵灾的，黄金1两只能买杯水喝。一般来说，安史之乱前的粮价是平均15文钱1斗米，安史之乱后涨了十倍，150文钱1斗米。

您那百两黄金=600贯钱，在安史之乱前，能买到4万斗大米，带着穿越回现代，大致相当于170吨大米（唐斗米=今8.5斤）；在安史之乱后能买到4000斗大米，现代的17吨。

唐朝的壮丁标准口粮是"日2升"，月6斗，您主仆三壮男，先买一个月口粮18斗吧，花270文钱或者2700文钱。（您别问我当时人肚子有多大，怎么可能一天吃掉现在的1斤7两粮食，资料上就是这么写的。那1斤7两，有可能是没脱壳的谷子，也有可能包括了猪饲料等副食品的费用。）

当然北方人吃麦子磨的面和粟（小米），比吃大米普遍。唐朝官方的定价是3斗大米=5斗粟，盛唐的时候西域1斗小麦约35文钱，有购买需要请自己换算。

1斤盐40文钱，1升醋5文钱。

1文钱能买三个鸡蛋，30文钱能买一只鸡，500文钱能买一口猪，不想吃鸡肉、猪肉，想吃牛肉？忍着吧，杀牛犯法，要打屁股的！有钱，您也买不着牛肉。

一口能煮3斗米的大锅700文钱，一个碗30文钱，一把钢菜刀80文钱。当时的工业产品真贵啊。

有了锅碗瓢盆米面肉盐，还得有燃料才能做饭。十几文钱能买一束柴火，两三文钱能买1斤炭。

您说夏天怪热的，家里想常备点儿饮料？唐玄宗之前，市面上都不好买到茶叶，家里除了酒以外，还可以准备点儿酸奶，外买5文钱1升。

有饮料了还想吃零食？您是不是打算连可乐也一起扛过去几箱啊。算了算了，葡萄干15文钱1升，大枣5文钱1升，梅子8文钱1升，杏仁20文钱1升，是西域杏仁，不是美利坚大杏仁。

第五，吃食有了，好歹买两身干净体面的衣服吧！

您要买现成的衣服，那比较贵，一件不错的布衫得1000文钱，一件半臂（坎肩）也得400文钱。绫罗制的幞头（裹头巾）100文钱一条，精制鞋子100文钱一双……这种上好的行头，您给自己置办一身，出门时穿一穿就算了。唐朝人还是更习惯自己买布做衣服。

质量较好的绢大概500文钱一匹，给仆人们穿的粗布100文钱就能买一匹。一匹是一尺八宽，四十尺长，做两套衣服应该没问题。

不过，您家里没女人，让男奴缝衣服，估计那两个人会压力很大，那就拿着绢布上外面找裁缝去做好了，一件男式袍衫差不多500文钱能搞定。

第六，出门的代步工具。前面买的或雇的牛车，那是运货用的，您要去平康坊泡妞儿或者结交上流社会的朋友，怎么也得弄匹马骑骑，男奴倒可以在您的马前马后步行。

初唐给马的官方定价是一匹25贯，即2.5万文钱。当然您要拿着不到5两黄金去买"昭陵六骏"那样的宝马，肯定会被人家踹出来。真正的好马叫价千金也不奇怪，您那100两黄金还是不要去凑热闹了。

一副马鞍80文钱，一套嚼子和缰绳500文钱，一根马鞭50文钱。

马要吃草，还要吃料（粮食），每月要供这匹马3石粟、六十围草，还得再弄点儿盐，买粮买草约1300文钱。（别再抱怨油价了，真的……）

骑马的时候，腰里挎一把唐刀才好看，上好的镔铁横刀一口2000文钱，掏钱吧。

第七，赶紧恶补功课。多看看唐代的书，练练毛笔字（否则写张条子都没法拿出去给人家看），熟悉熟悉当时人常用典故什么的，才能附庸风雅地冒充文化人去逛北里妓馆。

学费是很贵的，像佛经这样的书，一部开价1贯钱算少的。一百张白纸要60文钱，更好的纸3文钱一张。毛笔20文钱一管，墨15文1两。

第八，正式开始泡妞！去拜访白莲花，别忘了带些小礼物过去，一双钏子40文钱，一帖轻粉18文钱，一面铜镜2000文钱，一分麝香110文钱，一分沉香60文钱……

您在酒店里喝够了那十大杯扎酒，出门买了奴婢，雇了车，正在街市里东挑西拣地买别的货物，突然听到兵丁的喝道声，一个家奴赶紧扯着您避到一边。

只见一行两列人马浩浩荡荡地行进过来，前面人骑着马，举着不知啥牌子的旗子，后面有十几个挑夫，挑了满满七八担各色绫罗绸缎，排成一队往前走，还有人在旁边敲锣打鼓，真是热闹。

围观群众就有人议论了，说这又是天子给魏秘监的赏赐吧？魏公胆大敢谏，前几天圣人刚赐了五百匹绢，上个月还有一次赏了一千匹绢，去年还有一回记得是赏了八百匹绢……

"这魏秘监家里是开布店的吗？赏这么多绢布有什么用？"您听得头晕，忍不住嘀咕一句，身边刚买来的奴仆连忙制止您："阿郎勿浪语，魏秘监出身河北名门，怎能诬人是商贾一流？"

好吧，知道古代歧视商人，我就不多嘴了。不过真的，皇帝赏大臣这么多绢帛是做啥呢？

刚才我们知道了唐朝不能直接用银子买东西，大额交易可以用金子，最常用的是铜钱，那么还有一种比较常见的，算是中等额度交易常用的货币，就是这绢帛。

您知道古代开采冶炼铜矿、锡矿和铸币的技术都很落后，是吧？每年新铸的铜钱数量说是不少，但还是远远满足不了民间商业活动的需求。于是从唐初，官府明文规定民间交易要"钱帛兼用"，甚至还规定交易额超过10贯钱了，就得用绢布来支付。

那么一匹绢相当于多少钱呢？上面也说过了，正常的价大约在500文钱，半贯钱。不过这玩意儿也是时代不同，变动得厉害，同时也跟绢布的质量有关，绫、罗、绸、缎、缊、绨、绡、缯……各种布料在各种情况下价格都不一致。拿出来买东西的，还是以绢为主。

所以，皇帝赐大臣绢，其实就等于直接给钱。大臣家里的仆人完全可以拉一车绢上街，边走边用绢直接买粮食买器具。您呢，也完全可以带一堆绸绢去平康坊找红颜知己白莲花。（唉，别自己背啊，那俩奴仆买来是干啥用的？）

到了白莲花家里，您就明白了，过来欣赏她文艺表演的王孙公子们，很多都是带着绫绢来的。白莲花在堂上歌舞的时候，这些郎君就不断送上绫绢，说是"上娘子缠头"用。

很多年以后，白莲花被一个富商买走了，带到江州去安置。夫婿常年在外面经商做生意，白莲花自己守着一艘空船，百无聊赖，夜夜弹着琵琶忆苦思甜。某一天，有个也姓白的江州官员听到了她的琵琶声，请过来聊聊天，白莲花回忆起她韶颜如花的盛年，这样唱道：

> 十三学得琵琶成，名属教坊第一部。
> 曲罢曾教善才伏，妆成每被秋娘炉。
> 五陵年少争缠头，一曲红绡不知数……

本篇参考文献 & 深度了解推荐：

货币这一篇比较复杂，所以说明注释要多一点儿，请想穿越的同学质疑之前先看完下面这些。

一、这一篇里提到的所有物品价格，金、银、钱、粮食、绢布、车马、房屋、奴婢……在资料里都有大量的不同记载，价格相差悬殊还很大。作者鹿取的价格指数，要么是专家学者经过研究对比认为可信的，要么是自己在不同数值里取了觉得比较合适的中间值，只保证数量级上的准确。换个时间、地点、环境，这些东西的价格就可能变化较大。

二、这一篇的主要参考资料，关于货币和金银的是《中国货币史》（彭信威著）和《唐宋时代金银之研究——以金银之货币机能为中心》（加藤繁著），关于古代和现代度量衡换算的是《三至十四世纪中国的权衡度量》（郭正忠著），关于各种物价的是《金泥玉屑丛考》（王仲荦遗著，郑宜秀整理）和《中国历代物价问题考述》（黄冕堂编著）。

三、关于白银和黄金什么时候在中国才成为货币，一直是争论比较激烈的问题（有人认为直到清末民国发行了银元，白银才成为法定货币，之前在明清都只属于以物易物）。唐代白银能不能用来直接买东西，学者们也有不同意见，加藤那本参考书的观点就与本文观点不同。这个议题说起来太复杂了，我就不掉书袋了。

四、汉代的大量"赐金"，近现代学者研究认为很有可能赐的是黄铜，明确表述为"赐黄金××"的给的才是黄金。而且，有时候"赐金多少"只代表一个价值尺度，也就是宣布的是赐金、铜，但实际上给到被赐人手里的，是价值相等的铜钱或实物。这现象在唐朝也存在。

汉代不说明数量级的"赐金500""赐金800"，一般指"500斤""800斤"，但到了魏晋南北朝以后，不说明数量级的"赐金500""赐金800"就变成了"500两""800两"。当然，唐两比汉两大得多。

五、唐朝的1贯钱=1000枚铜钱，是官方法定数值，但是实际上，因为钱荒现象太严重，民间的"短陌"现象很普遍，也就是1贯钱里可能只有七八百文钱，但是大家还都承认它有1贯钱的购买力，用来买东西还可以，不过给官府缴税的时候就非常吃亏，官府一般会要求缴税人把少的那部分钱添足。所以正文里所说的1贯钱的重量，实际可能要打个七折八折的。

六、正文故事发生的背景是唐长安城，所述物价也尽量找长安城或者内地的资料记载。但是这些记载很多来自文人的笔记小说，夸张、猎奇的性质浓重，很多是不太可靠的。比较可靠的是敦煌吐鲁番出土的唐代账目文书，但是那个地方离长安城又太远了，即使在交通方便的今天，新疆和西安的物价也是有一定差距的，所以文中的各种物价，是把两地资料做了综合，为了行文顺畅，不再一一说明哪个物价是哪里的。

七、正文里根据结构需要，出现了用黄金做等价物，计算唐代铜钱和现代人民币比价的文字[地段不错的房子至少也得卖500贯钱（人民币100万元），主仆三人在长安住一个月，也就1贯钱（人民币2000元）]。这种计算方法，如果真能带着黄金穿越来穿越去，倒也可以成立。但如果您穿越不成功，这方法就是不准确的。

因为从古代到现代，别的物品生产技术飞速提高，而黄金的开采则相对进展迟缓，所以在现代，黄金价值远远比在古代高。举个例子，黄金和白银的比价，现代已经到了1：40左右，而在汉唐只有1：5，现代的黄金比汉唐的黄金值钱多了，同学们千万不要从现代买了黄金带在身上穿越到古代去卖，要亏死人的。

比较科学的，能正确反映生产力和人民生活水平的货币折算方法，是用大米作为等价物。就是在唐代用1贯钱买了多少大米，带这部分大米穿越。咳，是在现代用人民币购买同等重量的大米，然后计算这些人民币与唐代1贯钱的比价。

以目前的去壳大米每市斤2元计算，安史之乱前的一枚开元通宝，约能购买大米0.57市斤，1文钱约等于1元人民币，1贯钱=1000元人民币。安史之乱后，1文钱约等于人民币1角，1贯钱=100元人民币。

尚书省将出台政策，遏制长安房价过快上涨

住宅

朋友，您想一夜致富吗？您想成为资本神话的主角吗？您想赶上盛唐长安房地产业最后一波暴涨浪潮吗？欢迎报名参加唐穿炒房团！本团特邀长安房地产界资深人士、著名学者、公共知识分子鹿志屹女士作为导游顾问。她将带领您参观长安城各种类型、各种档次的住宅，有什么问题，请不必客气，随时提。

那位先生您问什么？"岑忙打蒙攻给裂错别一本或没？"对不起，麻烦您说普通话，好吗？"请问大明宫几垒钞票一平方米？"

我谢谢您，皇宫和官府公衙都不进入房地产市场流通，您怎么不去买北京紫禁城啊？我们能参观到的最高级的住宅，也就是宰相府档次的，还得是个已经败落入官，由官府发卖的宰相府，才能空荡荡的没人管，由我们进去看呢。

说走就走，各位请跟我往东北边来。

为什么往东北？因为长安城的三大皇宫区域都在北城，其中最重要的大明宫是在东北角，所以就带动了周围区域成为全城地价最贵、最能彰显身份的居住区。您想想，达官贵人都是以经常进宫朝见皇帝为炫耀资本的，长安城那么大，那时候又没直升机、豪华跑车、地铁……住所离皇宫远的话，进宫一次就得累个半死啊。

所以，长安人以居住地划分特性的话，应该说是"东贵、西富（西半城

住了好多胡商）、南贫贱"。北呢？北边住的是皇帝那一家子，谢谢……

现在我们来到了崇仁坊，那边是坊门……哎，那位团友别乱走，要参观的住宅大门在这边。

您问为什么不进坊门？长安城的民宅不都是被围圈在一个个坊里，得先进坊，再进宅吗？嗯，表扬一下，这位团友显然对唐朝的城市和住宅很了解，不过您这是只知其一不知其二啊。前头已经说了，我们今天要参观的第一所房子曾经是一位宰相的府第。唐制规定，王公贵戚和三品以上的大官，可以自己家在坊墙上开大门，不经由坊门，自家出入。所以我们从城内主干道上，就可以直接进宅子的大门啦。

来来，这就是宰相府的外门。怎么啦，各位？为什么大家都一脸失望啊？

嫌这大门不够气派？围墙也太土了，就像个农村地主大院似的。哈哈，别着急，继续跟我走。

您现在看到的外墙，是由黄土一层一层夯筑起来的，什么涂料都没抹，就是夯土的本色。这种外墙一般要绕宅一圈，把整座府第围起来，作为一种保护和界限划分。这墙虽然简陋，但墙内就是宰相家的私人地盘了，乱人要被打死的哦。

大家再看土墙中间的这乌头门，确实也比较简陋，就是三根木柱横竖一搭，像个草字头"艹"形状，其中突出在横梁上面的那两根柱头，通常要雕饰一下并涂成黑色，所以叫乌头门。

各位往前走啊，跟我进门来。往前看，看见前面老远那座飞檐重楼、华丽气派的白墙红大门了吧？那个才是宰相家的正门呢，刚才我们进的只是外门。被骗了吧，哈哈。

别着急往正门奔，大家先看看我们的左手处。这儿有一间挺大的厅房，原来叫"阍室"，就是宰相家门卫的住宿和值班室。当年宰相在位时，有谁要来拜见，得先到这里来通报。

"阍室"后面，夹在外墙和宅墙之间，是一个很大的院子，通常用作马厩。唐朝的达官贵人没有家里不养马的，代步工具嘛，就跟现代权贵们买豪华跑车一样。如果这院子特别大，那除了马厩以外，还可能在这里建仓库甚至菜园子，然后马夫等奴仆也搭个草棚子住这里。

好了，我们返回去，进正门。

那位走得有点儿喘了啊，这外门和正门之间的空地确实比较大。这也是有原因的，当年宰相权势正盛的时候，每天来谒见的各色人等络绎不绝。他们大多骑着马带着仆人过来，主人通报以后被让进正门去了，他带的仆人和马匹就得在正门外这块空地上等着。据说最夸张的情形，这么一大块空地被占得满满当当，连个插针的缝儿都寻不着，来晚的人家只能退到乌头门以外去等呢。

现在我们看到的是宰相被抄家败落以后的情形，空地上已经长满荒草啦。从外门到正门之间的路，原来是砖石铺过的，现在也是砖碎石乱，只能勉强看出个形来。

大家注意看这里，正门外的地面上，这儿有一排长坑，门那边的对称位置也有。这个就是安放"戟架"的地方，也是宰相身份地位的见证。

什么叫"戟架"？这是很有唐朝特色的一种建筑物装饰品。朝廷规定，三品以上大官和王公贵戚可以在正门外面排列竖立一根根长戟，官品越大，列戟越多，从十根到十六根不等。戟顶往往还绑有幡旗，风一吹，呼啦啦地抖动，就像现代建筑物门前的旗杆似的，这些长戟要插在木制的底架上。

现在我们就来看看这座唐朝宰相府真正的大门吧。

这座大门楼高二层，左右宽度相当于三个房间，前后深度则有五架房梁。屋顶是悬山式的，顶上覆盖着黑色的陶瓦，屋顶两角还各有一只上翘的"鸱尾"[1]。

支撑起二层门楼的一根根大柱子，还有两扇好大的门板，都被刷上了朱

1　中式房屋屋脊两端的陶制装饰，形状略像鸱的尾巴。

红色的漆，所以老杜一形容权贵人家就感叹说"朱门酒肉臭"。至于柱子之间的墙壁，虽然也是夯土筑的，但是土层外面会抹上厚厚的白色涂料，显得高雅洁净。当然，现在这些白墙已经被风雨吹打得污损了。

这座门楼，还有门楼两边延展开去的白色宅墙，全都建筑在突出于地面的台基上。这些台基，也是先由夯土筑成矮矮的长方体或者梯形体，外面再包一层砖石，砖面上再造门楼或垒墙。对着门洞的台基处，要凿铺出几级石阶来，如果台阶比较高比较长，旁边还有栏杆让人扶着爬阶。

来，大家跟着我进大门。留意一下这两扇大门上的铜头乳钉和兽嘴衔环的门把手，这两样东西在唐朝都是刚出现不久，算是新鲜事物，看来那位宰相还是个潮人呢。

哇，好大的院子，是吧。

哈哈，这就是唐朝建筑物的共同特征啊，可能不精致、不华丽、不舒适，技术含量不高，但只要有条件，唐朝人就努力把房子院子桥梁道路修得又高大又宽阔，稳稳当当、方方正正的。

我们来看宰相家的院子。基本上，所有唐人宅院都是在"四合院"的基础上做局部变化。四合院大家都熟悉吧，用正房、东西厢房、回廊、门厅等围合起来的方形闭合院落，前后左右一进套一进的。宰相家这个外宅部分，虽然很大很宽阔，但也是由好多个四合院套起来的，其中最大的一个院子，就是现在我们进了大门所在的这个，据说当年这里举办过好多次马球赛呢！

院子的地面，大部分是砸实的黄土，只有主要道路用砖石铺了一下。各个房前屋后，种植着花草树木，但是不太多，主要的园林景致在后面的内宅部分。

各位跟我来，请参观前面这座正对着大门的高大建筑。这是整个宅院里最精华、最抢眼的部分，也是最能标志宅院等级的代表性房屋——正堂。打个比方，这屋子就相当于北京紫禁城里的太和殿，长安大明宫里的含元殿，是一家之主会客，摆重要宴席，召开全家会议，乃至死后停棺材举行拜祭的地方。据说那位宰相光在这间正堂上就砸了一两百万文钱，足够买一整座一般性豪宅的了。

唐朝的四合院，与各位比较熟悉的老北京明清四合院，最大的区别也就是在这个正堂上。大家想想，老北京四合院，一般是院子四面有屋有墙，中间空着，用来种树、架藤、养花、挂鸟、摆金鱼缸，夏天还绷上天棚遮凉。

唐朝这个四合院，除了四周有屋，有墙，有回廊，院子的正中间，孤零零四边不靠的，就矗着这么一座华丽的正堂。如果说典型北京四合院是"口"字形的，那么典型的唐朝四合院就是"回"字形啦。

正堂的建筑风格，跟大门保持一致，也是黑瓦屋顶、朱红柱子、砖砌台基。一般人家也是用白涂料来抹正堂的内外墙，不过我们这位宰相啊，为了炫耀有钱，弄了一堆香料和红粉涂料，居然把正堂的外墙抹成了大红色。据说刚建成的时候，一靠近正堂，人们就觉得异香扑鼻。那位客人，您是过敏体质？别担心，别担心，这么长时间下来，现在连红墙都褪色褪得差不多了，更闻不到什么味道了。唉，装修污染真是害人哪。

我们上正堂的台阶吧，那位腿脚不太利索的团友小心点儿，别人扶一把，或者扶这旁边的栏杆也行。大家再注意一下这些栏杆，一般人家的台基上，有些木头做的栏杆已经算不错的了，宰相家这栏杆可是上好的石头雕砌成的哟，跟皇宫里的差不多。老实说这也蛮犯忌讳的，怪不得他后来那个下场呀。

推门，我进屋啦，大家跟紧了，最后面的那位团友您不用关门——唉，说晚了。

门一关，室内光线明显暗下来了。虽然门两边有两扇朝南的不小的直棂窗，其他三面墙上也在高处有开窗，窗户上糊的白纸现在还破损了不少，漏光更多，但是正堂太大、太深了嘛。南边靠近门窗的地方还有点儿亮光，北边屋内深处，几乎啥都看不清了。

为了解决这个采光问题，有的主人家干脆就不建正堂的南墙，而用几根柱子与北、东、西三面墙一起支撑屋顶，做成个半露天的戏台模样。还有更不怕冻的，四面墙都不建，纯用柱子撑起屋顶，把正堂盖成一个大亭子。反正有钱人家不在正堂里睡觉，嫌冷的话不去就行了。

宰相已经因为被抄家搬走了，现在正堂里没有什么家具，空空荡荡的。不过就算有家具，各位也不用指望走进来能看见八仙桌、太师椅，嘿嘿。

那么当初这里是怎么摆设的呢？我来比画一下，堂上正中靠北的这里，原来摆放着一架很大的屏风，据说是金银珠宝镶嵌的紫檀装框，锦面上是名家绘制的山水人物画，总之很贵重就是了。

屏风前面放着一张大床，可不是让您睡觉的床，主要是用来坐人的，有点儿像后世的罗汉床。床面上铺着厚软的茵褥，床上床下都可以放几案，用来搁东西。床上还有凭几，放在坐者身前让人往前倚靠的。

大床前，两边各放着一排小型坐床，也各配茵褥几案。此外，角落里立着各种香炉、暖炉、灯烛等，整个房间用帐幄、帘幕分隔和装饰。

哦，我还忘了说地面。北方城市很少用木地板，大家看我们脚下，是用雕纹花砖铺砌的室内地面，另一种高级做法是用水磨石平铺，光亮如镜，也更容易清洁。不过达官贵人们还不以此为满足，像我们那位宰相，当年居住的时候，常年在地面上再铺一层厚厚的宣城红地毯，也就是白居易斥责过的"宣城太守知不知，一丈毯，千两丝。地不知寒人要暖，少夺人衣作地衣"[1]。

当宰相在正堂举办最隆重盛大的宴会时，舞女们就在红地衣上翩翩起舞。如果来表演的舞乐队规模太大，室内施展不开，那么他们就在堂外的空地上举行演出，而宰相和客人们则坐在堂口观看。

前来谒见宰相的各色人等，如果不是很熟的人，在"阁室"通报以后，就算被请进来，一般也要先在门楼耳房或者侧厅厢房等地候着。什么时候宰相有

1　出自白居易《红线毯》。

空儿了，再被叫上正堂，见面行礼说事儿。总之，包含正堂在内的外宅，都是家里男主人会见客人、讨论公事、进行社交活动的地方，女眷和小孩子是不能随便往这里乱跑的。

外宅就参观到这里吧，大家跟我走，下面我们到内宅去看看。

外宅和内宅之间，要被墙和门分隔开。中间这道门后世俗称"二门"，通常也有人看守，外人不得乱入，内宅婢女也不准乱出。

进了二门，大家看，前面又是一座孤零零的堂，不过要比外宅的正堂规模小一些。这是由女主人主管的内堂，也叫寝堂。

如果是普通人家，这里就算是男女主人的卧室了。不过宰相家嘛，房子多，他家夫人只在这里接见她自己的客人，主持家务，进行一些社交活动。

内堂和其他所有主人经常使用的房子的建筑风格，跟大门、正堂是一致的，只是规模小一些，有些细节部分不那么奢侈华贵。值得注意的是……大家抬头，往上看。

外宅正堂是一座高大的单层建筑，内堂则是一座二层小楼。这种二层小楼在我们一会儿要参观的很多个内院、园林里也还会看见。大家走近点儿，发现了什么没有？

这小楼的一层，是四面有墙的，看上去墙还很厚实。而二楼则像个亭子，只用木柱支撑，没有墙，是完全显透于室外的。我们现在站在内堂外头，就能清楚地看到二楼地上放着一具很大的坐床。

不过再看仔细点儿，二楼四面屋檐下，都有竹卷帘，现在是卷成一束吊在上面。如果女主人上了楼，坐下来看风景，侍婢只要把竹帘放下来，形成半透明的效果，就可以起到遮蔽人身而不妨碍观景的作用。

这种用帘幕当墙的透空阁楼，在长安城非常流行。长安的冬天并不算太冷，夏天却非常闷热，所以在高处迎风纳凉是件很舒服的事。

大家这边走，再穿过几重四合院，花草树木渐渐多起来了吧。我们去唐朝宰相的后花园看看。

这宅子真大呀，您看，后花园里居然有一个不小的湖泊，湖上还能划船呢！大家也走累了吧，我们上船歇一歇，沿着湖岸看景。

这些假山奇石、绿林青草、繁花游鱼、珍禽异兽，都先不说了，估计各位团友也都见得不少了。大家注意园子里这些建筑，这边水榭，那边歌台，无论是几层楼，哪怕只有一层，也几乎全是没有墙面的全木柱式结构，有私密需要的时候用帘幕、屏风、行障什么的来遮挡一下就行。

大家真是走累了啊，都没精打采的。我来说个香艳的宫闱秘闻给各位提提精神吧。

话说有一年的端午节，玄宗和杨贵妃在兴庆宫湖上的"水殿"里正午睡，被一群宫嫔的叽喳声吵醒了。睁眼一看，那群女人凭栏倚槛，正在看雌雄两只鸂鶒[1]在水里那啥呢。玄宗皇帝也是个豁达的，搂着贵妃，隔了一层绡帐跟宫嫔们说："尔等爱水中鸂鶒，争如我被底鸳鸯。"可见宫里的"水殿"也是这种没墙的全通透框架式结构，天子贵妃那啥，只叫下人设一层轻纱帐，意思一下，隔开就行啦。

这位客人您问啥？这宅院到底有多大？全走完看一遍得多久？哟，这可不好说了，要取决于我们团的行走速度和参观的仔细程度。目前为止，我们只看了外宅的主院、正堂，内宅的内堂，路过了内宅的一些院子，进了后花园一角……对，我们现在极目所见的只是后园一角，那边还有老大一片呢。

我们现在相当于看了一座现代化大别墅的车库、门厅、客厅、一间主卧室和花园一角，那什么厨房啦，卫生间啦，地下室啦，佣人房啦，很多间客卧、更衣室、洗衣房、阳台功能区几乎都没涉及呢。而且，一座别墅才能住几个人啊？这座宰相府第，极盛时连主人带奴仆雇工一千人都不止，这还不算那些来打秋风蹭饭的穷亲朋故、旧门生、同乡。

那边的团友别吐血啊。大家要是实在太累了，这座宅子就参观到这里为

---

1 古书上指像鸳鸯的一种水鸟。

止吧，反正那些厨房、厕所、奴仆房也没什么好看的，比正室的华丽轩敞程度是差远了。这位您问这所宅院售价多少？

哎，这倒是正题啊。

其实，要跟现在北京、上海的房价比起来，这房子真是一点儿都不贵！占地将近五万平方米的一座豪宅，官府标价仅500万文钱！500万文钱！唐朝开元通宝跟现在人民币的比值，安史之乱前大约是1：1，安史之乱后是10：1左右。

也就是说，唐朝前期，您出500万元人民币，就能在长安城的黄金地段买这么一座五万平方米的豪宅！唐朝后期更便宜，只要50万元啊！

团友们，先别激动，听我说，听我说……标价这么便宜，那是有原因的，就是要买这宅院，除了出钱以外，还有很多附加条件。

最重要的，唐朝人住房子都得按照等级来。像我们今天参观的这宰相旧宅，这种建筑规格，只有三品以上的达官贵人才能住。像各位这样的平民百姓，就算再有钱，买了房子自己住进来，那就叫逾制，要被抓起来的，轻则打屁股流放，重则说你谋反，杀头都有可能呢！

所以啊，您各位要真打算买这房子，交了钱拿了地以后，得先把那些壮观威严的门楼、外墙、正堂什么的拆毁了。然后，这块地太大，也不能全作为您自己一家人的住所，要分割成几座宅院，自己住一座面积规格不逾制的，其他宅院或者倒卖，或者出租，反正麻烦多了去了。

所以很多高官重臣的后人，如果家道败落，住不起大宅了，卖又卖不出去，往往干脆就捐给宗教信徒，改建成佛寺、道观、尼庵（这些宗教建筑一般不存在逾制问题）。

要我说，如果各位真心想炒房赚钱，倒不如去关注一下那些地段、位置、面积、规格都算中等一般的民宅。长安城的主要住房需求和市场都集中在那种房屋上，像刚进入官场的低级官员啦，参加科举的外地考生啦，来做生意的商人啦，他们要买或者租的房子，也大多是那种。

好的，既然各位感兴趣，我们这就去看看。什么？都走不动了？那好吧，我给大家简单描述一下吧。

首先是地段和面积。中等房屋大多集中在长安城中间的那些里坊，总的趋势是：价格差不多的房子，越往南，面积越大；越往北，面积越小。要取个平均面积的话，稍微像样点儿的设施齐全的宅子，怎么也要占个10亩地吧。我们现在参观的宰相大宅可是占地近百亩。

这种用来出租出售的房子，为了避免逾制的麻烦，大门往往不开在宅院正中间，而是开在东南角"巽"[1]位上，这也是有讲究的。

没有外墙和外门，只有一圈宅墙，白色或者土黄色。正门也很朴素，一般就是乌头门了。进门以后，就是外宅的院子，院里有正堂，也是建在台基上的独栋屋子。

隔一道墙和门就进内院，内堂兼作主人的卧室，内院里有些假山花木，也兼作花园了。就这么前后两进院子。

下人住在靠墙的耳房里，马圈和仓库则沿着宅墙外另搭一个院子，在宅墙上掏个门出入。如果那个院里还养着猪，就挨着猪圈建厕所，结构跟近代农村还普遍使用的"连茅厕"[2]一模一样。

至于价格嘛，视情况从几万钱到十几万钱不等。租金？也要视情况而定，每月1贯钱应该算是比较贵的了。

而且，我听从尚书省户部传出来的小道消息，说朝廷要出台整治房价的政策了，最先实施的是对房租的限价令，规定最贵的商业黄金地段，商业门脸房的月租金不得超过500文钱。

不过，大家都知道，这种限价令什么的，政策本身就很模糊，每月限

1　八卦之一，代表风。

2　连茅厕，农村常见的一种厕所，建在院子里，与猪圈连在一起，人的粪便直接落入猪圈作为猪食。

价500文钱，不是按平方米或者屋子数算的，而是按"间"算，每间500文钱。大家都知道唐朝的房子很大，那么就又规定大家一起来抬头数房梁，每两根房梁罩住的空间就算一间……总之，各种乱七八糟的事情，而这种政策的执行力也就……

从安史之乱前后看，房地产买卖价格几乎没有大的变化，还因为货币贬值导致了实质上的房产贬值。应该看出，唐代总的来说，地广人稀，即使京城这些人口最密集的大城市，也有大量可供建房的空地。和现在不一样，唐代房地产买卖增值的空间很小，靠炒买炒卖是不行的。如果想在房地产上赚钱，还是要选好地段购房后出租，因为唐代租售比很高。

总之，对我们现代人来说，唐朝的房价还是可以接受的。对唐朝人来说，贵不贵就要看他们赚钱的多少了。如果您要再进一步深入考察这方面，那得先去研究唐朝人的平均收入，或者唐朝公务员的工资啥的。改天有时间，我给大家推荐一位这方面的大忽悠……啊不，经济学家。今天我们就到这里吧，有投资意向的请私下联络本人。

本篇参考文献 & 深度了解推荐：

傅熹年编.中国古代建筑史（第二卷）.北京：中国建筑工业出版社，2001

樊锦诗主编，孙毅华，孙儒僩著.解读敦煌.中世纪建筑画.武汉：华东师范大学出版社，2010

第四章　娱乐生活要抓紧

长安城五大热门景点一日游开团！

名胜

同志们，朋友们，腐女们，宅男们，欢迎您来到大唐的心脏，首都长安！

春天来了，长安城内外山清水秀、草长莺飞，是一年里最令人愉悦的时节。本社特别举办的"春季五大热门景点一日游"旅行团，就是为了让参团者在最短时间内，以高效率的参观模式，领略到古都风采中的精华。

也因为时间有限，我们精心设计了这一天的参观线路，力争做到劳逸结合、张弛有度，车上浏览与车下活动相结合。当然，我们保证所选择的景点，都是经过千年时间检验的有深厚文化底蕴的十A级景区，具极高的可看性，无论您下不下车，都能在参观中得到美的享受和极大的精神满足。

下面我来介绍一下今天的活动安排。

早八点吃过早餐后出发，乘坐大巴从东面向长安城进发，途中会路过著名的"灞桥风雪"景区，车上参观。

从长安城东的春明门进城，向西依次路过玄宗皇帝的兴庆宫、东市，在平康坊东北角转向南，一路南行，路过大慈恩寺，在车上遥观大雁塔。

从大雁塔往南东走，到达长安城规模最大的园林景区——曲江池。此处可下车自由活动，午餐在曲江池景区的"杏园"品尝唐朝状元宴。

下午出城，到终南山脚下的"樊川"一带去领略林水清澈的自然美景，顺便探访王维、杜甫、杜牧等人的旧居。

傍晚回城，到乐游原上的青龙寺礼佛，观赏无限好的夕阳。晚餐设在平康坊艺妓馆，餐费已经包含在团费中了，其他可选项目费用自理。

各位团友请向右边车窗看，现在我们已经来到了灞桥。

灞桥位于长安城东十多公里处的灞河上，是长安的东大门，连接着长安东边的各主要交通干线。灞河为长安八水之一，发源于秦岭蓝田县的蓝谷之中，横贯长安东郊，西北流浐水汇入，又北流注入渭水。据说灞河上最早的桥是由秦穆公修建的，当年他老人家称霸西戎，将原滋水改称为灞水，并于河上建成了我国最古老的石墩桥。

现在各位团友看到的多孔大型石拱桥，建成于隋开皇三年（583），和著名的屹立一千四百年不倒的河北"赵州桥"基本属于同一时代。大家看，桥头和附近河岸堤坝上，栽植了这么多柳树，早春时节，大风扬起，这一团团的柳絮漫天飞舞，像不像隆冬飘雪呢？

关中八景之一的"灞桥风雪"，说的正是这样的景象。各位团友在早春时节来游长安，真是眼福不浅啊。

看，桥面上现在有一群人，牵着马，手里都拿着刚折下来的柳枝。那位穿着绿袍的男子，拱手接过别人送来的柳枝，一一拜别。他是要离开长安去远游了，按照唐朝人的习俗，他的朋友们来送行，一直送到灞桥边，可能还要在桥边的驿站里住上一夜，饮酒话别，第二天早上再送到桥头，折柳相赠，这才算完成了送行。

这位团友问，唐朝人送行就送行，为什么要破坏柳树？柳树招谁惹谁了？是这样的，因为"柳"和"留"为谐音，所以送人柳枝，既表达依依不舍的情感，也寓意人去他乡，就像柳树一样随遇而安、插土就活、发展壮大……而且这个风俗也不是从唐朝才有的，大家应该都很熟悉《诗经》的名篇："昔我往矣，杨柳依依。今我来思，雨雪霏霏……"[1]

灞桥在唐诗里也非常有名，李白云："年年柳色，灞陵伤别。"[2]岑参说："初程莫早发，且宿灞桥头。"[3]刘禹锡唱："征徒出灞涘，回首伤如何。"[4]李贺咏："灞水楼船渡，营门细柳开。"[5]李商隐吟："灞水桥边倚华表，平时二月有东巡。"[6]李益写："杨柳含烟灞岸春，年年攀折为行人。好风若借低枝便，莫遣青丝扫路尘。"[7]……现在我们已经进了长安城的东门春明门。

一进春明门，街北就是玄宗皇帝和杨贵妃的爱巢"兴庆宫"了，这座宫苑又叫"南内"，非常大，占了一坊半的地界。大家往右看，临街的那座高楼，叫"勤政务本楼"。当年开元天宝盛世的时候，逢年过节，玄宗皇帝会登上这座楼，搞一些群众集会活动，高呼"人民万岁"什么的……呃，说着玩的，别当真。

过了兴庆宫，再往西，街南是东市。大家往车左看……嗯，虽然除了坊墙和道旁树，别的看不见什么，不过东市是和西市齐名的长安城商业中心区啊。西市因为胡商多，进口货多，比东市繁华热闹。不过东市附近都是达官贵人的高级住宅区，所以如果哪位穿越女想邂逅贵公子，还是推荐来多逛逛东市啦。

东市再往西，就是很多男性团友都非常感兴趣的平康坊啦。今天晚上我们将回这个红灯区来吃晚饭，现在，我们的大巴在东市和平康坊之间左转

---

1 出自《诗经·小雅·采薇》。

2 出自李白《忆秦娥》。

3 出自岑参残句。

4 出自刘禹锡《请告东归发灞桥却寄诸僚友》。

5 出自李贺《送秦光禄北征》。

6 出自李商隐《灞岸》。

7 出自李益《途中寄李二》（一作戎昱诗）。

弯，折向南，我们看大雁塔去。

那位团友您真幽默，您问这唐朝长安城的十字路口怎么没红绿灯和交警？大家瞧瞧，这长安城的大街有多宽哪，主干道宽度都在一百米以上，次干道也有个几十米，街上又是以行人为主，普通人不许在城里跑马——就算打马快跑，速度也比不上机动车啊——要交警和红绿灯干吗？唐朝的首都不会堵车的。

我们这辆隐形大巴，就更不用考虑交通规则问题了。到大雁塔还有一段路，我们来说说这个塔。

首先要提醒各位的是，如果想穿越到唐朝来看大雁塔，可得注意时段。这个塔是唐高宗永徽三年（652），玄奘大师西天取经回来以后，为藏经译经而修建的。也就是唐朝开国的武德贞观年代都没有这塔，李渊李世民都没见过它。

大雁塔修在大慈恩寺里，这座寺庙是贞观二十二年（648），太子李治为了追念他的母亲文德皇后而建。寺庙建成四年以后，唐僧同志才开始修塔，大家一定别搞错前后关系。

为什么叫"大雁塔"呢？玄奘所著《大唐西域记》中，记载了他在印度取经的时候，听到的僧人埋雁造塔的传说，大致是有一只雁以自杀的形式拯救了僧人们空空的肚子，于是和尚们葬雁建塔。玄奘在印度曾经瞻仰过那座雁塔，然后回国后山寨了一版，用来存放从印度带回的经书佛像。

前面就要到大慈恩寺啦，我们仍然是不下车，从围墙外面看看塔就好。嗯，团友们是不是觉得这座大雁塔有点儿奇怪？跟大家在二十一世纪看到的那座土黄色的七层塔样子不太一样？

大雁塔刚建成的时候，只有五层，武女皇时代重修了一次，增建为七层青砖塔，后来又增高到十层。此后历经修葺，最高达到过十一层，样子都是比较细、比较高。千年间经过几次大地震，在明朝万历年间，所剩七层唐代塔体的外表被完整地砌上了六十厘米厚的包层，造型比以前更厚重，这才算给它"定型"了。

从大雁塔再往东南走，房屋越来越少，绿色越来越多。团友们看到前面那波光粼粼的水面了吗？我们马上就要进入曲江池啦。

曲江一带是长安城里最重要的公共游览风景区，这里位于长安城的东南角，园林一半在城内，一半在城外，原本是一个天然湖泊，因为南北长而东西短，西岸弯曲，所以叫"曲江"。玄宗皇帝时代，曾经人工改造过，引来更多水流，曲江水域扩大到七十万平方米。很壮观吧。

这里我们可以下车游玩，大家不要着急，等车子停稳，请带好个人物品，依次下车。

好清新的空气是吧？曲江水面附近遍建行宫台殿，南面那里有紫云楼、芙蓉苑，西面有杏园、慈恩寺。大家看身边，真是"花卉环周，烟水明媚……菰蒲葱翠，柳荫四合，碧波红蕖，湛然可爱"[1]。看这些出来游春的唐朝人，"彩幄翠帱，匝于堤岸，鲜车健马，比肩击毂"[2]，所有人都在享受这如诗如画的美景啊。

现在大家可以自由活动两小时，不过不要走远，中午十二点准时到大巴车这里集合，我们去杏园吃午饭。另外还有两个地方提醒各位注意。

一是尽量离"紫云楼"远一点儿。虽然说曲江是公共园林，长安人都可以来玩，但是紫云楼那一块还属皇室禁区，当年玄宗皇帝特意下令沿着长安东城墙筑了一条专用夹道，供他老人家一行神不知鬼不觉不扰民地从兴庆宫来紫云楼玩乐。虽然说理论上守卫看不见我们这种穿越旅游团，还是小心些好。

二是曲江这里地方大，有些长草深处、特别隐蔽的所在，各位团友别

---

1 出自康骈《剧谈录·曲江》。
2 出自康骈《剧谈录·曲江》。

冒失去闯，没准儿会惊出来几个带着平康坊娘子的年轻人，没穿衣服的那种……

两小时到了，团友们人齐全没有？嗯，数数人，还不错嘛，看来大家都饿了吧。上车，我们去杏园吃饭。

为什么要在杏园吃饭呢？因为长安城的"杏园宴"不仅大大有名，而且十分吉利，口彩很好哟！

杏园在曲江池的西边，与大慈恩寺南北相望。因此地多栽杏树，故名"杏园"。每年春天杏花开放时，灿若云霞，是曲江风景最佳处。唐朝的科举秀才们考上最高级的"进士"以后，就在这里举行"探花宴"。

一开始，"探花"还不是指进士榜上的第三名，而只是大家从新科进士里推选两位最帅的小哥，称之为"两街探花使"，叫他俩骑马遍游曲江附近或者长安各处名园，采摘各种早春的鲜花，特别是要采到牡丹、芍药最好。如果有别的人更早一步采得牡丹、芍药等鲜花回来，"探花使"就要受罚。采花大盗们胜利回杏园以后，就开宴啦，朝廷请客，杏园宴上还有不少歌伎参加助兴，才子佳人聚会，自然是风流韵事，也更显新科进士们的风光无限。

各位团友家里有没有即将参加高考的孩子呢？如果有的话，一定在杏园宴上多吃点儿东西，沾沾喜气啊。各位请入座慢用，导游鹿也要去吃饭啦，待会儿见。

团友们上车啦，大家吃饱了没？没饱也不要紧，下午我们要去的终南山风景区，处处秀色可餐，大家将会饱览长安城近郊的大好河山。

终南山在唐朝经常被简称为"南山"，大家都很熟悉的对子"福如东海，寿比南山"里面所说的"南山"就是这一座了。它是长安城高大坚实的依托、雄伟壮丽的屏障，有奇峰秀岭、碧水幽径、茂林修竹、繁花蔓草。

《汉书》中说："其山（南山）出玉石、金、银、铜、铁、良材，百工所取给，万民所印足也。又有粳、稻、梨、栗、桑、麻、竹箭之饶。土宜姜、芋，水多蛙、鱼。贫者得以人给家足，无饥寒之忧。"汉唐时代，长安居民、手工业者所用的薪炭、木材、石材、药材等大都取于终南山。

南山也是长安城郊最著名的天然风景区，占地极广大。今天我们要去的是南山脚下的"樊川"一带。

樊川位于少陵原与神禾原之间，西北起于韦曲塔坡，东南止于终南山北麓王莽乡，是一处长约十五公里的平川，系纵贯其间的潏河长期冲刷、下切、淤积而成的一道冲积平原。这里地肥水美，植被葱茏，林木繁盛，是初春时节长安人最爱出城踏青野游的地方。

樊川从汉代起就是长安达官贵人营构别墅之处。到了唐代更是私园别墅荟萃之地。韦、杜两族世代贵族就聚集在这里，唐朝人都听说过"城南韦杜，去天尺五"这句俗语。这里还有韩愈送子读书处，樊村牛僧孺郊居，以及郑驸马池台、岑参、郎士元、权德舆、元稹等人的别墅。这些别墅分布于樊川潏河两岸，倚原面水，拥有园池花亭，景色撩人。"韦曲花无赖，家家恼杀人"[1]就是樊川美景的生动写照。

诗圣杜甫在樊川居住十年，崔护"人面桃花相映红"的故事也发生在樊川。杜牧自谓"樊川翁"，又将其著作命名为《樊川文集》，其墓在少陵原司马村西南。在凤栖原还有大书法家颜真卿墓。牛头寺、华严寺、兴国寺、兴教寺、云栖寺、禅经寺、洪福寺、观音寺"樊川八大寺"香火繁盛。

大家下午就在樊川这里自由活动吧，五点在车上集合，去今天的最后一个景点——乐游原，看夕阳。

为什么要到乐游原去看夕阳呢？您一定能背诵李商隐的名作"向晚意不

1　出自杜甫《奉陪郑驸马韦曲二首》。

适，驱车登古原。夕阳无限好，只是近黄昏"吧？那么您还记得这首诗叫什么名字吗？对了，就是叫《乐游原》。

我们这次从长安城东南的延兴门入城，一进门，就能看见突然升高的地势了。乐游原，用通俗的话来说，就是长安城内东部的一块高地，高地上面比较平坦，而且面积不小，离大雁塔、曲江池都很近，在那两处的北边。

武女皇时代，太平公主在乐游原上建了亭台楼阁。长安人有在三月初三、九月初九登高饮宴的习俗，每到那时候，乐游原上真是人头攒动啊。后来原上又建了一座"青龙寺"，是密宗的寺庙，收了一个日本的和尚来学习，该和尚回日本后做了一番事业。

总之，乐游原就是唐朝人登高望远、发思古之幽情的地方。李商隐在这里望夕阳，杜诗圣在这里望太宗昭陵，白居易在这里望十二街。我们也来望一望吧，大唐帝国那轮血红绚烂的落日，正慢慢沉入长安大城的西墙外呢。

> 乐游古园崒森爽，烟绵碧草萋萋长。
> 公子华筵势最高，秦川对酒平如掌。
> 长生木瓢示真率，更调鞍马狂欢赏。
> 青春波浪芙蓉园，白日雷霆夹城仗。
> 阊阖晴开昳荡荡，曲江翠幕排银榜。
> 拂水低徊舞袖翻，缘云清切歌声上。
> 却忆年年人醉时，只今未醉已先悲。
> 数茎白发那抛得，百罚深杯亦不辞。
> 圣朝亦知贱士丑，一物自荷皇天慈。
> 此身饮罢无归处，独立苍茫自咏诗。[1]

1　出自杜甫《乐游园歌》。

秦淮风月休闲会所唐朝分店盛大开业，胡姬八折！

青楼妓院

人间四月芳菲尽，正是穿越好时光。各位唐穿同好，当春天的美景吸引着你们的眼球，春天的气息撩动着你们的心房，当花蕊吐艳、蜂蝶狂乱、屋顶上的半夜猫叫招来一堆砖头，然后其中一砖打碎了你家玻璃窗飞进来砸晕您……

于是您成功穿越到了唐朝。这种情形下，您想去什么地方呢？

不用不好意思嘛，既然穿越到了唐朝，而且穿成了一位膀大腰圆、家境富裕的贵族文士，在这大好春光里，怎么能不入乡随俗，去长安城最著名的红灯区平康坊逛逛呢？

说到去青楼妓院，您眼前是不是会出现这样一幕场景：一座红墙绿瓦、雕梁画栋的几层高楼，飞檐下高高挂着一排大红灯笼，照亮了楼门上的横匾，匾上写着遒劲的"丽春院"或者"怡红院"等大字。楼上顺风传下来丝竹弹唱声和语笑声，龟奴点头哈腰地把恩客引进门，徐娘半老但仍然插金戴银的鸨母，扭着水桶腰，甩着手绢子迎出来，一声招呼，楼梯上依次走下来一排姑娘，各个浓妆艳抹、露胳膊、露大腿、媚眼乱飞，等着恩客点选……

有品位、有追求的恩客一拍桌子，不要这些廉价货，叫鸨母把上等的红倌人喊出来。红倌人自然要摆摆架子，闹点儿小脾气，矜持一番才出场。出场也摆一副大家闺秀的高贵模样，或者弹个琴，或者唱首歌，或者跳个舞，围观群众就如痴如醉大赞这是色艺双绝的人间仙子啊。

不好意思，您要是逛唐朝的妓馆，这些场景，基本上都见不到。

我们先说唐朝妓院的房子长啥样。

您走进长安名妓集中居住的平康坊（里），这个居民区又叫"北里"，位于长安城靠北的地方，跟聚集了大量政府办公楼的"皇城"隔十字路口相望（所以官员们下班以后去休闲放松神经很方便）。这种位置，那是不允许私家随便建高楼的，一不小心在楼上看到皇城里谁跟谁密谋怎么办。

唐朝的建筑，颜色和样式也比后世的楼简单大方，没有那么多繁复堆砌。您能看见的房子，大都是黑灰色屋顶，红色柱子，白色或土黄色墙。红墙和绿瓦都不是平民百姓能随便用的。

您从平康坊的北门进来，应该往东走，妓女们大多住在坊东的三个"曲"（小区）里。其中大牌名妓都在中曲、南曲，北曲住的是中低档次的。

沿着坊里的十字街走，您抬头望着街边一户户宅院，如果希望在院门上看见写有"某某馆""某某院""某某楼"的匾额，那可要失望了。唐朝的妓院不时兴起这种名字，别人称呼它们，一般是叫"谁谁家"，比如"舒五家""杨六家"，舒五、杨六可能是鸨母的名字，也可能是这家头牌名妓的艺名。

您要跟人打听："舒五家如何行去？"路人一般会这么指点您："平康坊南曲，从东第四家便是"或者"平康坊保唐寺向东五六家"。等您进了坊，再找人问保唐寺的位置。其实呢，强烈不建议您自己一个人乱闯着去找妓院，因为平康坊的潜规则就是"新郎君嫖资加倍"，叫个老手带着您去花天酒地比较合算。

唐朝更流行的是集体买春，一群文人士子喧哗簇拥着进了一家名妓馆，"假母"也就是鸨母迎出来，笑着招呼入座开席。这假母一般也是妓女出身，年龄大了又攒些钱，就自己赁房子开业，买些姑娘来调教接客。

如果还有几分姿色，假母往往还要被当地的恶势力包养当外室，不然这碗饭也不好吃的。

您看看这妓院，虽然没有高楼大厦彩锦霞幄的，但也是几进几出的大四合院套宅。穿厅过院，一路只见堂宇宽静，院里种植花卉，或有怪石盆池，左右对设，小堂垂帘，茵褥帷幌都很华丽。

有名气的妓女娘子，每人都有自己的房间，当然名气越大，住所规格越高。您不用指望能看见一排小房间里住着一二十个妓女的场面，平康坊里有名的私家妓院，能同时拉出来四五个上台面的妓女，已经算很多了，人家的经营宗旨是贵精不贵多。

妓馆里最讲究的场所，是用来摆宴开席的"大堂"。恩客们来逛窑子，没有进门就脱的，都是先入席饮个花酒。场地、家具、酒食、乐队都由妓院方提供，当然价值不菲，郎君们只要开宴，就得付钱3锾（约300文钱），如果一直吃喝到了晚上掌灯的时候，还要翻倍。

客人们谦让一番，入席坐定，乐队也开始奏乐，酒菜上席，可以请名妓娘子出来了。唐朝最顶尖的名妓被叫作"都知"，这是妓女里的最高级职称，据说有"都知"称号的妓女一露面，别的妓女都得服服帖帖低头听管教，有上进心的还暗自发愤将来要向人家看齐。

那么，什么样的妓女才能当上"都知"呢？

您和朋友们今天来的这家，就有一位名妓叫郑举举。同来的有钱人拍出大笔通宝金帛，叫人去请"郑都知"，没过多久，只听环佩叮当，在侍婢的簇拥下，美人露面啦！

只见这位名动京城的大明星，发型时尚，衣着鲜艳，妆饰华贵，很有敬业精神，但是这个长相……啊……无论在现代还是在唐朝，横看竖看侧看倒看，最多也就给个"姿色平平"的考语——这就是京城名妓？掀桌！这些唐朝人又在欺负穿越者！

客人您别激动，您看您周围这些官宦士人兴奋的模样，显然这位相貌平常的郑都知，是真名妓无疑。而且不光是她，您在平康坊各家妓院串串看，当世一流的都知名妓，大把大把这种长相一般、姿色不出众的，这是普遍现象呢。

您问为什么唐朝人嫖妓不爱美女？难道看重妓女们的心灵美？那当然也不是，不过唐人追捧名妓，经常不重相貌，重才艺是真。这里的"才艺"也很有讲究，您猜猜都是啥。

唱歌跳舞？弹琴画画？有这些才艺当然好，算是锦上添花，但是唐朝妓女最关键的，用来决定等级的技能只有两种，第一是做"席纠"，第二是……恭喜您答对了——作诗。

作诗，您当然懂是啥，我们说说这个做"席纠"。

郑大娘子出场，满室皆春。奏乐开宴以后，唐朝人的习惯，喝酒得行个"酒令"，也就是设定一种规矩，让在座人等依次按规矩来做件事，做得好，大家称赞；做不好的话，大家嘲笑你，还罚酒。

既然涉及规矩奖罚，就得有裁判员，"席纠"就是酒席上的主裁判，像《红楼梦》"金鸳鸯三宣牙牌令"里鸳鸯那个角色。

你们这一伙人数了数，差不多够二十个，正好是适合行酒令的一组人数。先推举出一个有威望的人当监令，负责监督整个酒令活动，大家以称呼县令的尊称叫他"明府"。

"明府"下面管两个人，"律录事"和"觥录事"。其中"律录事"就是"席纠"，也叫"酒纠"，负责宣令、行酒、判断是非对错，也就是管动嘴的，这是名妓们的专职，当然由郑都知来充任；"觥录事"又叫"主罚录事"，是听席纠命令，负责跑腿上去罚酒灌酒的，大家一商量，看您这个新郎君膀大腰圆、淳朴憨厚，得，这个觥录事由您当吧。

明府拿出一双骰子、一只酒杓，由他负责掷骰子，开始行酒令。名妓席纠则掌管着一面小旗、一组筹子、一只小纛——这些东西是由您这个觥录事捧着的，名妓娘子只是掌管，用时拿去，用完了还扔回您这里。

其中，旗是用来宣令的。什么叫"宣令"呢，简单地说就是宣布这次酒令的规则。还拿《红楼梦》举例，下面两段文字，都是在描写"宣令"的场景：

> 宝玉笑道："听我说来：如此滥饮，易醉而无味。我先喝一大海，发一新令，有不遵者，连罚十大海，逐出席外与人斟酒。"冯紫英蒋玉菡等都道："有理，有理。"宝玉拿起海来一气饮干，说道："如今要说悲，愁，喜，乐四字，却要说出女儿来，还要注明这四字原故。说完了，饮门杯。酒面要唱一个新鲜时样曲子，酒底要席上生风一样东西，或古诗，旧对，《四书》《五经》成语。"

> 鸳鸯也半推半就，谢了坐，便坐下，也吃了一钟酒，笑道："酒令大如军令，不论尊卑，惟我是主。违了我的话，是要受罚的。"王夫人等都笑道："一定如此，快些说来。"……鸳鸯道："如今我说骨牌副儿，从老太太起，顺领说下去，至刘姥姥止。比如我说一副儿，将这三张牌拆开，先说头一张，次说第二张，再说第三张，说完了，合成这一副儿的名字。无论诗词歌赋，成语俗话，比上一句，都要叶韵。错了的罚一杯。"众人笑道："这个令好，就说出来。"

都知娘子令旗一举，先饮一杯酒，发号施令，确定规则。席上众人就按照她说的规则，轮流表演下去。一个人行完令以后，郑娘子用觱指示下一个行令的是谁，如果有人犯规或者出错，"啪嚓"一声，一根竹筹丢过去，您这个觥录事就拎着酒壶上去给那倒霉家伙灌酒吧。

真正玩起酒令来，可不像上述几行字那么简单。来逛妓院的大都是自恃才高的文士，名妓们无论是宣令、指斥还是判罚，都必须说得又敏捷又巧妙又风趣，言辞雅驯有理有据，对景好笑——你说张大郎这个令行得好，好在哪里？李四郎出错犯规了，错在哪里？一个说不对，被文士们嘲笑还是小事，消息传出去，名妓就会身价大跌、门庭冷落，事关饭碗问题，能不集中精神认真工作吗？

名妓做席纠做得好，在座文人赋诗形容："巧制新章拍指新，金罍巡举助精神。时时犹得横波盼，又怕回筹错指人。"如果做得不好呢？还是你们这伙人，过几日又聚众饮酒行令，没请郑举举，让一个叫李深之的才子来做席纠，结果没两三回合下来，他就张口结舌、手忙脚乱了，只好作一首诗自嘲："南行忽见李深之，手舞如螢令不疑。任尔风流兼蕴藉，天生不似郑都知。"

更高级的名妓，那是无论做席纠也好，日常谈论说笑也好，时时处处事事都能作首诗出来。特别是在众人面前，有才子即席赋诗一首献给名妓的时候，那才最考验人，真正高水平的都知娘子，大都能很快次韵唱和一首回去。

比如某个轻薄郎君，第一次拜见名妓，就自视甚高，写了首诗："春暮花株绕户飞，王孙寻胜引尘衣。洞中仙子多情态，留住阮郎不放归。"意思是人家名妓看上他了，不放回去要留宿倒贴。名妓大多是有脾气的，这一下就恼了，骂一句："阿谁留郎君，莫乱道！"立刻依原韵原字回应一首："怪得犬惊鸡乱飞，赢童瘦马老麻衣。阿谁乱引闲人到，留住青蚨热赶归。"意思是你这穷酸模样，老娘才看不上呢，自己一头撞来，仗着有俩臭钱就犯贱，也不撒泡尿照照自己……于是那倒霉孩子在哄笑声中涨红了头脸，跑出去独自回家了。

如果是名妓主动写诗赠给您，您也得很快次韵相和一首才有面子，否则也会被嘲笑无才。假如说您在郑举举家第一次玩得高兴，以后常来，两个人感情越来越好，郑娘子希望您出钱给她赎身从良，就写了首诗给您："日日悲伤未有图，懒将心事话凡夫。非同覆水应收得，只问仙郎有意无？"

您摸了摸腰间钱囊，那个空虚啊。虽然有点儿舍不得，也只好回绝，和诗一首："韶妙如何有远图，未能相为信非夫。泥中莲子虽无染，移入家园未得无。"

郑娘子捧诗大哭，您也没法子，只能起身走掉了。要安慰自己的话，可以说唐律明文规定"良贱不得为婚"，反正您也不可能娶她当正妻，弄进家门也是个婢女，最多当个妾，肯定要被正妻大妇欺负。如果您有钱的话，还可以考虑在家外买个房子，再拿一二百两黄金替她赎身，安置在外面当个"别宅妇"。或者更简单的，不赎身，让她还住在妓馆里，但是每天给假母1贯钱"买断"，她就不接别的客人，专门侍奉您了（理论上如此）。但是您既然没那么多钱，那就啥也别说了。

无论是名妓，还是中低档妓女，命运大多很悲惨。她们的来源，有世代为贱籍操贱业的，也有良家子被拐骗误坠风尘的。假母把她们买来逼着学诗学艺时，就打骂不断，到了十四五岁，材质不错的妓女就要被竞卖"初夜权"了，在唐朝叫"求其元""获其元"。

即使混成了有名声的妓女，假母仍然不准她们随便出门，像看管犯人一样。平康坊风俗，每月八日、十八日、二十八日，妓女们到坊里的保唐寺听尼姑们讲经说书，但那天她们也得先向假母交1贯钱作为押金，才能出妓院门。而那三个"八日"，也就成了举子文人们争相去保唐寺免费看名媛的日子。

妓女们的房间里还都有一块彩板，上面写着唐朝历代皇帝皇后的死亡日期。您问这是干啥？这些帝后的死亡日期叫"国忌日"，朝廷规定这一天不准玩乐，如果被抓住了要处罚，所以妓女们还要小心不能在那些日子里接客，至少不能大规模接客，公然喝酒玩乐，否则遇上哪个官员气不顺了，欺负别人不敢，还不敢打个妓女吗？

最后，我们今天说的逛妓院情形，基本上局限于平康坊，而且是晚唐时代的平康坊。平康坊的妓女以汉人为主，可能偶尔也有胡姬，但是大量的胡姬还是集中于西市、义宁坊、居德坊等长安城西部的坊里。而且胡姬名义上从事的职业以酒楼女侍为主，很多人也兼营陪宿，但不能说是公开的"胡妓"。

其实，来自中亚的高加索种胡姬，对于唐人来说也就是个新鲜事物，偶尔去尝试一下换换口味挺好，长久混下来，吸引力还是不如平康坊那些女文青。唐人还写过"眼睛深却湘江水，鼻孔高于华岳山"[1]一类的诗句来嘲笑胡姬相貌呢。所以如果有一家妓馆新开张，打出"胡姬八折"的招牌来，应该能有个开门红，但是要保证发展后劲的话，还是得正经下苦功训练娘子们的诗书才艺啊。

本篇参考文献 & 深度了解推荐：

（唐）孙棨.北里志

王晓鹃.唐末长安民俗生活论——从《北里志》看.社会科学家，2010（8）

王书奴.中国娼妓史.上海：上海三联书店出版，1988

---

1 出自范摅笔记小说《云溪友议》中收录的陆岩梦诗《桂州筵上赠胡予女》。

骑上骏马，带上豹子，一起来体验大唐最流行的户外运动吧！

贵族狩猎

　　穿越有风险，参团需谨慎。本公司再次提醒您，在决定参加唐朝穿越旅行团之前，请先充分考虑好各种情况，做好心理、生理、技能上的各项准备工作。

　　比如说，如果您想要穿到唐朝人身上，无论穿男还是穿女，都得事先熟练掌握"骑马"这项必备技能。唐人上到皇帝王公，下到农民奴婢，骑马出行的机会都很多，连娇滴滴的小姑娘们纵马在田野里飞速奔驰的场景都很常见。

　　好啦，您闭眼一穿，再睁眼时，发现自己正跨在起伏飞驰的马背上。四周呼哨呐喊声此起彼伏，几十骑在疏林山场间驰骋包抄，驱赶着黄羊兔子们惊慌逃窜——这是赶上了唐朝上流社会最烧钱的运动：围猎。

　　您手忙脚乱地抓住马缰，双腿夹紧马腹，稍稍向前弯腰，努力维持身体平衡。摇晃半天总算有点儿适应了，心里正暗自得意，突然觉得后腰处有个热烘烘毛茸茸的东西动来动去的。扭头去看，正对上一双黄莹莹的大眼睛，一眨不眨地盯着您，眼睛里满是疑惑和警惕。

　　咦，好可爱的大猫咪啊……猫……不对，这体型也太大了，而且还满身的金钱纹——救命啊！有一头豹子蹿上了我的马屁股啊！

　　别怕……看看，掉下马了不是，这就是准备工作不足的恶果啊。您说您至于嘛，自己从小养大的猞猁哟，脖子上还戴着项圈呢，瞧您落马以后，人家也跟着跳下来，跑到您身边舔舔脸。是，挺疼的，猫科动物舌头上都有好多倒刺……要是不想被舔破皮肤，扭头躲开为妙。

对，人家不是豹子啦，也不是猫，这是体型介于二者之间的"猞猁"，也叫猞猁狲、山猫，没见人家耳朵尖尖的还带丛长毛吗……（该猞猁默默地扭过脸去表示它不认识您）唐朝的高官贵族们很喜欢驯养这种动物来捕猎，它们前腿短，后腿长，擅长扑杀兔鼠羊鹿等动物，轻捷灵便、奔跑速度快、忍耐力强，爬树游泳无所不能，体型大小也正合适被放置在马背上主人身后，一起参加狩猎。

您躺在地上左右看看，除了马背上的猞猁们，地面上倒也确实奔跑着体型更大的猫……嗯，那些是真的豹子没错，而且您看，负责带着豹打猎的，还有好多高鼻、深目的胡人。唐朝的有钱贵人们也很爱养猎豹来炫耀，除了本地捉到驯养的小豹子，还有不少是西域各国"进贡"来的，一般还会附带"豹奴"。

那这西域进贡来的豹子，跟本土捉到的小豹子，有什么不一样呢？嗯……确切地说没什么不一样。看它们身上同样有华丽的金黑斑纹，修长矫健充满力量的四腿，圆短的耳朵，绿幽幽的眼睛，双泪线，嘴巴两边胡须翕张，上唇腮抽动，露出白森森的犬牙和鲜红的唇肉……

嗯，没错，这头豹子冲着您过来了，大概把躺在地上的您，当成他老人家的猎获物了吧。

这时候，如果您（穿越上身的那位）跟自己驯养的猞猁同学感情深厚，该猞猁也许会奋不顾身地扑过来救主，跟猎豹龇牙对吼一阵。不过最稳妥的措施，还是您自己扯开嗓门狂喊，叫那豹子的驯养人赶紧过来管管他家的猫，别随便在外面乱吃穿越物，万一染上了西班牙黄瓜病怎么办？

豹子被拉走了，猞猁正蹲在您身边抬起后脚挠耳朵，看看周围还有什么动物。咳，最多、最常见的还是各种猎狗。

像那边马上猎手抱着挺大的一只，狗头又窄又长，鼻子很尖，脖颈细长成拱形，身长腰细，肩斜腿瘦，很像现代狗种里的"灵缇"，擅长抓兔子。又看见一种小点儿的狗，也蹲坐在马鞍后，耳朵下垂，短小精悍，大概是某种小猎犬。

您说大狗才威猛豪迈，带着有面子？成，藏獒够大够威猛不？这种狗在唐朝应该已经由吐蕃传到了长安，供王孙公子们打猎和炫耀用。还要啥？德国黑背？这个真没有，您可以穿越到希特勒时代去找。

草里蹿的打猎用宠物，常见的也就这三种了。您仰躺在地下，抬起下巴望天。天空里还飞着大大小小好多种鸟啊。这些是猎物呢，还是人工驯养的打猎用宠物？

空中一声清唳，一头白色大鸟伸直了脚爪，向着您脸上一对乱转的眸子直插下来。离得近了，您都能看清这鸟比鸽子略大一号的身材，双翅扑展开比您的肩膀宽一些，黄喙灰钩似铁狠狠啄下来。啊，别看了！赶紧打个滚躲开它要紧！

您身边的猞猁同学"嗷呜"一声怒吼，直起身子，一个巴掌扇过去，成功地抽开了来捡便宜攻击您的……那只扁毛畜生叫什么来着？

您记好了，那种小体型的，叫"鹞"，是一种短翅飞禽，唐朝人养它用来抓鹌鹑和一些灌木丛小鸟。严格来说，这种鸟也是鹰属的，但是要比真正的猎鹰小得多，也幸亏如此，唐朝人尊崇的"天可汗"陛下才免遭开肠破肚的惨剧。

事情是这样的：出身军事贵族家庭，最喜欢纵马斗鸡打猎玩鸟的李世民陛下，有一天得到了一只好鹞子，正把在臂上玩，忽听通报说魏徵老先生来了。为了避免被魏唐僧唠叨砸砖，李世民同志赶紧把鹞子塞自己怀里藏起来（古人的袍子宽大……）。本来指望老魏说完事就走，没想到魏老同志眼尖得很，早看见李世民这小子袍子下面揣着活物动来动去的，不用说肯定又是啥玩物丧志的东西。

我叫你玩！魏唐僧超水准发挥，如黄河泛滥一发不可收拾地念，不顾皇帝陛下脸上一阵青一阵红一阵白，好似内急模样，一直念到自己过足了嘴瘾，才施施然告辞离去。李世民赶紧把鹞子掏出来看，已经闷死了。[1]

这个故事呢，在各种转述中，常常被误传为"李世民把一只猎鹰藏到了怀里"，但如果真是大块头的凶猛猎鹰，而不是小鹞子，那故事的经过和结局会变成这样："太宗得鹰，绝俊异，私自臂之，望见郑公，乃藏于怀。公知之，遂前白事，因语古帝王逸豫，微以讽谏。语久，鹰癫狂求存，徵语不时尽，太宗肚腹溃破而崩。"

如果您穿越到贞观年间的宫廷里，不但能围观动物杀手李魏二人闷死鹞的现场，还可能见到李世民陛下豢养的另一只很有名的大鸟，一只叫"将军"的白鹘。

"鹘"是比"鹞"大一号的驯鹰类，黑眼长羽，用来捕捉苍鹭等大鸟以及野鸭、水禽。李世民的这只"将军"，浑身白色，近世被称为"格陵兰鹘"，可能是北方贡品。这鸟的特长是很会溜须拍马、邀功请赏，常常把猎物一直追击驱赶到李世民所居的宫殿前，当着主人的面击杀猎鸟，据说李世民为此把居殿命名为"落雁殿"。

更神奇的传说里，"将军"还会替主人送信，李世民在长安给它绑上信，该鸟就直飞洛阳，落到李世民爱子魏王李泰面前，等李泰写好回信，该鸟再替李泰将信送回长安给李世民，一天能往返好几次。[2]（李世民：没电话、没手机、没E-mail、没QQ的，不用这个鸟，你让我用啥？）

其实呢，贞观年间唐朝还比较穷，玩乐的东西算是少的。如果您想领略真正的富贵风流气象，应该穿越到玄宗的开元天宝年间，李隆基这个败家子富八代才是最会玩也最敢玩的。像您这种驯养猞猁的"狸奴"，很容易在皇家的"闲厩"里混口饭吃。

1　典故出自刘𫗧《隋唐嘉话》。

2　典故出自张𫐐《朝野佥载》。

"闲厩"里包括五坊，其中有上面说过专养犬的"狗坊"，也有"鹞坊""鹘坊"。剩下两坊是啥呢？其一是"鹰坊"。

"鹰"的体型比"鹘"稍大一些或者差不多，区别是"鹘"一般是黑眼睛，而"鹰"是黄眼，又称"苍鹰"，可以捉野鸡和兔子。上等的鹰或者黑色，或者白色，玄宗的子侄们养的好鹰被唤为"决云儿"。

唐朝出产鹰鹘的最重要地区，是我国东北地区以及朝鲜半岛。玄宗年间那里的"渤海国"和"新罗国"，经常向长安进贡各种神骏的鹰鹘。唐人窦巩写过一首《新罗进白鹰》诗："御马新骑禁苑秋，白鹰来自海东头。汉皇无事须游猎，雪乱争飞锦臂韝。"

这种"来自海东头"的鹰鹘，后来被称为"海东青"，唐以后大大闻名。五坊的最后一坊是"雕坊"，这是所有猎鹰中体型最大的一种，有多大呢？请自己去拜读武侠巨著《射雕英雄传》和《神雕侠侣》展开想象。（喂，不带这么偷懒的……）

我说，您在地上也躺够了吧？该起来干活了吧？如果肋骨还没断的话，我劝您快点儿爬起来，抱猫上马，往原定目的地赶过去围堵猎物。否则，万一被围的猎物从本应由您看守的环节突破逃走，那些来打猎的王孙公子不怒才怪，只抽您一顿鞭子算是轻罚，没准哪个脾气暴烈的直接上刀子招呼了。

您说啥？不懂什么叫"围猎"？唉，这又是电视剧看多了，以为贵族们打猎也像山野穷人家，自己带点儿工具干粮，进山找着野兽脚印就只身跟踪下去，挖坑、设套、矛刺、刀砍的，什么时候抓住它，什么时候算完。有钱的大爷们才没这个时间和精力，人家讲究的是短时间出大量战果，那就只能用"人海战术"了。

先勘察好地形，选一片林草茂密野兽多的地方，同时撒出几十甚至几百上千号人马，各就各位把那块地区包围起来。各人听着号令，敲锣打鼓飞鹰走狗地往中间驱赶猎物，直到把大量惊慌失措的野兽都集中到一片狭小地域内（比如一道凹沟里）。这时候有钱大爷们才出场，冲着密度很大的猎物群发威炫技。如果有支打霰弹的火铳枪在手，那一天打死三百来只兔子倒也不是不可能。

唐朝有火铳枪吗？当然没有，各位还是老老实实地射箭挥刀吧。

以上说的都是唐朝人打猎时能见到的动物。王孙公子们满载猎物回家以后，在内闱寝室里，也能看见不少小动物，大多是妇女小孩子养着玩的宠物。

比如某些海外国家一直很喜欢往长安进贡各种鹦鹉。贞观年间，东南亚某国就给李世民陛下进贡过"五色鹦鹉"，声称这鸟会说人话。李世民叫人把该鸟带上殿，兴冲冲地期待听它喊"大唐威武""天子万年"什么的，结果它一张鸟嘴："好冷！好冷！好冷！长安好冷！好冷！好冷……"

李世民道："算了，把这祖宗还给使者带回本国去吧……"[1]

相比之下，玄宗年间，杨贵妃养的一只白色鹦鹉，就比较乖巧亲人。杨妃给它起了"雪衣娘"的名字，还教这鸟学会了念经。不过它最大的用处还是帮着李隆基赖棋。李隆基陛下跟兄弟近臣下棋的时候，一看大事不妙要输，雪衣娘就飞上棋枰一阵乱扇乱踹，把棋局搅乱得没法再下，赖成平局收手。谁不服？还想整理棋子摆回原局？我啄你手……[2]

跟雪衣娘干同样工作的，还有一只白色京巴儿，也是成天被杨贵妃抱在怀里，看着玄宗要输棋就往枰上丢的。

京巴狗在唐朝，叫"拂林犬"或者"猧子"。"拂林"是当时人对于拜占庭帝国（东罗马）的称呼。顾名思义，这种狗本来是唐初武德年间，从今土耳其一带经过吐鲁番（高昌）进贡给唐朝皇帝的。据说这狗很聪明，很亲人，容易训练出很多技巧，又是物以稀为贵，所以在唐朝的上流社会中风行

1　典故出自《新唐书》列传第一百四十七下。

2　典故出自郑处诲《明皇杂录》。

一时，贵妇人给自己画张像，都要把家养的"拂林犬"一起画进去炫耀。

再后来，这种中东、西欧地区的狗，在原产地几乎绝迹，反倒在中国一代代生存下来。近世西方人又从北京引种，重新在欧美繁衍开来，于是中国古代的"拂林犬"，变成了西方现代的"北京犬"。

唐朝人爱养的宠物，我也说得不少了。不过，不是小业务员我偷懒，唐代风行全国、人人追捧，最能代表当时审美取向和整个时代精神风貌的那种动物，这一篇里我基本没讲到，回头有机会我们再说吧。

本篇参考文献 & 深度了解推荐：

（美）爱德华·谢弗著，吴玉贵译.唐代的外来文明.西安：陕西师范大学出版社，2005

"这位郎君，老夫能请你跳个舞吗？"

贵族男子舞蹈文化

人人都道穿越好，古人弱智易骗倒，梯田火药随手搞，十字针法也夸巧，沁园春雪惊四座，踢踏舞娘惹风骚，东风破罢发如雪，帝王将相桌下找，麻将双扣新娱乐，秦淮风月做老鸨。真穿过去再一看，井底之蛙惹人笑！

穿越是个技术活儿，古人才不像某些人想象的那么严肃呆板枯燥无趣。在古代当一个贵族人家的子弟，需要练习的技能非常多，别的不说，您就穿到唐朝去参加一场宴会试试，那一个接一个才艺展示环节就能把您打击得抓狂崩溃掉。

您不信？那我们今天就去赴一回宴。

请客的主人是一位德高望重的三品以上大官。您呢，这次穿越质量比较高，穿越成了郡王国公级人物。仆从如云地进了人家正堂，一番揖让以后入席，高居贵客位，环顾满室宾朋，颇有傲视群雄感。

为了表示重视，主人除了自己养的家妓以外，特意又请了一位全城闻名的艺妓娘子来陪客。这名妓满头珠翠，光艳照人地坐在您身边侑酒，香风阵阵袭来，弄得您心猿意马的，一心想显摆显摆自己这个穿越者的能耐。

开宴的仪式，送上桌的食物酒水，咱留着以后慢慢再八卦哈，反正这些都跟您关系不大，您默默围观随大流就行。

但是当鼓乐齐奏，主人准备的艺妓们开始演奏、唱歌、跳舞，这时候您就不好再埋头苦吃一言不发了。忝为身份高贵的主要客人，您怎么也得对主人家精心准备的文艺节目评论几句啊，否则就太失礼了。

看堂上正在领舞的美人，梳九骑仙髻，穿孔雀翠衣，佩七宝璎珞，垂手旋转，嫣然纵送，舞女们斜曳裙裾，如花似云。随着曲调节奏加快，她们的舞步也渐趋激昂热烈，曲终四弦一声戛然而止，软舞如鸾凤收翅般结尾。

堂上席前一片喝彩叫好声，您也频频点头，称赞道："这孔雀舞跳得不错嘛，快赶上杨丽萍了……"

主人的脸色顿时一滞，您身边的名妓娘子团扇掩口而笑，附耳低语："郎君糊涂了，这是霓裳羽衣舞。"

"……"

好吧，这也不能怪您，毕竟在您面前领舞的不是杨玉环，也没有一个姓安的大胖子猛烈敲鼓惊破舞曲。宴会场地太简陋，连个打唱词、介绍节目名字和内容的电子屏幕都没有，怎么能怨您这个穿越者孤陋寡闻嘛。

室外又传来鼓乐声，下一曲乐舞是在正堂外面台阶下的空地上进行的。

一百二十八位俊男披甲持戟，执纛[1]健步，交错屈伸，首尾回互，往来刺击，像战阵之形。一边的伴奏乐队吹筚篥[2]，擂大鼓，声震百里，凛然辣动。伎人们边舞边放声高唱，声韵慷慨："四海皇风被……千年德水清……戎衣更不著……今日告功成……"

雄浑壮烈的声势激荡下，堂上宾客们纷纷起立，您也坐不住了，跟着站起来，嘀咕一句："怎么整得跟升国旗奏国歌似的……"

"郎君又忘了，此乃太宗文皇帝御制《秦王破阵乐》。"名妓叹气道，"郎君不可妄言，当心坐罪'大不敬'。"

"……"

"啊哈哈，这个舞我终于认识了，这是舞狮子，五头狮子一起跳！"

1　纛（dào），古代军队里的大旗，后演化为用羽毛做的舞具及帝王车舆上的饰物。

2　筚篥（bìlì），也写作"觱篥"，从北方游牧民族传入中原的管乐器。以竹或木做管，顶端有用芦苇或麦秸做的簧片，管身开洞，竖吹。声音高亢凄厉，表现力极强。

"郎君，这是立部伎里的《太平乐》……"

"这个在小毯子上转圈转圈一直转圈的，是新疆舞吧？"

"那是胡旋……新疆是什么？"

"这是舞剑，总没错了吧？周瑜当年就舞过，呵呵！"

"这是公孙大娘剑器浑脱……"

……

唉，其实呢，不认得这些在唐朝最负盛名、尽人皆知的乐舞，还不算多大的麻烦，最多惹得旁边席上的客人侧目而视，背后嘲笑您是"田舍汉"啥的。毕竟这是由专业半专业的伎人们表演的舞蹈，您只负责围观、评论、回帖就行。

真正让您丢脸，甚至可能带来更严重后果的事，还在后面。

歌舞助兴，宾主谈笑，宴会气氛越来越热烈了。白胡子一大把的主人颤巍巍起身，拿一只鎏金仕女狩猎纹八瓣银杯，案边的婢女立刻往杯中倒满酒，主人擎着杯子就冲您过来了。

"郎君啊，你我这是第三日欢宴了，君可满饮此杯，再为老夫歌一曲否？"

您也慌忙站起来，举起自己的酒杯，正不知说啥好，身后的名妓提点道："主人劝郎君酒，郎君不辞，但请主人先歌？"

主人抚着胡子呵呵一笑，举杯就唱，毫不扭捏："前日君家饮，昨日王家宴。今日过我庐，三日三会面。当歌聊自放，对酒交相劝。为我尽一杯，与君发三愿——"[1]

唱到这里，主人举杯相邀，您还算见机得快，赶紧把自己的杯中酒喝完，耳边才听到主人继续唱："……一愿世清平，二愿身强健。三愿临老头，数与君相见！"[2]

1　出自白居易《赠梦得》。

2　出自白居易《赠梦得》。

一曲歌毕，满堂喝彩。主人笑眯眯地端着杯子站在您面前，看样子没有回席的意思，显然这个劝酒程序还没走完。您这就发呆了，心里暗骂：酒都喝完了，死老头子你不回去还等啥……

名妓之所以为名妓，就是因为她在这种场合反应快，会调和气氛不让宾主难堪。就见她帔巾一拂，娇俏笑问："郎君怎地还不回敬主人？莫非主人奉上的佳酿太过新烈，郎君入口即醉了吗？"

原来是要我回敬他——您在满堂笑声中恍然大悟，连忙向主人敬酒，主人举杯回应："劝我酒，我不辞；请君歌，歌莫迟！"

对啦，人家劝你喝酒都是唱着歌的，您好意思就这么干巴巴地说两句"吃好喝好啊"就完了？唱歌吧您！问题是这种场合，这种气氛，又有主人家珠玉在前，您好意思开口吼"菊花残，满地伤"，还是唱"不该嗅到她的美，擦掉一切陪你睡"或者"爱情不过是一种普通的玩意儿，一点儿也不稀奇"？

要我说您还不如唱"我们的生活多么幸福"算了……

咳，正经给您出个主意，您呢，摘下自己身上比较贵重的东西，金银玉佩啥的，偷偷塞给身后的名妓，求她出面再给您解一次围。她八成会再让您喝一大杯酒，然后替您唱一曲回敬主人。

"春日宴，绿酒一杯歌一遍。再拜陈三愿：一愿郎君千岁，二愿妾身长健；三愿如同梁上燕，岁岁长相见。"[1]

呼，擦汗，这一场算是应付过去了——可别觉得完事儿了，下面还有更坑爹的活计。

主人依次唱歌敬酒，客人们也纷纷回敬，歌声此起彼伏，跟堂上堂下的奏乐舞姿交融在一起，气氛欢乐热烈到了极点。突然之间，只见主人席上……

1　出自冯延巳《长命女》。

哎哟喂，年纪一大把的白胡子主人，这老不修的家伙，真是喝过头了，他居然把酒席一推，站起来张牙舞爪地开始跳舞！

什么风气？什么态度？什么世道？贵人大官的威严仪态到哪里去了？高门士族的端庄举止到哪里去了？你以为自己是那些乐户贱民啊，还下场跳舞！要不要哥给你丢几个赏钱啊！有没有？有没有？

代表着真理正义的您，内心十万头神兽奔腾呼啸而过，义愤填膺地左右扭头，希望在众多宾客脸上找到跟您灵犀相通的嘲笑鄙视表情，却见别人都津津有味地欣赏着主人的舞姿，不时击节喝彩，竟然似乎好像都觉得这是一种天经地义、理所应当的行为。

没错，一直到唐代，有身份的贵族高官，在宴会上当众唱歌跳舞，还都是一种很正常、很风雅、很有品位的活动，根本不会有人因此而嘲笑他们。其实别说是贵族高官了，当年李靖灭东突厥的时候，李渊李世民父子开派对庆贺，已经当了几年皇帝的李世民就在席上当众天魔乱舞，太上皇老李给弹琵琶伴奏，大臣们一个接一个地敬酒起舞。同样的场面，十几年后在新太子李治刚得长子的时候，又重演了一遍，当爷爷的李世民跑到儿子的东宫去带头跳舞。

好吧，爱跳就跳，反正丢脸的不是哥。您注视着主人扭身扬臂、袍袖甩动、旋转腾踏、招手遥送……哎哎，这是啥意思？为什么他越转离哥越近了？直冲着过来啦。这是转晕了头还是啥？他又想干吗？救命啊，哥要逃席。

晚啦，老实站起来接招吧，主人这是在向您"打令"呢。

唉，至于嘛，您也不用哭啊。您问"打令"又是啥？这个呢，其实是唐人的一种通俗性叫法，在唐以前它被文雅地称为"以舞相属"，存在时间很长啦。

主人在酒席上先起舞，舞到客人身边，示意邀请客人来舞。客人起身，跟主人一起左转右转、手舞足蹈一番，再去邀请下一个客人起身来舞。如果主人热情的话，一直要把宴会上所有客人都邀请一遍才肯罢休。

您说您不会，不肯跟主人一起跳舞，还是让名妓娘子替您跳的好？我郑重劝您，不要拿这个架子，那会被视为对主人的严重侮辱，后果可能会很惨痛。不信的话，回头您去搜索一下，田玢拒绝灌夫邀舞以后有何感想，蔡邕不肯跟王智跳舞的下场是什么，陶谦跟张盘舞步配合不好的悲剧……总之，您不跳是不行的，硬着头皮上吧。

顺着主人的手势迈步，一步，两步，转圈……再转……继续转……主人退后了，现在您可以独舞啦。

唉，您不要傻站在当地。好吧，实在不会，跟着我的口令来，我教您一种最简单的舞姿。

把碍事的外衣脱了，赤裸上身，往头上绑个红带子系紧头发，跟着我喊出声：

"一二三，拍肩膀；一二三，拍胸口；一二三，拍胳膊；一二三，拍腰背；一二三，拍大腿；一二三，拍腰背。"

干啥，干啥？说我在耍您玩？我要生气了！这可是从南北朝起就大大流行于民间的"拍张舞"，擅长此舞的高手，一边拍身体，还能一边往空中扔刀子，五六把刀子随接随抛、随拍随舞，厉害着呢！像您这种初出茅庐的新手，还是安全第一，先练徒手，不用刀刃了。

咦，您一边听，一边倒是按次序拍各部位啊，怎么光顾着拍胸啦？一二三，拍胸膛，啪啪啪，拍胸膛，吼吼吼，拍胸膛……大哥您知道您这叫啥舞不？这叫"返祖现象"。

其实您呐，今天是运气不好，赶上了主人特别高兴，一场宴会观赏歌舞、邀歌请舞样样俱全。唐代不是每场宴会都必须让主人客人亲自下场歌舞的，有的只让唱歌，有的只让跳舞，有的宴会，客人就可以端坐不动，欣赏专业歌舞伎表演就行。碰上特别穷的主人请客，每人一碗白水蔬菜汤，别的啥也没有。

唐代（和唐以前）贵族男子在公众场所跳交谊舞很常见，贵族妇女一般不会在公众面前跳舞（以歌舞技能上位的一些半职业性质的妃妾除外），也没有看到过贵族男女混合伴舞的记载。

那么在非公众场合，比如贵妇们自己的聚会里，没有外男在场，这些女人会不会唱歌跳舞呢？我觉得八成会，因为当时贵族家庭对小孩子（包括男女）进行歌舞方面的教育，还是挺普遍的现象。有个资料（《大唐代国长公主碑文》）记载说武女皇庆寿的时候，她一堆几岁的孙儿孙女纷纷在朝堂上跳舞祝寿。

上面说的是矜持的贵族们在舞技方面的表现。平民呢，受拘束更少，公开跳舞的时候更多。唐代民间流行一种"踏歌"，对啦，就是"李白乘舟将欲行，忽闻岸上踏歌声"[1]的"踏歌"。一般是一群男男女女手臂相挽，有节奏地整齐踩踏地面，边踏边唱歌，气氛非常热烈，高兴的时候能从傍晚一直唱到第二天早晨。

至于以歌舞谋生的职业伎人们，就不多说了，无论哪种活动仪式上都能见到他（她）们的身影。

本篇参考文献 & 深度了解推荐：

吕建文编著. 中国古代宴饮礼仪. 北京：北京理工大学出版社，2007

---

1 出自李白《赠汪伦》。

吐蕃马球队表示：我们没有恐唐症，黑色三分钟并不存在[1]

马球

　　大唐皇家电视台！大唐皇家电视台！今天是大唐景龙三年（709）十二月初一，重阳节刚过不久，我给大家拜个晚年。这里是大唐皇家电视台体育频道为您现场直播的"金城杯"大唐吐蕃马球对抗赛的实况。我是解说员鹿乔翔，本场比赛由我为您演出，欢迎收看。

　　可能有的观众是刚刚打开电梯不久，我再把目前的比分形势给您播报一遍。

　　为了庆祝我大唐金城公主下嫁吐蕃赞普，吐蕃马球队的小伙子们跟着迎亲队伍，从高原上的逻些城出发，经过艰苦跋涉，才被运到长安。他们克服了高原反应的考验，适应了长安冬季的炎热气候，在热身赛当中以三胜一平一负的纪录保持不败战绩。

　　吐蕃的小伙子们都非常敬业，比如他们的绝对主力马特白斯，儿子刚出生三个月，他就回到了赛场上。另一位主力球员噶尔东赞，上周刚刚在长安举行了一场别开婚面的生礼，长安太极宫马球俱乐部还想用3000万开元通宝的价格把他买下，不过吐蕃的布达拉宫俱乐部出价更高，高达2800万通宝，所以转会未遂。还有一位主力叫论钦陵，昨天还在发高烧，高烧36.8℃，今天又上场比赛了。

1　本篇模仿韩乔生和黄健翔的著名口误和段子而成。

今天的两队正式比赛，是在大明宫梨园马球场举行。我们来看看这个刚刚建成启用不久的马球场，它总体上呈长方形，周长有一千步，东、南、西、北三面都用矮墙圈住，只在北面造了一排高台子作为观众席。台上的VIP坐席上面，还有屋顶遮风挡雨，做成亭子形状。我们高兴地看到来自教坊的乐工们，今天也到球场为大唐皇家队拉油加喊。

球场的地面，是用黄土一寸寸砸实砸平的。为了让马儿奔跑时不起尘土影响观众视线，马球场工作人员还用油反复浇铸了地面，所以现在的球场是平滑如砥，光亮如镜。再过一会儿，每一寸黄土都将进行激烈的争夺。

在球场的两端，各立起了一处短门，可能对广大观众来说这也是一个比较新奇的事物。很多人在野外或者空地打马球的时候，往地下挖一个洞穴，把球打进洞里就算进。但是在豪华的皇家马球场，不但场地两边都在地面上竖起了小门，而且门上雕红画彩，十分醒目，这当然也有助于观众们的观看。

哦！看台上的观众现在开始欢呼，乐队也奏响了龟兹[1]乐，双方队员入场了！

我们看到，今天吐蕃队穿的是深红色的锦衣，大唐皇家队的紧身球衣是墨绿色，红配绿，一台戏，今天双方将为我们送上一场精彩的表演。所有队员都用幞头[2]或者蕃帽紧紧包住头发，翻领窄袖的袍服用腰带扎在身上，下面穿紧身裤和靴子，打起球来不会拖泥带水，十分利落。

他们胯下的骏马更是格外引人注目。我们都知道大唐养马业兴旺发达，特别是皇家马球队选用的比赛马匹，都是一代一代精挑细选培育出来的，以

1　龟兹（qiūcí），我国古代西域大国之一，唐代在西域的重要驻防点，国境以库车绿洲为中心，最盛时辖境相当于今新疆轮台、库车、沙雅、拜城、阿克苏、新和六县市。居民擅长音乐舞蹈，龟兹乐舞对唐代中原艺术有较大影响。

2　幞头，唐朝男子用来包住发髻的布，一般是一块黑色纱罗。唐朝男性从皇帝到百姓均裹幞头，是最有代表性的首服。

突厥马为主要品种，还杂交了一些别的血统，使这些赛马在耐力、灵活性和亲人性等方面更加突出。当然，最重要的还是马匹要体格健壮，在平时的训练中也要加强体能和对抗性训练，这样才能适应比赛中的激烈程度，否则的话，就会像不倒翁一样一撞就倒。

吐蕃队员带来的马匹，体形要比突厥马矮小一些，目测马头高度不到一厘米五，但是十分灵活，耐力也很强韧。无论是黑马、白马、红马还是花马，它们都善于奔跑，久经训练，和主人配合得非常好。而且我们看到双方的赛马都把脖子上的鬃毛剪短了，哦，皇家队是把马鬃编成了三花形，马尾巴也都紧紧地编扎起来，这同样是为了在比赛中不发生纠缠碰撞，影响比赛进程。

双方人马在场地上列队站好，面朝主席台，只见一匹马四条腿，两匹马八条腿，三匹马十六条腿……总之十几对人马一字排开，排成两行，马腿像森林一样十分壮观。

教坊乐队现在换奏了雅乐，在观众们的注目礼下，大唐天子率领皇亲国戚们登上主席台。当今天子自己就非常爱打马球，当然这是有遗传的，他的哥哥、已故的章怀太子就是我朝著名的马球运动员。

现在双方球员举起手中的球杖，向主席台行礼致敬。我们看到这些球杖都是由握柄、杖杆和杖头三部分组成，整个球杖为长圆柱体，杖头处自然弯曲成月牙形状，所以也有人叫它"月杖"。吐蕃球员的球杖比较朴实，只在木头表面刷了一层红漆。皇家队球员的球杖外面是包裹着兽皮的，兽皮上还有灿烂的花纹，威风凛凛。

现在有人拿着马球进入场地，把球放在场地中心的位置上。这个球要比蹴鞠用的球小得多，只有拳头大，而且是木头琢成的实心球，很坚硬，没有弹性。为了便于马上骑手寻找，球面被绘上了彩漆，跳跃飞翔的时候就像流星一样醒目。

一通鼓响，比赛开始了！

双方球员奋勇争先，吐蕃队噶尔东赞打到了第一杆！喝，这一声清脆的大响！球杖的月牙头在地面上激起了好大一片黄土，马球被打得远远飞了出去……现在是蹄声暴响啊，像惊雷一样，双方人马都在追着球紧撵。

吐蕃队论钦陵抢到了这个球！论钦陵抢到了这个球！他挥起一杖，把球击向大唐皇家队的球门，这一杖力道很大，球在空中滑行了很长时间。下落的时候，地面上有三个球员正抬头举杖等待着，我们来看看谁能抢到这个球……哎哟！马特白斯一个旋风扫落叶，抢先把球挑高，点给了在他身后五步以外的队友。

现在球离大唐队的门只有不足五十步远了！吐蕃队的这个球员果断远射！进了！唉，这位球员真是一个神箭手啊，我们还是要祝贺吐蕃马球队拔得唐蕃对抗赛的第一筹。

场边也是一片叹息声，服务人员把一面小红旗插上了吐蕃队的计分架。幸好今天的对抗赛不是"短赛制"，如果是短赛制，第一个球进了，有一方得了"第一筹"以后，就可以宣布获胜，比赛也就结束了。今天是"长赛制"，双方约定是哪一队打够二十筹，才能取胜，让比赛结束。

现在镜头拉近，正在给这位打中第一筹的球员特写镜头。我们看到他球衣背后印着"长沙窑"三个字，原来这位吐蕃小伙子姓"长沙窑"，嗯，姜还是老的辣，他马上就会成为马球赛场上一颗冉冉升起的新星。

现在他的队友骑马跑过来，俩人在马上拥抱庆贺。哦，这位队友同样也姓"长沙窑"，看来他们是兄弟。我们知道马球场上活跃着很多兄弟球员，像大唐皇室子弟几乎都是马球高手，波斯队也有一对著名的兄弟球员……又一个吐蕃队员跑来拥抱了，他也姓"长沙窑"，看来这个姓在吐蕃很普遍啊，是不是跟李姓在我朝的地位差不多呢？现在是第四位吐蕃球员来庆祝，还是姓"长沙……"呃，这位队员是论钦陵，他应该姓"论"……

对不起，观众朋友，"长沙窑"是本次比赛吐蕃队的赞助商。这家集团公司是以向海外出口销售瓷器为主业，虽然长沙窑的瓷器在国内没有什么名气，外观和质量都不如越窑、邢窑的产品，但是它胜在物美价廉、成本低、审美迎合国外市场的品位，所以在吐蕃、波斯、大食一带很受欢迎。为了进一步拓展吐蕃市场，长沙窑赞助了本次比赛。

现在比赛继续进行，请观众朋友自己先看着，我得去喝口水……

喝水回来，刚才的小插曲，朋友们别在意。我们来看看比分。哟！我才出去了不到一个时辰，怎么吐蕃队就以10∶15大比分领先了？这可不妙啊，看着场边吐蕃计分架上那猎猎招展的15面小红旗，连当今天子都脸色沉重。陛下还兼着大唐皇家队教练员的身份，哦，他站起来示意要暂停，是要布置战术，还是要换人？

比赛进行了快一个时辰，双方人马都很累了。虽然马匹频繁更换，但我们看到每匹赛马都是口吐白沫，身上被汗水浸得闪闪发光。队员们的紧身球衣也都湿透了，好在他们都很有经验，每人都带了好几身球衣，就在场边更换。

看这个球员脱下来的锦袍，用手一拧，汗水哗哗地就流下来了。不知道观众朋友能不能听到现场的尖叫声和口哨声，我估摸那是我大唐的观战女球迷，以教坊的内人为主，在对球员们赤裸露出来的肌肉表示赞赏。

暂停时间到，大唐皇家队果然换人了，而且一换就是四个。我们来看看，临淄王李隆基、虢王李邕、驸马都尉杨慎交和武延秀，都是皇室近亲子弟啊，而且也都是国内著名的一线球员。让我们把希望寄托在他们四位身上吧！

啊哈，天子这次是排出了"一一一一"阵形，场上只留了他们四人，其余队员一律下场休息，而吐蕃队那边仍然保留了十人。观众朋友们别奇怪，这是对抗赛规则允许的，只要双方同意，场上人数可以不必相等。而且马球比赛，球场面积有限，人马体形庞大，如果队友之间配合不熟练，人多了未必是好事。

教练员一声鼓响，比赛重新开始了，比分还是吐蕃队15筹，大唐皇家队

10筹领先，不对，落后。

　　一马当先冲在前面的是临淄王李隆基！果然不愧是我大唐第一球星，看他东西驱突，风驰电掣，小小的马球仿佛粘在他的球杖上一样，再也不愿意离开了！

　　吐蕃队马特白斯拍马上前拦截！临淄王轻巧地用球杖一挑，马球跃过吐蕃队员头顶，同时临淄王胯下的"照夜白"也像通灵一样，自动绕过了吐蕃人马，继续追球。那颗小小的彩球仍然被牢牢地控制在临淄王杖下！

　　冲啊！杀啊！挥杖！射门！进了！这球算进，进球无效！大唐皇家队追上了一筹！现在是11∶15！

　　临淄王是当今天子的侄儿，皇弟相王的第三子，真是一位天生奇才啊！看他在重新开球以后，又一次抢到了马球！临淄王在前有追兵，后有堵截的情况下带球冲向吐蕃队球门！好球！他一杖妙传，把球打给了十步开外的杨驸马！杨驸马射门球进！12∶15！

　　全场已经沸腾了！所有的锣鼓都敲响了，天子以下人人都站起来欢呼蹦跳，唱"好"声响彻天空大地！我看到很多教坊演员不住激动的心情，原地跳起了脱衣舞！哦，不对，是脱下外披衫跳跃挥舞！大唐皇家队的小伙子们，加油啊！

　　经过一个多时辰的比赛，洒过油、压实的马球场，到处都翻起了坑坑洼洼的黄土。马球场本来没有路，临淄王他们用自己的马蹄踩出了一条路！现在每次临淄王拿到球，场上的疯狂欢呼唱好声就压倒了一切。乐队早就不按曲调奏乐了，乐手们不管手上拿的是什么，都在使劲地敲打发声，怎么热闹怎么来。

　　皇家队一口气打进8个球以后，吐蕃队也追上了2分，现在大唐队是以18∶17领先1分！气氛实在是太紧张了！刚才武驸马和噶尔东赞两个人连人带马撞到一起，四个全都瘫躺在球场上起不来了，刚被救护人员抬下去，八个救护者才能抬得动一匹马。马球比赛就是这样紧张、激烈、精彩、刺激。

现在场上的大唐队球员只剩三人了！可是临淄王好像完全没有受到影响，他又拿到球了！单刀突破！一往无前的气势，遇神杀神，遇佛杀佛！三千里外一杖远射！进了！又进了！19∶17！这是本场比赛他攻入的第6粒头球，还有1球，比赛就将以大唐队的胜利而结束！

教练员示意比赛继续进行。开球以后，这次是虢王李邕抢到了球！他一记过顶长传，临淄王又一次接到了球！他面对的是吐蕃队的整条后防线，那可是清一色的吐蕃队员啊！太漂亮了！临淄王和杨驸马做了一个漂亮的二过九配合突破！临淄王挥杖射门啦！

小小的马球以迅雷不及掩耳盗铃之势穿过了吐蕃队的球门！20∶17！20∶17！全场比赛结束！

决胜球！决胜球！决胜球！临淄王立功啦！不要给吐蕃人任何的机会！伟大的大唐皇家队李隆基他继承了太宗文皇帝的光荣血统！英国公、卫国公、薛仁贵、裴行俭在这一刻灵魂附体！临淄王一个人他代表了大唐皇家悠久的光荣传统！在这一刻，他不是一个人在战斗！他不是一个人！他面对的是大唐四千万球迷的目光和期待！比赛结束啦！大唐皇家队获得了胜利！击败了吐蕃队！伟大的大唐皇家队！伟大的大唐临淄王！金城公主和亲万岁！大唐万岁！这个胜利属于大唐，属于太宗文皇帝，属于当今天子和相王，属于虢王杨驸马武驸马，属于已经下场的队员，属于场外的美女观众们，属于所有热爱大唐马球的人！

本篇参考文献 & 深度了解推荐：

高原.唐代马球运动考.兰州大学，2006

第五章　长安潮女指南

单身上街者，必是穿越女，捉来杖六十

妇女出行

连续几次带男生唐穿打猎、泡妞、看马球、跳男舞，已经有妹子抗议本公司重男轻女啦！那好，现在我们专开一条妇女唐穿线。这篇就说说穿越成唐朝美眉以后，首先要注意些啥。

一道白光闪过，您睁开双眼，发现自己身处华宅敞屋内。揽镜自照，身材丰腴，面如满月，头上梳了高髻，颊边贴着花靥，胸前微露雪肤——好一个标准的唐朝美人，赶紧上街去秀秀自己吧。

翻箱倒柜，找出大把绫罗绸缎，给自己穿上一条高腰红黑间色裙，小团花对襟窄袖襦，外罩锦绣半臂衫，再搭上一道细长的泥金帔巾，脚下云头缎鞋，浑身上下光鲜亮丽碧彩闪烁，正是谋杀男人眼球，与当朝皇帝太子英雄豪杰坠入情网凄美绝恋的必需装备。

趁别人不注意，迈步开走，溜出家门上大街。听说全长安的官二代富二代都爱到西市那边繁荣第三产业？那我们逛西市去"巧遇"好了。

沿着大街道旁的树荫下行走，果见路人纷纷投来惊讶目光，回头率高达100%。心中暗自得意，前世人们都说我胖，可从来没享受过这种待遇，穿越到唐朝真是个正确的选择啊。

一曲"菊花残，满地伤"还没哼完，前方街角处，转出来两个带长刀、裹幞头穿圆领袍的男子，一把抓住您，不由分说推推搡搡带到长安县县衙里。法曹参军坐地问案，瞪起眼睛上下打量您一番，开口道："这小娘子，

姓甚名谁，家住何坊？可是为贼人劫走逃还？"

"不是。"姐自个儿乐意上街逛逛，碍你啥事了？

"那是谁家的逃婢？"

"也不是。"姐好好一个大活人，咋又成婢女了？不干！

参军拍案冷笑道："又是个穿越过来的！最烦你们这种没技术的雷母了！来人啊，先带下去杖六十！"

噼里啪啦的板子声中，您一边哭爹喊娘，一边迷糊气愤：姐不过是上街走走而已，又没裸奔，青天白日的这是犯了什么法啦！唐朝果然是个野蛮的朝代！以后姐只穿到清朝，再也不来汉唐了！

阿弥陀佛，罪过罪过。我跟您念叨念叨吧，为啥长安的地方治安系统工作人员看到您孤身在外，就断定您不是被劫走的贵妇，就是逃亡婢女，或者是穿越者。

首先呢，是您这一身光鲜亮丽的穿戴惹的祸。

刚才招摇过市的时候，可能您也注意到了，其实街上单身行走的妇女也有不少。挑水的，卖菜的，推小车运货的，坊里店铺柜上还有卖酒姬、售饼妇、女裁缝、开旅馆的老板娘……总之要靠自己双手劳动挣饭吃的中下层妇女，在外面抛头露面毫不稀奇，坊丁武侯也不会搭理她们（除非是有调戏价值的美女……）。

但是呢，中下阶层的劳动妇女，平常可没有戴着金银珠宝，穿着绫罗绸缎在外面干活的。

唐代女性的服装款式，上下阶层差距倒不大，中唐以前，从农妇到后妃，常服都以高腰裙和短襦上装为主。可是款式差不多，面料和颜色却差得很多——按照朝廷颁布的正式命令，贵重的绫纱锦缎，大红大紫的颜色，金银珠宝首饰，只有高级官员家妇女才能穿着，平民男女只能穿粗布、麻布，颜色则只能用浅黄、青、黑等等。

当然，也有例外情况，比如劳动人民家里婚娶的时候，可以允许比照官员们穿些红绿锦袍什么的。每年上元节、清明节、千秋节……朝廷鼓励百姓出游狂欢，大家也会把压箱底的好衣裳拿出来穿上。但是在这两种情况下，平民妇女要么得让家里的男人护送出门，要么是一群女人结伴出游，没见谁自己一个人出门办喜事去的。

您说啥？姐家里有钱，姐就爱平时穿名牌上街？好好，要说这唐朝倒也不是没这号人，像一些富商家里的女人，或者是特殊职业的女性，虽然社会地位不高，倒真是傻有钱，裹着绫罗珠玉在外面造一点儿也不心疼。但人家坊丁武侯们就问了，这位娘子啊，既然有钱穿锦绣，怎么连个婢女侍儿都不带？——可见出门非奸即盗，绝对不是正经人。

穿得起名牌未必雇得起保姆啊——您这是现代人思维。在唐代，那是买奴用婢很简单，穿华服上街却不容易。

唐代蓄奴成风，别说达官贵人了，城乡的中等平民人家，经济基础还过得去的，家里也普遍都有一两个男奴女婢使唤。而且当时人还特别爱买异族奴婢，像中亚的胡姬啦，朝鲜半岛的新罗婢啦，南亚东非的昆仑奴啦，在人市上都很抢手，带着出门倍儿有面子……呃，扯远了。

上面说到如果您穿越成劳动阶层妇女，自己一个人出门还行。如果穿越到大户人家，按当时人们普遍承认（虽然经常不遵行）的礼教来说，您作为女性就不该在外抛头露面。被无关男子看到容貌身形，是一种很跌份儿的事。

其实别说出门去给陌生男子看，就算您好端端地待在自己家里，有不认识的男性客人来了，只要不是您几代内的血亲，按理说您都不应该跟这种"外男"面对面厮见。彪悍如武则天，帝位都要拿到手里了，她跟男性大臣商量政务还得习惯性地在中间垂一道帘子；李林甫同志思想观念开放，找几个青年才俊来家，让女儿们自己选婿（很受社会舆论嘲笑的一种"家风不正"的表现），李家女儿也不敢当面验货，躲在窗户后面偷窥一下就算了。

哈哈，您觉得上当了？都说唐朝观念开放，妇女地位高，这么看来跟别的封建朝代也没区别嘛！唉……怎么说呢，封建礼教这个东西，在唐代还是人人皆知，大家表面上都承认"应该"遵守的。我们大唐子民也是圣人教化下的文明种族，又不是边陲野蛮人。至于社会上经常出现的不遵礼教的种种现象，嗯，应该批评，很不像话，看看就算，最好别学，学了也别出来现眼，要现眼你自己现眼，别拉上我，只此一次，下不为例，我只是心血来潮，一时好玩嘛。

总之，唐人对于礼教还是很有概念的，也有很多家风严谨的世族高门确实身体力行着这些礼教家法。所谓的"自由开放"的社会风气，只是在一定程度上，大家都对这些轻微违反礼教的行为睁一只眼闭一只眼，不那么认真追究而已。

举例来说，贵族妇女必须出门上街的时候，比如娘家父母病了或者弟妹要结婚了，得回去帮父母一把。那么按规矩，您带着婢女坐二轮车里或者人力轿子里，放下帘子不让外人看见，丈夫带家奴骑马在外面，一路护送您回娘家，到日子再去接您回来。

您说这简直闷死人了，唐朝女人真能都守这规矩吗？咳嗽……不守规矩的也挺多，从唐朝建立开始，就有很多贵族妇女，甚至是妃嫔宫女，不坐车而骑马外出的，不过人家也很少公然露着大脸，像您那么当街乱跑，好歹也有点儿遮蔽。

武德贞观年代，宫人贵妇外出骑马，要戴一种宽檐的帽子，帽檐上垂下长长的罩纱（这玩意儿叫"幂篱"），把全身都遮住，号称可以防路人偷窥（效果咋样可以自己想象，欲擒故纵什么的……）

后来到唐高宗时代，罩纱缩短到颈部（改称"帷帽"），只遮脸，身材就可以露外面随便让人观赏了。再到玄宗时代，连面纱都省了，美女们华服浓妆骑马驰骋，让老夫子一边掉眼球一边摇头大叹世风日下、人心不古。

其实最让正统儒家人士吐血的，还不是妇女们不戴遮掩地艳妆出行，而是后来她们干脆女扮男装，穿上了自家老公兄弟的靴袍，出门鱼目混珠、扫街败家。

不过要严重提醒您注意的是，上面所说的戴罩纱出门也好，女扮男装也好，无论什么情况下，除非您想跟人私奔或者合伙作案，否则贵族妇女出门，没有不带侍婢家奴的。

至于跟着女主人出门的婢女，装束上有什么要求呢？如果这婢女是那种地位低贱，连普通平民都不如的贱民，那就谈不上"被看到有失身份"什么的，直接穿平日的衣服骑马或者坐在车辕上都可以。如果是主人的宠婢，衣着华丽，自重身份，不想随便被外人看到，那最好也戴个什么纱，或者跟女主人的装束保持同类。

有一个比较好玩的现象是，考古发掘成果显示，从唐初开始，后妃、公主、贵妇们的侍女，经常有穿男装的形象出现。这些男装侍女，很可能是为了在内室与外庭之间传递消息方便而做如此装扮，也就是奉女主人的命令，走出二门去向男主人及其男性朋友传些话什么的。一般来说，男性客人不会把这些侍女误认为男仆（唐代男人除了宦官天阉，都是留胡子的），但是似乎宾主双方都认为侍女穿上男装在外面走动，更容易让人接受，可算是对"男女授受不亲"的礼教要求的一种变相尊重。

所以，最后总结，如果您穿越成了唐朝的贵族女性，想出门逛个街——最好让家里的男性亲属陪您出门；如果男人们都没空儿，那您至少得带上一组奴婢，前呼后拥着出门，替您驱赶看热闹的无聊人等，显示娘子我是有身份有地位的贵人，坊丁武侯们死开，别拦着我！

坐车最稳妥，嫌闷可以坐轿子，掀开轿帘一路看风景。最流行、最有范儿的交通方式还是骑马，马要肥肥壮壮的，鬃毛尾巴梳成整整齐齐的五花三络，配一副金鞍玉辔，马前叫个昆仑奴牵着缰绳，一路慢走。

骑在马上的您是戴幂篱、戴帷帽，还是什么都不戴，干脆穿男装，要看您降落时代的时尚，跟着大众流行趋势走比较安全。您的贴身侍婢梳个双鬟，穿青衣也行，穿男装、穿胡服也行，另乘一匹马跟在您身边。

路上看到帅哥眉目传情，您可以悄悄嘱咐侍婢，过去打听一下，跟帅哥定个约会。月黑风高，墙头马上，别忘了先架好梯子，再把自己老公或者老爹灌醉。唐人一般脾气比较火暴，打起来容易出人命。就算不出人命，被坊里武侯发觉了，一顿揪到官里去……唐律："诸奸者，徒一年半；有夫者，徒二年。"收拾东西吧，两年苦役刑期欢迎您。

说完了逛街，下一节要进入唐穿妇女团最欢迎最感兴趣的话题啦！您想知道唐朝的时尚杂志里是什么内容吗？继续往下翻吧！

本篇参考文献 & 深度了解推荐：

肖建勇.唐宋女性出游与出游活动研究.河南大学，2006

《祥丽》杂志打造秋冬首都时尚潮人

女子时尚衣着

秋风生渭水，落叶满长安。

深绿夏季的喧嚣蒸腾已渐散淡，来自吐蕃高地的凛冽劲风，席卷过暗黄色的安西大漠，步入开远门时，锋砺磨尽，只存了一年一度相约不悖的寒爽。侧耳细听，风中仍裹挟着胡商的驼铃声。

你若问这风，它必当如全天下的人们一样地回答你，长安城最美的季节，就是即将到来的金秋。黄金再牵出银白，秋之后继以的寒冬，薄雪中明艳不可方物的亭台池阁，亦是这帝都惊鸿一现的笑靥。

秋冬季，浮屠塔雪，蒙顶茶，鎏金错银文思院。红帔女子掩束了胸前春光，默然行去。

裸乳已经村气了，这个秋冬季，齐胸裙登场。

长安上空的风云总是变幻不定。文德皇后引领的优雅知性仕女风尚未流行潮退，武、韦两位的冶艳大胆，又使无数俏妇贵女心慕神追。悄悄松敞短襦半臂的对襟，高束的裙腰，红绫金线的织绣，令人目眩神移的精细手工，即便倾注了再多心血，又怎能比得过裙腰之上，那一对半遮半掩、波涛汹涌的腻白？

永徽之后，开元年前。

郎君们尚未厌倦，娘子却已改了心思。平康名花，一宵千金，椒酥玉球，岂能任人白觑了去？石榴裙提至胁下，再卷及乳，终于齐胸，掩盖了事业线——叵耐可笑！却不见巷曲院外拴马石上，青骢五花更多几匹！

琵琶玎琤，堂上美人低头含笑，纤手扪弄。黑檀曲颈微微颤动，颈下薄纱似当风拂，明明暗暗起伏不停。纱中一点殷红，是美人胎里带来的朱砂痣，还是昨夜爱郎的欢啮？朦胧扩散的暗霞色，是双峰间峡谷，还是域外贡来的新样宫粉呢？

坦不如遮，遮不如半遮。

开元十年（723），齐胸裙定样。二条束带绕肩而过，前后穿定，胸线以下，裙幅飞流直垂，奔腾扩散。肩上再罩短襦，外束披帛，美人丰腴，姗姗而来，富贵逼人。

若秋风凛冽，冬雪如刀，襦裙不妨换成厚重的毛织料。虽然没了隐约掩映的挑逗意味，端庄却也不乏性感，甜美中带着矜持。索性裹成球球一样的团子，更加娇憨可爱。

总比面白唇青在寒风中瑟瑟直不起腰的薄纱美人讨喜。

诃子[1]，瘦美眉的恩物。

又一个夏天过去了。骑马，秋千，蹴鞠，胡旋，粉汗淋漓，香汤沐浴，胃口不开，饮食不进。秋风一起，是不是惊觉自己，又瘦了10斤？

上个冬天好不容易才养起来的小肚子，又变没了？伸手揉一揉，几乎能

1　诃子，文献记载中一种流行于唐朝的内衣，外形和穿法都类似如今的无肩带文胸。《事物纪原》中载："贵妃私安禄山……指爪伤贵妃胸乳间，遂作诃子之饰以蔽之。"诃子常用的面料叫作"织成"，挺括，略有弹性，手感厚实。穿时在胸下扎束两根带子即可，"织成"保证"诃子"胸上部分达到挺立的效果。

摸到肋骨！对镜皱眉，自己那圆润美丽的双下巴哪里去了？尖嘴猴腮一副薄命相，这叫人怎么还敢出门？

躲在家里，就能清静了吗？官媒上门提亲，一见面，无语半晌，转身就向父母大人提升嫁妆要价。或者为人娘子者，夫君总得时不时带好友回家饮宴，做主妇的哪能不出面迎客？客人再有修养有礼貌，初见时那惊讶评议的目光，也没法回避。如此寒碜羸弱的形象，哪里像高门大户的当家娘子，简直像是逃籍的教坊舞伎！

好女不下百！不能再这样放任自流自暴自弃了！没见郎君的眼神，经常被丰满女吸引去了吗？

增肥是女人一生的事业，所以不只是你一个人在进行，你的周围很多人都是你的战友！

增肥是一个时尚的话题，你正在追赶潮流，你是一个懂得时尚的人！

增肥人人想，长胖不容易。暴饮暴食，多睡少动，当然是最治本的方法。可就算家里有条件供你一日三餐顿顿炙肥羊、油膏饭，闲得没事儿酥糖饧饴不离口，增重还是需要时间和耐心慢慢等待。

有没有速肥的办法呢？当然有！选择一件合适的衣服，就能让你看上去立刻胖了20斤！

从前的石榴裙腰，不管是高提到胁下，甚至干脆上及双乳，只要扎紧束带，枯瘦的腰身总是无所遁形。聪明美眉会把肩上帔子绕垂到腹前，遮掩一番，最可恨风吹帛动，立时真相大白。

不知什么时候，自禁中悄然风行开来的诃子，搭配齐胸裙，恰能很好地拯救"飞燕"们泪湿的衾席。

神秘香艳的禁忌传说，不妨视为一种成功的营销策略。实情是，裁一副诃子缎，巧手密密缝缀出极富立体感的半球曲线，再内以硬衬，裹胸上身，无论衬内空虚还是实在，那一带，总算崛起了。

丰胸之上，再束裙腰，胸下便飘飘荡荡，直曳至地。至于那摇荡的鲜艳裙裾后，肌肤的丰泽盈润有多么深厚，就是仅供外人遐想的美好了。

男装大热！双兔傍地走，安能辨我是雌雄？

大唐立国至今，仕女外出服的演变，最能展露娘子们的大胆无忌，气爆儒学夫子们的额头青筋。

许多复古范儿爱好者，还记得贞观年间，长乐公主出行时，马背上幂篱中那一抹神秘窈窕的身影。

宽檐毡笠，檐外缀一圈长长的皂纱，将玉颜躯体全部裹在纱绢里，影影绰绰，不教路人窥了真容去。天家贵主，自有其矜持风范。但也因此，当她青年夭殂，竟无一张清晰的影像留下，令后人扼腕叹惋。

贞观年间的端庄保守，有其时代背景原因，也不必多说。女皇时代来临，娘子们纷纷裁短皂纱，仅遮住面颈，展露着美好的身体曲线在马上驰骋，已然惹来老夫子们非议，朝廷下诏禁断。

时尚这种事，向来是禁而不止，越管越流行。短纱帷帽被诟骂了，那好，索性一掀扔掉，让如云发髻和艳丽容颜坦坦荡荡暴露在光天化日之下，就这么招摇过市——再看老夫子们，鼻血流太多，已经晕厥啦。

幂篱改帷帽，帷帽也扔掉，不但抛头露面，甚至公然低胸裸乳——我叫你们露！叫你们露！看你们以后还要再露哪里！老夫子们恨恨地咠诅着，愤怒地期待着，于是娘子们用行动做了回答——我们不穿了。

别误会，是不穿女装了。

黑纱幞头裹住高髻，圆领缺骻袍[1]穿在娇躯上，腰间再束好蹀躞

1　圆领缺骻袍，唐朝的代表性男装，从皇帝到农夫都日常穿着，是一种窄袖、较贴身的长袍，圆领，下摆到小腿，为了走路骑马方便，在左右大腿外面开缝，所以叫"缺骻"。

带[1]，带上小孔里垂下的细缕，系着革囊[2]、针筒、割肉小刀，蹬上黑皮靴，一跃出门上马，呼叱纵横，英姿飒爽，恍若平阳昭公主[3]再世。

女穿男装，先是从宫中女官流行到高门贵人家侍婢，终于娘子们也禁不住这别样风姿的诱惑，脱掉衫裙，穿起袍靴。看腻了花钗满头、裙帔层叠的繁复装束后，简单硬朗的男装风，真正让人耳目一清。

幞头、圆领袍、黑长靴，无论颜色怎么变换，男装的样式毕竟单调。流行过一阵，天性多变的美眉们，又给男装搭配出各种各样的效果。

圆领袍缺胯处，悄然露出鲜艳的条纹女裤；或者足下舍弃硬邦邦的靴子，改踏柔软线鞋，似乎是忙乱中穿着错漏，却别有一番满不在乎的疏懒风韵。更有那走在时尚潮流尖端的风范引领者，头上绾个最有女人味的灵蛇髻，钗梳花钿一样不缺，画眉点唇妆饰浓艳，身上偏要披一件丈夫气的外袍。什么？郎君说我颠倒衣裳？那么你来动手纠正好啦。

这个冬天，当您在长安街头见到两个长袍束带的背影，上前称呼人家"郎君"可就冒昧了。说不定转过来看您的，是一对蛾眉淡扫、笑靥轻点的胭脂面，鲜润樱唇里，娇滴滴吐出一句："你才郎君，你们全家都郎君。"于是一段风流韵事开始。

胡服抢镜，长安街头谁最耀眼？

1　蹀躞带，从草原游牧民族传入中原的一种腰带，带上开孔镶环，佩挂各种随身应用的物件，唐代曾一度规定文武官员上朝必须围这种腰带，带上悬挂算袋、刀子、砺石、针筒等七件物品，俗称"蹀躞七事"。

2　革囊，用皮革或布做成的小袋子，挂在腰上，袋里放置一些细小的随身物品。

3　平阳昭公主，唐开国皇帝李渊的第三女，李世民的同母姐，曾经招马买兵聚众起义，策应父亲攻克长安，建唐后封平阳公主，死后谥"昭"，所以在唐朝一般称她为"平阳昭公主"。初唐画家尉迟乙僧曾经画过平阳公主骑马带箭的画像，她是英武女性形象的代表。

胡服在中原的流行，并非近期才出现。

不止一人问过，为什么胡服的花纹如此繁复、色彩如此艳丽？特别是那高高的尖顶帽，从肩直下垂到地的领缘，以及窄袖口的宽袖缘，细密图案看得人眼晕，难以想象究竟是如何织成的。

为什么胡人偏爱复杂跳眼的衣料呢？难道是因为他们的家乡，他们一路跋涉到长安途中经历的风景，都是大块大块的单调色吗？

银白的雪山，深绿的森林，嫩青的草原，碧蓝的湖水，金黄的大漠，极目望去，天地间唯一有生气的，就是商道上摇响着铃声的驼队。土黄色的驼峰间，一匹一匹鲜艳的丝绸搭叠，胡商们身上更加斑斓的色彩，浓缩了路上所有的见闻。他们把这衣裳带入长安的深宅大院，贵妇人叠在枕边入梦，相信自己也能在梦里翱翔西域，亲身体验到华丽浓烈的异域风情。

长安的冬日，街头胡服尤其耀眼。

朱雀大街两边的槐树，落尽了枝叶，只剩光秃秃的枝丫伸向灰色的天空。野草枯黄，沟渠结冰，一切夏季的瑰丽颜色，都在冬日消退。路人的厚重外袍，也以灰、黑、褐等保暖色为主。

这时候身着一套鲜艳胡服，扬鞭策马走在大街上，回头率该有多么高呢？

何况穿胡服要搭配胡帽，那种尖顶的，帽檐向外翻卷出一圈绒毛的胡帽，大多用既轻柔又暖和的皮毛毡罽制成，有的两侧还有下垂的护耳。即使在数九寒天，大雪纷飞际，这样的胡帽，也是既时尚又实用的选择。

胡服的大翻领，往往给人以"只适合在夏天穿着"的透风感。大错特错，今冬流行的翻领，领角背后隐蔽处，缀着纽扣——当朔风猛烈时，翻领合拢，扣襻往肩上一系，翻领袍就变成了密实的护颈圆领袍。而当人们从户外步入室内，领子再解扣翻开，潇洒豪迈的风度即时重现。

蹀躞带这本从胡人传来的衣饰，与翻领绣边的胡服，亦是妥帖的原配。同理还有条纹裤和麻线鞋。当然，和男装一样，娘子们未必肯老老实实把一整套胡服穿戴齐全，那又流入拘谨呆滞了。

混搭，才是古今永久流行不衰的风尚。

———————————

本篇参考文献 & 深度了解推荐：

纳春英.唐代服饰时尚.北京：中国社会科学出版社，2009

上官婉儿倾情代言，本季新香开始发售，满万送香囊！

美妆

名媛与薰香、口脂、眉黛、钗梳总是有着不解之缘。

一袭手工精制的华服上身，只是为她们的高贵形象打上了一层底色。细心描画出的妆容，云鬓侧出的璀璨发饰，甚至衣衫肌肤隐隐透出的暗香，才是树立个人风范的点睛所在。或优雅，或冷艳，或奢华，或叛逆复古，每种风格惊鸿现世，都会掀起一股时尚狂潮。

上官婉儿：露浓香被冷，月落锦屏虚[1]

放下刚刚书满一卷黄麻纸的墨笔，上官婉儿揉着手腕，露出漫不经意的微笑。

很难说这笑容有多少是职业性的，有多少是发自内心的。作为一个年轻却又历尽苦难的女子，大概从婴儿时期被投入掖庭[2]起，她对人展露出的情绪，就沦为了一种生存手段。才华、机敏、细腻洞察、处变不惊，再加上姣

1　出自上官婉儿《彩书怨》。

2　掖庭，唐朝皇宫太极宫里的一个区域，主要由宫女、女奴居住。唐朝有把罪犯的女眷关进掖庭宫做女奴的规定。上官婉儿幼年时，她家因谋反罪名被抄，她与母亲被罚入掖庭宫，在那里长大成人。

好的容貌，这些是她的晋身之阶。属于她个人的享受，被压缩在生活和内心窄小而隐秘的地方。

即使同意代言本季新发售的"百合香[1]"，她也只是微笑着命侍儿奉上鎏金莲瓣缠枝银盒。盒盖开启，百合新香的独特气息喷逸散出。

婉儿揭去金鸭香炉背上的镂空盖子，炉内旧香饼，果然已经枯涩无味了。移走云母隔，她接过香箸[2]，轻轻拨弄炉腹内雪样的霜灰。

在香灰上细细密密戳透十七八个玲珑窍，直达灰中埋藏的炭垄，那将被窒息压灭的一点儿活火，蓦然通明起来，暖意也才融融溢出。放下香箸，婉儿复将那片有着细腻美丽冰纹的云母覆回香灰上，纤手再伸，青葱样的玉指，自银盒里拈起一粒百合新香。

她的手指细长，第四指外，却有着消退不掉的握笔茧。

香粒滚入云母片，被下面灰中的净炭烘着，气息立时更加浓郁。婉儿吸一口气，微笑着将炉盖覆上，过不多时，金鸭的扁嘴，吐出了一缕缕似有似无的氤氲。

前调可辨出沉水香、甲香、丁子香、鸡骨香、薰陆香、白檀香和熟捷香的浓烈芳馨。中调又有零陵香、藿香、青桂皮、白渐香的果香味道，后调则又回甜浓，猜测是雀头香、苏合香、安息香、麝香。这么多香料碾捣成细末，酒沥阴干，调以白蜜，团成这一粒粒精巧的香饼，稍有差池便得整批次报废——所以受到如此疯狂的追捧，也是理所应当的吧。

当季主打新品，例有促销活动。满万送银香囊一枚，数量有限，送完为止。

---

1 "合香"专指把各种天然香料混合调味成新型香品的过程。

2 香箸，古代人焚香是要把香料埋进香炉里，然后用类似大型筷子的东西去照料拨弄香料和灰，这种大筷子叫"香箸"，"箸"就是"筷子"。

这个赠品，上官婉儿床帏边，也挂着一只。

她从束帐流苏上解下了香囊的金色铰链，银球一样的外壁上，錾饰十二簇分布均匀的团花，团花内又分饰四只飞蛾，纹饰鎏金。

轻巧地启开两个半球的子母口，囊内有一个钵状香盂及两环，香盂用短轴铆接，内外环间也以短轴铆接。在圆球滚动时，内外环也随之转动，而香盂始终向上平衡，盂内的香炭绝不会洒出。这样巧夺天工的艺术品，无论是挂在床帏里，还是干脆置于床上被内，镂空球内散发不绝的香气，都能安静地陪伴主人度过漫漫长夜。

月光透过香囊，倾泻到床屏上，颤动的花影，恍如婉儿眉间梅钿。

公孙大娘：绛唇珠袖两寂寞[1]

公孙大娘旋开手中镂满花鸟的碧色象牙细筒，筒里鲜红如火的颜色，与芳冽的甲煎香气一同诱人心神。

伸小指尖探入筒内，轻轻一点，那艳丽的口脂被带将出来。她反手涂擦，本来鲜明极有个性的唇形，瞬间如同燃起一团烈焰。

这样旁若无人地当众点匀唇脂的场面，实在并不多见，何况还是位声震四方的名媛。但这是公孙大娘，她的窄窄的衫袖上缀满了珍珠，她的蹀躞带挂双剑器而阔步长安街上，无人过问。她凤目冷睨，绛唇紧闭，按剑而行的背影，恰如一张朱蜡甲煎口脂的活写真。

朱砂（或紫草）蜜蜡炼煮浸色，再倾入甲煎香料搅匀，灌注牙筒中，待其冷凝，便成好口脂。用时，以指尖自筒中挖出少许，向唇上点注，让柔滑的脂膏随同幽郁的香气一起散匀开来。

在这样强大的流行风尚面前，还在用胭脂抹唇的女子，你们村气了。

1　出自杜甫《观公孙大娘弟子舞剑器行》。

一张浸透红胭脂又晒干了的绵纸，无论是直接用湿润的唇去抿也好，或者先洒水沾湿涂到簪头上，再反转来抹唇——唇上颜色的鲜丽、细腻和光泽度，都根本无法与膏状的口脂相提并论。至于那迷人的气息，就更不要说了。

石榴娇、大红春、小红春、嫩吴香、半边娇、万金红、圣檀心、露珠儿、内家圆、天宫巧、洛儿殷、淡红心、猩猩晕、小朱龙、格双唐、媚花奴——这样千姿百态的唇妆，也只有灵巧的纤指，蘸上滑涩随意的口脂，才能细细描画得出。

公孙大娘的唇妆，不耐烦那么多柔媚花样。

> 爁如羿射九日落，矫如群帝骖龙翔。
> 来如雷霆收震怒，罢如江海凝清光。[1]

但不知当她剑器收敛，珠袖卸脱，是否曾有俊伟郎君的肌臂内衫，留下过她朱红如血的口脂？

虢国夫人：却嫌脂粉污颜色[2]

骑在马上的虢国夫人放声大笑。

她身穿淡青色窄袖上襦，肩搭白色披帛，下着描有金花红裙，裙下红履与头上的倭坠髻一起随着笑声摇荡。

拨转座下黄骠马，一声呼叱，泼辣辣地带队奔回。她的马速令人略感吃力，但事情很明白，这位名媛是绝不会慢下来等人的。

1　出自杜甫《观公孙大娘弟子舞剑器行》。
2　出自张祜《集灵台二首》。

　　一切取决于她的心情，如果她愿意作答，任何事都不避忌，包括那两段轰动天下的不伦之恋。

　　堂兄也好，妹夫也好，"我乐意，一生一世"。

　　她那还是少年的儿子在堂前迎着，做母亲的翻身下马，腰肢扭转，并不觉得这种风流袅娜的态度有什么不妥。

　　她走在廊上，经过一间间华堂侈屋，语笑盈盈地指述其中内藏了多少奇珍异宝。随手拉开一扇门，室内竟挂满了排山倒海般的革囊、布囊、丝囊、缎囊……"西域胡商特制的，三年才能织成一个，价值百万钱。"

　　说这话时，她手上拿的一个，蛇皮状，像极了田舍汉入城时肩负的行囊。

　　连这宅院也是随意抢来的。"那年韦氏诸子正在院里纳凉，我进来了，看看不错，就叫下人把他们轰走了。韦家先人很会看风水，宅地大吉。"

　　夫人今天要展示的，其实只是她所收集的眉黛。

　　也是满满一间大屋，她一声令下，奴婢们将所有箱柜抽屉打开，于是刻花螺钿、雕镂精绝的各色画眉石、眉砚、眉笔、调露耀花人眼。

　　眉砚和眉笔，都较寻常笔砚短小精致。几支玉杆兔毫旁，还有一方极小巧的辟雍瓷砚，中间凸突，圆边内有沟，下置矮足。画眉石墨在中间研磨时，墨液便流入圆沟中，方便眉笔蘸取。

　　数十年前，最上等的画眉石，自然是"岭南始兴石黛"。据说出自溪水中，天然温润松软，滴以香露，研磨出的墨液更加鲜亮遂心。虢国夫人随手揭开一匣，赫然是雕作十二生肖状的始兴画眉石，各个栩栩如生，也不知耗费了工匠多少心血。

　　但这些都已不入时了。铜黛、青雀头黛、苏烟黛，这些人工制成远域传来的画眉石，都已经将石黛挤下了流行舞台。

　　室内藏储最多的，是一颗价值10金的"波斯螺子黛"。

　　来自遥远的西域，据说乃是海中螺贝变异而成，天下女子梦寐以求的画眉绝品，在这一间屋室内斗载斛量。开箱奁，从堆积如山的螺子黛中任取一颗，色作青灰，鲜妍醒目。以此画出的双眉，会是什么样子呢？

鸳鸯眉？小山眉？五眉？三峰眉？垂珠眉？月眉？分梢眉？涵烟眉？拂烟眉？倒晕眉？

"这都是别人送的，我从不用。"夫人笑靥如花，"我嫌粉黛污渍，向来素面朝天。"

是的，她白净的面容上，没有浓妆艳抹的痕迹。

一年百万脂粉费，无数珍宝异物，只用来锁在深深的大宅里。

本篇参考文献 & 深度了解推荐：

孟晖.花间十六声.北京：生活·读书·新知三联书店，2006

第六章　如果您嫁给一个唐朝人

新娘子您的红盖头呢？没带？这都能忘带？

婚俗

　　唐穿团的妹子们，看完了时尚杂志，我们干点儿正事吧？话又说回来，对于唐朝妇女来说，什么才叫"正事"呢？

　　两眼一睁，您被一堆闹嚷嚷的人包围了。这回穿越落地选的四维坐标太绝了，您听了半天才弄明白，身边人笑逐颜开地对您说的是："小娘子大喜！有夫家遣媒来纳采了！"

　　得，这穿过去连东南西北都还没分清楚呢，就要结婚出嫁了。

　　算了，反正您也做不了主。而且嫁到夫家以后，就算举止跟以前有啥不一样，穿帮的概率也少点儿，就当免费参观一下唐人婚礼好了，白吃白喝连份子钱都不用出。啥？您问要是嫁了个猪头一样的老公咋办？好办，洞房花烛夜再穿回来呗！穿越往返票还可以打折的哟！

　　稳下神来，我们先好好体验一把唐朝的美眉们都是怎么样被嫁出去的吧。

　　汉朝以来的结婚"六礼"，在唐朝也遵行不悖。"六礼"分别有几个文绉绉的名字叫：纳采、问名、纳吉、纳征、请期、亲迎。其实到了近代，民间一般管这几个步骤叫：提亲、合八字、过大帖、送彩礼、算日子、接媳妇。

　　您穿到的这家姓张，算是个小康之家，父亲张九做过几任七品八品小官。您未来的夫家姓李，社会地位也差不多，可能稍稍高一点儿，公公李阿大做过六七品官，但夫婿李四还是白身，正在读书准备考科举。两家之前就认识，提过婚事，彼此都觉得差不多满意，于是拣个好日子，请了官媒人王五，上您家来正式提亲"纳采"。

媒人不能空手来，男方家给准备了几样礼物，其中必有的是一只大雁。捉不到？没大雁，用鹅也行，再不然用鸭子凑合一下。连鸭子都没有？用木头雕一只家禽类形状吧。啧，穷成这样，还娶什么媳妇哟。

您父亲张九知道媒人今天要来，就在正堂西边铺设个席子，作为行"纳采"礼的地方。当当当，穿着正式礼服的媒人在外面敲门了。

您家的人出去应门，问有啥事，媒人王五说："张公有惠，赐妻李某。李某有先人之礼，使王五请纳采。"家人回来通报，您父亲回答："某之子蠢愚，又不能教，王郎命之，某不敢辞。"

于是您父亲也穿着正式的礼服，出门把媒人迎进家门，宾主各自站定自己的位置，相对行礼。媒人说一句："敢纳采。"把拿来的一只雁（鹅/鸭/木鸟）送给您父亲。这算完了一礼。

媒人再拿一只雁（鹅/鸭/木鸟），开始行"问名"礼，说："王五既受命，将加之卜，敢请女为谁氏？"

您父亲说："王郎有命，且以礼而择，某不敢辞，曰阿穿。"这是在向对方交代新娘您的名字。

其实光交代了名字还不够，得再把您的生辰八字写在庚帖上，交给媒人带回去算算男女二人有没有相冲相克的地方。媒人拿了帖子，谢绝女方留下款待的邀请，回男方那边去打卦。"问名"这一关算过了。

如果男方的占卜结果，你俩八字相合，适宜匹配，就再找个好日子，还请媒人过来您家里"纳吉"，再拿一只雁（鹅/鸭/木鸟）送给您父亲，说："张公有赐，命李某加之于卜，卜曰吉，使王五也敢告。"您父亲回答："某之子不教，唯恐不堪，既有吉，我兼在，不敢辞。"这就算把您的婚事定下来了。

这之后，男方选择亲族中两位有官位、有才貌的儿郎，作为"函使"和"副函使"，带着长一尺二寸、宽一寸二分、木板厚二分、盖厚三分、内宽八分的杨木或者楠木盒子，盒子用五彩线扎缚，封题上"通婚书"。二男身后跟着浩浩荡荡的抬彩礼队伍，就往您家里杀过来了。

彩礼都有啥呢？走在最前面的是两匹押函骏马，不着鞍辔，以青丝做笼头（考验两个帅哥的骑术吗？），然后是抬那个放置着杨木楠木礼函的人力轿子，礼函旁边有三名漂亮婢女守着，再后面抬着的是五色彩缎、大束锦帛、成堆铜钱、猪羊牲畜、米面粮油、野味猎物、点心水果、奶酪油盐、酱醋葱姜……要我说，这些比现在弄几十辆高级轿车上街转圈好看……

您家里呢，在他们到达之前，先设一张大矮床，床上再放个案子，案上设香炉、水碗、刀子。（喂，不是让您杀了送彩礼的洗干净熏着吃……）

男方的二位函使到达以后，你们两家再啰唆一番。您父亲接过礼函，用刀子撬开盒盖，拿出里面的一张精美好纸，展开，当众朗读纸上的正楷字，是新郎李四的父亲李阿大写的《通婚书》："阿大白：第四男年已成立，未有婚媾。承贤第三女令淑有闻，四德兼备，愿结高援。谨因媒人王五，敢以礼请。脱若不遭，贮听嘉命。阿大白。"

您父亲张九收下这封书信，也拿出另一张书信，是写好的《答婚书》："九白：第三女年尚初笄，未闲礼则。承贤第四男未有伉俪，顾存姻好，愿托高援。谨因媒人王五，敢不敬从。九白。"

这封书信也要放进同样规模的礼函里，送给二位使者，劳烦人家带回去给男方家里。然后您家收下这一大堆彩礼，再款待这些送东西的人，"纳征"这关算过了，从此您已经算夫家的人了。以后就算您父亲谋反抄家，按律也与您没关系了。

六礼的第五礼是"请期"，就是男方家算好了办喜事的日子，派媒人上您家来请求准许（其实是通知您家一声）。

请期也要用一只雁（鹅/鸭/木鸟……大雁咆哮：老子不就是守规矩，脾气好，坚持一夫一妻制嘛，就这点儿好处你们人类也不放过，害得老子们现在成了濒危动物啊！），使者王五拿着上您家，对您父亲说："李阿大命王五听命于张公。"您父亲回答："张九唯命是听。"媒人说："李阿大使某受命于张公,张公不许,李阿大敢不期,曰四月初六。"您父亲答："张九敢不敬须。"

媒人回去复命,您的出嫁日子定在了四月初六,这门亲事已经办完一大半了,不过您是不是觉得到此为止,都没您这个新娘子啥事?除了扒门缝偷看偷听以外,似乎一直是您父亲在忙活啊?到底您父女俩谁要出嫁?

别急啊,第六礼"亲迎"才是重头戏,您这个女主角也终于要出场了。

数着日子,四月初六到了,您一大早起床,出了自己卧室,想着家里不定忙乱成啥样子呢,结果人人神定气闲,包括您亲娘亲姐妹在内,该干啥干啥,一点儿都不慌张。气得您真想仰天狂吼:姑奶奶我今天要出嫁!一会儿新郎官就来接人了,你们怎么现在还没准备好!

就算您真吼出来,八成也会被家里人白眼:真没见过这么心急的新妇子!夫婿黄昏才来迎亲,一大早你吼吼啥?

啊……晚上才来啊……真的……为什么?

为什么,您家里人也不知道,只能说是老辈子传下来的古礼,从开天辟地到如今都是这样。其实呢,这是原始部落社会"抢婚制"的风俗残余,当时男女结合都是由男方带着自己弟兄们去女方家里抢老婆。既然是上门打劫,那当然趁月黑风高的时候最好,古代的成亲礼本来也叫作"昏礼","黄昏"的"昏",那个女字旁是后来才附会上去的。

闲话少说,您家里反正有一整个白天的时间准备,打扫屋里屋外,放置装饰饮食,迎接客人,分发棍棒刀枪。您呢,由几位姑姨姐妹帮着穿嫁衣做头发,里里外外折腾一通,被套上了笨重的衣裳,自己睁眼往身上一看,吓一跳,又大叫一声:"你们给我穿错了!这身衣裳是蓝色的!"

青天白日,哪有人穿蓝衣结婚的?不应该是大红喜服吗?抬眼见您的姨姑姐妹们又白眼摇头嘀咕:"这女人疯了。"懒得理你,自顾往您头上的发髻插钗子。

　　您呢，因为父亲做过六品以下九品以上的小官，按礼制可以穿"大袖连裳"出嫁。照照镜子，这一套麻烦的礼服包括：深青色的大袖外袍，素纱的连体内衣，围在腹前的"蔽膝"、大小腰带、袜子、布鞋也都是深青色的。平民女出嫁的时候，也是深青色衣服，装饰物少一点儿而已，那什么大红喜服之类请过几百年再找人家要。

　　您头上可以戴一对掩耳的"博鬓"，然后用金银杂宝花钗簪笄之类插满。凤冠霞帔不许乱用，那都是有品级的穿越者才有资格穿戴的。

　　您问啥？新郎官穿的衣服是什么样子的？唉，真是个心急的新娘子，过一会儿不就能看见了吗？好吧好吧，您的丈夫李四郎，因为也是六七品小官的儿子，他结婚的衣服有两种选择：一是作为九品以上子，官家规定结婚的时候可以穿"爵弁"。这是一种公服，要戴黑缨冠，青色的袍子，橙红色下裳，白纱里衣，黑色腰带，白袜红鞋，另有一些零碎装饰。但是，如果李家自己愿意，也可以不穿这套比较呆板复古的礼服，而像平民一样穿"绛公服"，就是红纱单衣，白内裙，黑靴子，比较接近于现代人概念里的"大红喜服"了。这种新郎装在唐代很流行，婚礼上男穿红，女穿绿，这也是"红男绿女"一词的由来。

　　唐朝的官方规定，小伙子们结婚的时候，都可以穿比自己真正品级高一些的礼服，这叫"摄盛"，也是为了表明政府鼓励婚配的态度。

　　"摄盛"不仅表现在穿衣服上，整个婚礼的过程，都会伴随男方的吹牛皮夸大话骗媳妇儿……

　　太阳西斜了，新郎官要准备从家里出发来接您了。出发之前，他得先拜祭自己祖先，通知天上各位他要往家里领人口了。磕完头以后，他爹站在牌位旁边发令："往迎汝妻，承奉宗庙！"（去接你媳妇回来，给我家接续香火。）

　　新郎磕个头说："唯不敢辞。"起来上马，又抱一只雁（鹅／鸭／木鸟……），带着几个傧相和一辆装饰好的迎亲花车，再纠结几十上百号壮汉，大义凛然地上路，直奔新娘您家里去。

一行人明火执仗地到您家门前时，已经入夜了，只见您家里大门紧闭，戒备森严，里里外外全然是一派防贼气势（本质上也没错）。

新郎官下马，敲门，清清嗓子喊："贼来须打，客来须看。报道姑嫂，出来相看。"

隔着大门，您家的七大姑八大姨也发话了："不审何方贵客，侵夜得至门停？本是何方君子，何处英才？精神磊朗，因何到来？"

新郎或者傧相答："本是长安君子，赤县名家。故来参谒，聊作荣华。姑嫂如下，体内如何？"（我是帝都贵家子，没事上门来拜望拜望，姑嫂们你们身体咋样啊？）这是撇清来意兼套近乎呢。

门内姑嫂们答："庭前井水，金木为栏，姑嫂如下，并得平安。公来此问，未之体内如何？"（要闲扯套近乎咱就套，谁怕谁啊。）

男方答："下走无才，得至高门。皆蒙所问，不胜战陈。更深夜久，故来相过，有事速语，请莫干着。"（劳您几位动问，人家我有正事，麻烦别在这儿瞎扯了。）

门内姑嫂们就哈哈笑了，问："既是高门君子，贵胜英流，不审来意，有何所求？"（那你来是干啥的呀？）

男方答："闻君高语，故来相投。窈窕淑女，君子好逑。"（人家是来接媳妇的。）

门里笑得更开心了，姑嫂们说："君等贵客，久立门庭。更须申问，可惜时光？"（你们嫌不嫌我们噜苏[1]呀？）

男方答："并是国中窈窕，明解书章。有疑即问，怎惜时光？"（你们全是美女兼才女，问我们问题是给面子，我们怎么会嫌噜苏呢啊哈哈……）

听这郎君嘴甜会说话，姑嫂们终于开恩了："立客难发遣，展褥铺锦床，请君下马来，缓缓便商量。"（我们恩准你下马了——且慢，谁说答

1　方言词，啰唆。

应开大门了？）

新郎下马，站在大门前发呆——不给开门，难道要翻墙进去，还是要动用攻城槌啊？

当然不是，这里要吟诗，吟诗！

吟啥呢？当然如果新郎或者傧相才华横溢，能现作一首诗最好，要是没那本事，咱这儿有现成的，一首5文钱（喂！不准向穿越客人卖私货收小费搞二次收费！）……好吧，免费提供《论女家大门词》一首：

"柏是南山柏，将来作门额。（这是形容新娘您家大门的材质，纯实木的哟！）门额长时在，女是暂来客。（姑娘家迟早要出门子的，就别难为老公了。）"

诗吟完，大门果然哗啦一下子开了。新郎满心欢喜地迈步要往里走，却被有经验的傧相一把扯住，往边上一推——堪堪躲过迎面劈来的一根大棍子。

这是要干啥？开人肉包子店吗？

只见女方家大门里冲出来一群手持棍棒的彪悍娘子，一边嘻嘻哈哈一边见人就打，尤其认准了新郎官噼里啪啦一顿围殴，主事娘子还一边打一边喊："女婿是妇家狗，打杀无问！"

做人家女婿的只能躲闪告饶，不能生气，更不能还手。您说新郎不是带了百十来个壮汉护身吗？这时候咋不上来对打？得了吧，那些壮汉这时候只会欢呼鼓掌起哄狂笑，才不管人新娘家"弄女婿"弄得有多欢乐呢。

姑嫂们打得手累了，如果新郎还剩一口气的话，又两个女人上来给女婿灌酒，口中念念有词："酒是蒲桃（葡萄）酒，将来上使君，幸垂与饮却，延得万年春。"

男方答："酒是蒲桃酒，先合主人尝，姑嫂已不尝？其酒洒南墙。"一扬手，泼掉算了。

女方当然不干了："酒是蒲桃酒，千钱沽一斗。（这酒很贵的！）即问姑嫂郎，因何洒我酒？"

男方答：“舍后一园韭，刈却还如旧，即问二姑嫂，因何行药酒！”——你以为我不知道那是加了蒙汗药的玩意儿啊？

这女婿还不傻嘛。在大门口折腾够了，放一行人进院，到中门前，还得吟诗！吟吧：“团金作门扇，磨玉作门环。掣却金钩锁，拨却紫檀关。”——玉兰儿，开门哪！

进了中门，眼前又一个人造堆关，上着锁，新郎扶额念：“彼处无瓦砾，何故生此堆？不假用锹锸，且借玉琶摧。琉璃为四壁，磨玉作基阶。何故相要勒？不是泰山摧。暂借钥匙开，且放儿郎过。”

到正堂门前，还锁着。“堂门策四方，里有四合床。屏风十二扇，锦被画文章。钥开如意锁，帘拢玉奁妆。好言报姑嫂，启户许檀郎。”

真是不容易啊，过五关斩六将吟七诗念八咒，新郎终于迈进老丈人家正堂了！堂门一开，帘幕拢起——

屋里没人，空的。

新娘在哪里呀，新娘在哪里？新娘在后头自己的闺房里，慢条斯理做头发化妆呢。

作为一个（穿越到）唐朝的女性，这是您一辈子最应该装十三拿脾气自高自大为难老公的时候，我严重劝您珍惜这个大好机会，千万别早出门，免得那小子觉得娶媳妇忒容易，以后看轻了您。

把真发假发绞一起再盘几圈，脸上的白粉腻子再刷一层，眉毛重画一遍，花子多贴几个，胭脂洗了涂，涂了洗……然后您应该就能听到窗外阳台下的深情呼唤了。

“……那边窗子里亮起来的是什么光？那就是东方，朱丽叶就是太阳！起来吧，美丽的太阳！……哎哟！不好意思背串词了！姑嫂饶命……”

啧，不靠谱的男人。这时候他们本来应该在您闺房外面一首接一首地吟《催妆诗》。

今宵织女降人间，对镜匀妆计已闲；自有夭桃花菡面，不须脂粉污容颜。

两心他自早心知，一过遮阑故作迟；更转只愁奔月兔，情来不要画娥眉。

传闻烛下调红粉，明镜台前别作春；不须满面浑妆却，留着双眉待画人。

昔年将去玉京游，第一仙人许状头；今日幸为秦晋会，早教鸾凤下妆楼。

总之一句话：天儿不早啦，美女你装修得差不多就行啦，咱还有正事呢，赶紧出来出来吧。

新郎这是上门求亲，不能动粗，只能好言相求当红脸儿。不过这时候他从家里带来的那百十来口子壮汉，就可以当白脸儿了，跟在新郎后面呐喊鼓噪助威。

"新妇子，催出来！新妇子，催出来！新妇子，催出来！新妇子，催出来！新妇子，催出来！……"

这边是唐僧念经似的念诗，那边是噪声污染，什么时候娘家人受不了了，行，新妇小娘子咱出去算啦，反正后面还有的是折磨新郎的机会。

姑嫂侍娘婢女扶持围绕着，拥了新娘子您出闺房。送去跟新郎见面？——美死他！新妇就算出室登堂了，您家也会在堂上张挂一重重屏风帐帘行障，帐内地面上放一具马鞍。您呢，被扶持着坐到马鞍上，面南背北，就算瞪大了眼睛往外看，也只能影影绰绰地看到帐外有个胖大魁梧的身影打磨转圈，正准备行"奠雁礼"。

"奠雁"，是唐朝结婚亲迎礼中的核心部分。（大雁：核心你个头！）具体流程是新郎拿过自己一行从家里带来的大雁，在帐幕那边运运气，发一声喊，把雁隔着行障掷过来。您家这边，多上几个人，眼疾手快地接住大雁，抖开一幅红罗裹住，再用五色丝锦缠住雁嘴，不让它呱呱乱叫。等到婚礼结束，新郎家的人会拿东西来"赎"走这只雁，把它放生。

扔完了雁，下一步干啥呢？恭喜您，猜对了！新郎那边要——又要——吟诗。这次是请求把分隔开新婚夫妇的行障撤掉，他要进去见见新娘子您。

"夜久更阑月欲斜，绣障玲珑掩绮罗。为报侍娘浑擎却，从他驸马见青娥。"（新郎自称"驸马"是吹牛的，这也是"摄盛"允许的，您别恍惚以为自己又瞬间穿越成公主了。）

还不撤障？继续催："锦障重重掩，罗衣队队香。为言侍娘道，去却有何妨？"喵的，再不撤老子要自己动手了……

出面撤障的，是一对特意找来的童男童女。新郎进帐以后，接过一只雁，以卑位面向北跪在新娘面前（新娘您这时候是面南坐在马鞍上的），把雁（鹅/鸭/木鸟/结彩……）放在您身前。您这时候可以大大方方地瞅一瞅自己的老公，他也可以抬眼瞧瞧自家娘子的模样……喂喂，干吗一副五雷轰顶的样子！老娘哪有这么丑！

反正不管怎么说，这时候悔婚也太晚了。奠雁礼行完，新婚夫妻辞拜女方父母，父母照例要嘱咐几句。老丈人岳父说的是："戒之敬之，宫室无违命！"岳母也说："勉之敬之，夙夜无违！"大致的意思都是教导您这个做媳妇的，到夫家以后要小心顺从，收敛脾气，老实听话。

其实在夫婿亲迎前，您父母就应该多次叮嘱过这些了，叮嘱的具体内容，有一篇《崔氏夫人训女文》，概括得很仔细。

……教汝前头行妇礼，但依吾语莫相违。好事恶事如不见，莫作本意在家时。在家作女惯娇怜，今作他妇信前缘。欲语三思然后出，第一少语莫多言。路上逢人须敛手，尊卑回避莫挡前。外言莫向家中说，家语莫向外人传。姑嫜共语低声应，小郎共语亦如然。早朝堂上起居了，诸房伯叔并通传。妯娌相看若鱼水，男女彼此共恩怜。上和下睦同钦敬，莫作二意有庸偏。夫婿醉来含笑问，迎愿扶持若安眠。莫向人前相骂辱，醒后定是不和颜。若能一一依吾语，何得翁婆不爱怜。故留此法相教尔，千秋万古共流传。

这些话，说到没说到是做父母的责任，做到没做到就看您自己的个性了。作为一个穿越过去的现代新女性，我打赌您连一半都做不到。不信？不信咱等着瞧，嘿嘿。

父母拜了，家庙辞了，您这个新娘子终于要登上婚车去往夫家了。上车之前，陪您同去的姑嫂侍娘傧相们突然一阵忙乱，相互问："娘子的蔽膝呢？哪儿去了？谁准备了？不会都忘了吧？不会吧……"

您听得发晕，问一句："蔽膝又是啥？"就有人回答您："就是蒙在娘子您头上，防止路上被外人看到容颜的那块大方布巾嘛！"

昏倒，原来是红盖头啊……咦咦，不对呀，这婚礼都进行到一半了，新娘您的脸也被新郎看了个溜够了，怎么才想起"红盖头"这东西来？不是应该一开始就给您蒙上，等拜完堂，喝完交杯酒才让新郎挑开看脸吗？

瞧瞧，您又穿错时代了不是？唐朝呢，可以说就没有"红盖头"这东西，新娘在婚礼的前半段，在自己家里，基本上是不蒙面的。那块可能是任何颜色的"蔽膝"，只在登上婚车出门前，才给蒙上，用意也是为了不让外人看脸，而不是防着自己丈夫。这玩意儿并不合古礼，大约在南北朝的时候才兴起来，所以虽然普及程度挺高，但不用也不算失礼，要是找不到，干脆您就别蒙头，直接上车算了。

红盖头可以不蒙，不过，我认真郑重地建议您，手里可以拿个狼牙棒，身上还可以藏把小刀子……咳，不是用来对付老公的，他正骑着马绕车转三圈，转完了就出发。棒子刀子都是为了对付埋伏在半路上的"障车族"。

一般而言，"障车族"只是些凑热闹开玩笑的家伙，他们在婚车经过时拥上来围堵道路，唱歌跳舞要吃要喝要财帛。当然，伸手的时候嘴里还要唱许多词，不是"老爷太太行行好"那种没文化的，而是也充满了出口成章的唐朝范儿。

儿郎伟！我是诸州小子，寄旅他乡。形容窈窕，妩媚诸郎。含珠吐玉，束带矜装。（这是说障车族自己的情况，人家也都是正经人哦。）故来障车，须得牛羊！（给我们牛羊才让婚车通行。）夫人班瀍浚发，金缕延长。令仪淑德，玉秀兰芳。（这是在赞美新娘。）轩冕则不饶沂水，官婚则别是晋阳。两家好合，千载辉光。（这是在赞美这桩婚事。）

儿郎伟！且仔细思量，内外端相，事事相亲，头头相当。某甲郎不夸才韵，小娘子何暇调妆。（这也是在说夫妻俩很配，婚事完满。）甚福德也，甚康强也。二女则牙牙学语，五男则雁雁成行。（这是祝愿夫妻俩生两个女儿五个儿子，唐朝人认为这是最理想的生育情况。）自然绣画，总解文章。叔手子已为卿相，敲门来尽是丞郎，荣连九族更千箱。见却你儿女婚嫁，特地显庆高堂。（这几句还是良好祝愿，儿女都成才，跻身大贵族行列，结婚攀上高门。）

儿郎伟！重重遂愿，一一夸张。且看抛赏，必不寻常。（这是说既然给了你们这么多祝愿，你们一定要多给赏物哟。）帘下度开绣阁，帷中踊上牙床。珍纤焕烂，龙麝馨香。金银器撒来雨点，绮罗堆高并坊墙。音乐嘈杂，灯烛莹煌，满盘罗馅，大榼酒浆。（这些是障车族希望得到的东西。）

儿郎伟！总担将归去，教你喜气扬扬。更叩头神佛，拥护门户吉昌。要夫人娘子贤和，会事安存，取个国家可畏忠良！（这些全是祝愿吉祥话。）[1]

啧，听这一套一套的吉祥话哟……您这边也不能示弱，就有人在车上喝问："今之圣化，养育苍生。何处年少，漫事纵横！急手避路，废我车行！"——光天化日之下（不对，现在还是深夜里哈……），哪家浑小子挡我婚车！快闪开让道！

1　《儿郎伟》是当时百姓在婚礼当中实际吟诗的歌词，以"儿郎伟"开头，既类似于后世的"词牌"，也是唱歌起调子的音节需要。文中的（　　）为作者附加的内容。

　　人家障车族回应："吾是三台之位，卿相子孙。太原王、郭，郑州崔、陈，河东裴、柳，陇西牛、羊，南阳张、李，积代忠臣。陈君车马，岂是凡人！"——以上都是唐朝的郡望大户，说来吹牛的……

　　吹牛啊？那大家一起吹好了。您这边的人说："障车之法，先自有方。须得麒麟一角，三足凤凰。辽东酒味，西国胡羊。拟成桂昔，秦地生姜。少一不足，实未形相！"你们先凑那些珍禽异物去吧，凑够了再来玩障车！

　　人家也不傻："吾等今来障车，自依古人法式。君既羊酒并无，何要苦坐訾责。问东定必答西，至南定知说北。犹自不别时宜，不要数多要勒！"

　　这样一问一答纠缠一会儿，如果您小夫妻实在急着要回家，多少也得出点儿血，给人家送些牛羊布帛酒肉，差不多的人家也就让路放行了。不过在比较偏远的地方，或者实在是人品不好遇上了真强盗，那也真有当街抢新娘打劫死人的。

　　一路吹吹打打，新郎骑马前引，您坐车在后面跟着，傧相从众簇拥，护送到夫家大门口，停车。侍娘挑开车帘，您伸腿就要下——且慢且慢，莫急莫急，从夫家门里拥出一群妇女来，人人手持一块毡席。唉，您不用躲，这些不是上来揍您替新郎报复出气的，人家是替您铺路的。

　　领头的婢妇把毡席铺在车下，后面人依次铺开成一条路，直引进家里大门。您在毡子上走过去，身后就有人把踏过的毡席拾起来，小跑着继续往前铺，这个仪式叫"转毡"或"传毡"，要保证新娘子您从车上走进室内的一路上都脚不沾地。

　　您走过的这一路呢，在婚车到来之前，夫家都收拾好了：先用3升粟把石臼填满，用3斤麻把窗子塞上，用一张席子把井口盖住，大门门楣上还要放三支箭，您就从箭下走过去，进院子以后，要先拜猪圈，再拜炉灶。拜的时候，夫家公婆以下人等，纷纷从偏门出院子，再从正门进来，一个个都踩在您的脚印上，叫"躏新妇迹"。

　　为什么要搞这些神神道道的玩意儿？咳，还不是封建迷信外加歧视妇女，说什么新娘子容易把妖魔鬼怪带进夫家，所以要做好防护，再有就是为了压服您的锐气，以免日后不好管教。

跟您家里人"弄女婿"相似，夫家的人也要"弄新妇"，不过相对来说没那么暴力，以口头调戏为主。然后，你们小夫妻行礼圆房也不在屋子里，而要在院内西南角找一块吉地，搭起"青庐"和"百子帐"。

这个帐篷当然是早已经搭好的，搭的时候，女家要专门派人来参加"撒帐"仪式，就是把一些果子金钱花钿之类往帐里四处抛撒，一边撒一边唱《咒愿文》：

"今夜吉辰，张氏女与李氏儿结亲，伏愿成纳之后，千秋万岁，保守吉昌。五男二女，奴婢成行。男愿总为卿相，女即尽聘公王。从兹咒愿以后，夫妻寿命延长！"

成亲的"青庐"是空间比较大的地方。您进家的时候，可以让侍娘用行障和团扇遮住您身形脸蛋儿，再矜持地走进去行礼（如果这时候是武周之后，那么行礼时新郎要双膝跪地拜倒，新娘子您却不用跪地，双手在胸前合十躬身就行，这叫"男跪女不跪"），然后"坐帐"。

这时候，虽然新郎已经见过您了，但您下车后都用团扇遮着脸，夫家其他人却还不知道您这个新妇长啥样。想知道？那好——继续吟诗吧。《去扇诗》三首：

青春今夜正方新，红叶开时一朵花。
分明宝树从人看，何劳玉扇更来遮。

千重罗扇不须遮，百美娇多见不奢。
侍娘不用相要勒，终归不免属他家。

闺里红颜如舜花，朝来行雨降人家。

自有云衣五色映，不须罗扇百重遮。

团扇移开，您的美貌又一次雷倒众生。傧相强撑着精神，请您和新郎在帐中男左女右并肩坐好，随后吟诵着"一双同牢盘，将来上二官。为言相郎道，绕帐三巡看"，捧上盛着肉饭的"同牢盘"，喂您和新郎官各吃三口饭。

下面是喝交杯酒，文绉绉的讲法叫"合卺"。传统的酒杯应该是"以小瓢作两片，安置拓子里"。如果找不到小瓢呢，就用两个小金银盏子，让一对童子分别递给小夫妻俩，"一盏奉上女婿，一盏奉上新妇"，您两位同时喝一口就行。这时候还有人用五色丝绵把您俩的脚趾系在一起，"系本从心系，心真系亦真。巧将心上系，付以系心人。"

好啦，可以真刀真枪了。那边有人帮新郎脱衣服。"山头宝径甚昌扬，衫子背后双凤凰。褧裆双袖双鸦鸟，罗衣接襟入衣箱。""既见如花面，何须着绣衣。终为比翼鸟，他日会双飞。"

比起新郎来，您这边要麻烦得多。先是去"帽惑"（一种类似于假发的头饰）："璞璞一头花，蒙蒙两鬓渣。少来鬓发好，不用帽惑遮。"

再给您摘掉头发上的花："一花去却一花新，前花是假后花真。假花上有衔花鸟，真花更有采花人。"

为您和新郎两个人梳头合发："月里娑罗树，枝高难可攀。暂借牙梳子，笋发却归还。""本是楚王宫，今夜得相逢。头上盘龙髻，面上贴花红。"

好了没？念叨完了没？再不完，老娘不干了穿回去！——您已经烦得忍无可忍，于是无关人等终于退场："天交织女渡河津，来向人间只为人。四畔旁人总远去，从他夫妇一团新。"

帐帘放下吧，让您和小丈夫说说话吧。"宫人玉女自纤纤，娘子恒娥众里潜。微心欲拟观容貌，暂请旁人与下帘。"

最后，帐幕一合，吹灯拔蜡——大家散了吧，天也快亮了。

　　第二天起来，您还得拜见舅姑（公婆），又是一大套烦琐礼仪。三个月以后去夫家的家庙里行礼，正式告知天上各位我把户口簿迁入您家了，还是一堆乱七八糟的规矩。如果到时候您还剩一口气在，我们再细聊吧。唐朝的婚礼大致就是这个样子。

　　最后补充：上面说的是新郎亲迎新娘，回自己家行婚礼的过程。在唐朝，有一个很普遍的现象是，如果结婚时女家比男方富贵、势力大，或者男家不在结婚当地，那婚礼全程都在女家举行，什么撒帐、同牢、合卺，全是女家一力承办。甚至结婚后很长时间内，小夫妻俩也是生活在女家的，这现象大家都习以为常，新郎不是那种被人看不起的"上门女婿"。

本篇参考文献 & 深度了解推荐：

李正宇. 下女夫词研究. 敦煌研究，1987（2）

《下女夫词》《崔氏夫人训女文》《障车文》等，是在敦煌资料的基础上，由作者进行了字句的修整加工，目的是方便读者阅读理解。与原文已经有较大出入，引用需慎重。

斗二奶，打小三，唐朝麻辣主妇的婚后生活

婚后生活

穿越到唐朝张家，排行三娘，小字阿穿的您，上回吹吹打打风风光光地出嫁了。想不想知道您的婚后生活会是啥样呢？

您的丈夫李四郎，总的来说还是一个外表雄壮、性情敦厚的男子，人品尚可。所以您想着，好歹先做一段夫妻试试看，不忙着穿回现代来。

新婚夫妇总是会有一段甜蜜期，比如您夫婿因事外出，分居两地的时候，你们小两口写写家书诉说思念之情，倒也能肉麻当有趣。

大唐××几年，那是一个冬天，有一只大雁……算了，有一个邻居，在您家的门口递了一封信。您拆开外封套，展开纸张，费力地阅读繁体、竖排的毛笔行楷字。

自从面别 已隔累旬 人信劳通 音书断绝 冬天甚寒 伏惟三娘子动止康和 儿女佳健 此某推免 今外游学 且得平安 唯忧家内如何存济 努力侍奉尊亲 男女切须教训 今因使往 略附两行 不具一一 李四状通三娘子左右

这封信的意思，大致是说老公我已经在外面游学几十天了，一直没跟家里通信。（没手机、没QQ就是不方便啊！）天气很冷，希望老婆你和儿女们都还好，有点儿担心你们的生活费够不够。要努力照顾父母，管教孩子。因为正好遇到可以带信的人，我就写两行算了，不长篇大论了。

您呢，看完一点头，找出家里的笔墨纸砚准备写回信。怎么说也是受过现代教育的知识女性，写个家书还不是小意思吗？

本公司友情提供唐代书信模板：

拜别之后　道路遥长　贱妾忧心　形容憔悴（老公你要是还不回来，我毁容了都怪你）当去之日　云不多时　一别已来　早经晦朔（你骗我出去几天就回来，这会儿跟狐朋狗友干啥去了弄这么久）翁婆年老　且得平安　家内大小　并得寻常时候　伏唯四郎动止万福　事了早归　深所望也　谨奉状不宣　张氏状上李郎

喂喂，毛笔字写得像乱柴横叉也就算了，拜托您写繁体行不？不会？那至少竖着一行一行写。我说，应该从右向左写好不好？逗号问号不能用！您以为古人都像啥啥心计的道具那么脑残，用word简繁体工具把大白话转换一下，就连标点一起往纸上打印，蒙人？

唉，真费劲，脑残穿越剧害死人啦。您这又想干什么？拿着封好的信找邮票找信筒？您干脆带着笔记本电脑和无线网穿回去好了。您问官办驿站负不负责邮寄信件？除非您老公已经是比较有地位的朝廷命官，而且跟驿站系统交情不错，可能驿将们会把您的家书混杂在政府公文里一起送达目的地，否则一介平民想通过驿站寄家信，那基本不可能。您还是老实打听四邻八舍的谁恰好要出门途经您老公所在地，把信托给人家吧。

像互通情书这种小情小调的甜蜜事件，在您穿越成唐朝女的婚后生活中，所占的比例是非常小的。大部分时间里，您恐怕都在痛苦地适应当时人的种种封建观念和混账做派。

好比说，您婚后第一天，经过了昨夜婚礼的一番折腾，好不容易爬起来，上堂去拜过了公公婆婆，又把新妇应履行的礼节折腾一遍，终于觉得没事了，就见夫家的婢仆领进来一个穿着光鲜的两三岁小娃，到了堂前，指着

您对那小娃说："快行礼，叫阿娘！"

您还以为是哪个亲戚家的孩子呢，开始没在意，但这时候您的新婚丈夫侧过身，满脸笑容地告诉您，这是他的（庶）长子，小名阿一，自此以后也就是你的儿子了。

天雷轰轰吧？嫁人刚一夜，就当孩子的娘了。哎，不对啊，负心死鬼你上我家求婚的时候，明明说"年已成立，未有婚媾"，没结过婚，这娃从哪里来的？石头缝里蹦出来的？

您老公理直气壮伸手一指道："侍婢所生。"——从昨夜起就一直忙前忙后眼圈红红的一个年轻仆妇连忙上来向您跪拜，口称"娘子万福"。这就是您老公的儿子的生母，早在您这个正妻进门前就开始跟少主人××，也就是后世所说的"凡爷们没娶妻前，房里都先放两个人服侍"的那种"通房大丫头"。

您眼燃怒火地左右逼视，却见在场所有人都一脸淡定模样，仿佛男人未婚前就跟婢女生子是天经地义、理所当然。倒是您从娘家带来的婢妇赶紧上前，附在您耳边低语，劝您要拿出高门大家女的雍容气度来，可别显得不高兴，被夫家指"嫉妒不容人"，就连父母的家教声名也一并辱没了——这都是什么世道啊，掀桌！

拍肩，没办法，您就忍忍吧。唐朝那些家境不错的臭男人，一个个全是这副德行。偶尔有一两个洁身自好，婚前不搞婢女不玩妓乐的，那都稀罕到要被写入传奇小说里了，而且肯定会被朋友们嘲笑为"不行了"或者有断袖癖。

您问啥？既然臭男人跟婢女连孩子都有了，干吗不娶她为妻算了，还要祸害清白的您？唉，说不定您老公倒真想娶他的初夜"袭人姐姐"当正妻呢——如果他不怕夫妻双双做苦役的话。

在唐朝，对于"良贱制度"那是相当重视，贵族、平民之类的"良人"，和奴婢乐户之类的"贱人"，两个阶层之间绝对不准通婚（指明媒正娶）。法律规定，如果臭男人立自家隶属"贱籍"的婢女为正妻，那官府要出面干涉，判男人做两年苦役，女人打回原阶层还去当婢女，不准享受正室待遇。

即使婢女生了男主人的儿子也不行？对，不行，婢女生子的话，或者虽然没生子，但是男主人特别喜欢她，那要先经过官府批准履行一道"放良"手续，把"袭人姐姐"的户口从贱籍上剔除出来，才可以让她做比婢女高一级的"侍妾"（不经过放良直接让她当妾，那也犯法，男主人要服一年半徒刑）。

难道唐朝就没有侍妾直接扶正当正妻的？这个……倒也有，但前提是这个妾入夫家门时，她是良人，不在贱籍上，这样可以扶正。如果这个妾原本曾经是婢女，那最多也就到侍妾这一级了，绝对不能再立为正妻，否则按"以妾为妻"的罪名惩治夫主，徒一年半，婢妾打回原形。

如果这个"袭人姐姐"的运气特别好，真是遇上了一个坚持一夫一妻、忠贞专一的男主人（穿越过来的？），那她的夫主可以一辈子不娶正妻，一心一意跟婢妾过日子。只要不在乎别人的议论嘲笑，他跟婢女生十七八个娃也没人管，而且因为没嫡出的孩子，庶生的娃也可以正常继承家产。不过这种男人在唐朝估计比貔貅还珍贵，您嫁的老公，显然不是这种人。

您老公是个相当普通正常的男人，跟大多数人一样要面子，正妻必须是像您这样出身、陪嫁、地位教养都不错的良家女，才能在他所属阶层常见的"夫人外交"中发挥应有作用。

那边有个穿越的美眉说，古代男人都是"爱她就让她当婢妾"，把真爱宠在手心里呵护着。无爱的包办婚姻大老婆，那是用来推到风口浪尖承受四面八方攻击的，命运比当二奶的悲惨多了。所以她要穿就穿成小三，跟男主角情投意合、甜甜蜜蜜、双宿双飞……

那好吧，欢迎穿成我们家男主人的宠婢。一定要来哦，不来的话一年会长胖20斤哦……（摩拳擦掌准备中）

白光闪过，在家内诸人的围观下，那个给您老公生了儿子的婢女果然昏倒后又苏醒了，张嘴一口纯正的普通话："怎么回事？我穿越成功了吗？"

家内上下人等面面相觑——谁听得懂这一千多年以后的幽州方言啊——

再问几句，见她还是满嘴鸟语，您这个主母就可以冷笑一声，指挥下人："这婢子被邪灵上身了，拿板子给我打！"

女主人有命，奴仆们哪敢怠慢，纷纷抢圆了鞭子、板子、藤条就冲着宠婢一顿乱抽。哭爹喊娘的惨叫声中，只有您一个人听懂了，穿越"袭人姐姐"喊的是："李四哥哥啊，你快来救我啊……"

摊手，敢情她还真指望着那个忍心让她做小的情郎为她出头对抗正妻？别说臭男人一时半会儿回不来，就算回来了，主母责笞奴婢那也是完全理所应当的（跟臭男人搞婢女一样理所应当），何况您又有十足的理由——小三邪魔上身了嘛，怎么能驱邪怎么来。万一手软导致她体内的邪灵跑出来侵害了父母尊亲，那算谁的责任？

在这种情况下（奴婢有罪或者主人"有正当理由"的时候），您作为家主，就算"一不小心"把奴婢活活打死了，那也不入罪。如果有人能证明您是故意成心要打死奴婢，也就是唐律里"诸奴婢有罪，其主不请官司而杀者"那种情况，您所得的处罚也不过是"杖一百"，不用偿命。甚至"无罪而杀者"，最高也就"徒一年"。

而且呢，出于"家丑不可外扬"的考虑，即使您老公回来以后对宠婢的死痛不欲生，也基本上不会向官府去告发自己妻子。99%的可能性，全家会异口同声说是"一不小心"行刑过度误杀的。

您说打出人命总归不好，做人还是别太残忍了，把小三踢出家门别在眼前晃就行？那好，直接让下人叫来人牙子，把"袭人姐姐"卖了吧，邪祟祸星还是早点儿滚最好。她说啥？她是这家小主人的生母，不能被卖？剔牙，一个贱婢而已，连她生的儿子都不乐意认她，你看谁把她的话当回事啊？

人牙子来了，验货立券，主母您签字按手印，接了身价钱，赶紧把这灾星领走吧——完活儿。

过几天以后，您丈夫回来了。听完您神定气闲的讲述，有那么0.001秒的时间，他眼睛里还是迸发出了深刻的悲痛、怀念、惋惜、留恋之情……但是

0.001秒后，他不带走云彩地挥一挥衣袖，表示这事就这么办吧，然后一个转身，把另一个漂亮的婢女带到您面前。

"来拜见娘子——这是我在路上新得的婢子。"

"这又是哪里来的？"

"朋友王九赠我的家妓啊。"您老公一脸的扬扬自得，仿佛杀了贼王，擒了反叛似的——其实他也不是成心气您啦，只是当时朋友之间相互赠婢、赠妓是很流行的贵族范儿，赠人者显示自己有多豪爽大方，受赠者则觉得自己到处受人欢迎尊重，也是大有面子的事。唉，别掀桌啊，我们从长计议、从长计议……

是啊，李四这负心郎交的都是些什么狐朋狗友啊，有送女人的心思，还不如把自己洗干净送上他的床呢。要是骂一顿能让您消消气，您就先骂着，我喝口水去，骂完了叫我啊，咱再商量怎么对付这新来的狐狸精。

喝水归来。在唐朝严苛的"良贱制度"下，主母要治死个奴婢，比斩杀牲畜困难点儿有限。所以只要您脑筋灵活一点儿，要在自己家里折腾婢妾，方法还是很多的。

比如，某天宣称自己有一把嵌宝金插梳找不到了，叫心腹侍婢带人翻查。心腹查到男主人宠婢的房里，掀开枕席，手里一扬，那把插梳赫然在目。好啊，奴婢偷东西，这还了得！不打一顿撵出去卖了，还等啥呢！

再比如，臭男人又迷上了一个婢女，您就打发这宠婢去照顾小主人（上个倒霉女留下的那儿子）。小孩子总是很任性的嘛，少不了有叫嚷哭闹的时候，等小孩子一闹，您就说这宠婢有意虐待少主人，打……撵……卖……

当然了，您这么一个又一个往外扔跟男主人有染的婢妾，您老公就算再大大咧咧、没心没肺，应该也会觉察出不对劲儿了。同时，如果您是跟公公婆婆同住一宅，轰走了他们孙子的生母，估计俩老也会背后指戳。

这倒有办法解决。假如您自己娘家在当地势力大，那夫家上下全体都会睁一眼闭一眼地糊涂过去算了。如果您娘家势力一般，那么您要巩固在夫家的地位，最好的办法就是——怀孕生个儿子。

在跟臭男人吵吵嚷嚷争争闹闹过了两年以后，春天来了，您发现自己怀孕了。正室有身非同小可，全家上下大喜，众星捧月似的小心翼翼照顾您，您老公也不例外，几个月过去了都非常安分。

不过，就冲他那（标准唐朝大男人）的秉性，您相信他能忍几个月不找女人？少不得要派心腹侍婢奴仆四下打探，果然，费了一番气力打听出来，李四这负心汉在外面养了一个"别宅妇"，每月总有那么十天八天晚上不在家，说是跟同学喝酒作诗拼文，其实是跑去金屋找"尤二姐"销魂去了。

别动气，别动气，孕妇要保重。您呐，先装不知道，然后在家里嚷嚷自己头晕目眩，白日如同见鬼，某一天接到了一封从门缝里塞进来的信，里面写明"尤二姐"的住址。于是您派些下人上门去抄查，精确地在别宅妇床脚下发现了一个用草或者纸做成的人形，上写您的闺名和生辰八字外带粘着一缕不知道是啥的毛发。

您可还怀着李四这小子的嫡子，别宅妇这贱婢是想连母子一起害死好让李四接她进家门，估计这种情况您公公婆婆会比您本人还恨得厉害。没说的，打个半死报官发卖吧。

夏去秋来，您这么劳心劳力的，肚子又一天天膨大起来，终于熬够十个月，快要临产了。按当时的风俗，您可以要求回娘家（也叫本家）待产，生活习惯更舒适些，娘家人也会照顾得更周到，一般夫家不会反对。（臭男人大概更巴不得送剽悍老婆离家，他好去偷鸡摸狗吧？）

古代生孩子的女人，死亡率是很高的。到了临盆那一天，娘家和夫家都去寺庙求神拜佛献供，希望您母子平安（夫家估计主要是希望孙子平安，新妇一定要生个男孩）。献供的时候还要念《难月文》：

> 患者乃遂因往劫，福凑今身，感得妇人之身，难离负胎之患。今者旬将已满，朔似环周，虑恐有伤毁之唆，实惧值妖灾之苦。故即虔心恳

切，望三宝以护持；割舍珍财，仰慈门而启颡。伏闻三宝是济危拔苦之能人，大士弘悲，无愿不从而惠化。以斯念诵功德，总用庄严，患者即体：唯愿日临月满，果生奇异之童；母子平安，定无忧嗟之厄。观音灌顶，得受不死之神方；药上扪摩，垂惠长生之味。母无痛恼，得昼夜之恒安；产子仙童，似披莲而化现。

这边喃喃诵经，那边您腹痛欲裂哭天抢地，经过一番痛苦挣扎，幸亏您肩宽体壮、膀大腰圆，顺利把婴儿生下来了，还真是个男孩！这下扬眉吐气，从此以后可以把那个贱婢生的儿子踹一边去了！老公（未来的）官职爵位门荫归自己儿子继承！夫家大部分财产也是您的了！"七出"里的"无子"这一条再也派不上用场！哪怕公公婆婆也不能随便轰走您这个儿媳妇了！

夫家也派人来娘家探过了，对这个全须全尾的孙子表示满意，顺送了不少慰问品过来。正当您觉得完成任务，可以松一口气了，没过几天，小儿突然惊风抽搐，扎针灌药也没抢救过来，死了。

唉，没办法，古代那个医学水准和卫生观念，婴幼儿死亡率实在是太高了，差不多有三个孩子以上的家庭都经历过死婴的过程。您抱着自己儿子的尸体，窗外是一片毫无生气的冰天雪地。回想结婚三年来，天天斗二奶，打小三，咸吃萝卜淡操心的日子，有意思吗？还想过下去吗？

要不，我们穿回来吧？

回来之前，先去跟臭男人打个离婚手续把他休掉，怎么样？

本篇参考文献 & 深度了解推荐：

姚平.唐代妇女的生命历程.上海：上海古籍出版社，2004

嫁妆还我，赡养费拿来，负心汉咱离婚吧！

离婚手续

在上篇唐穿指南里，嫁给李四郎的您，经历了种种不愉快的婚后事件，决定要跟李四离婚。今天我们就来看看唐朝的离婚手续怎么办。

首先，作为穿越爱好者的您，请牢记"七出、三不去"，也就是男方"休妻的七大理由"和"不能休妻的三大原因"。这个不仅是在唐朝，在汉以后的历朝历代基本都适用，无论您穿到了哪里都有应用价值。

按唐律，可以被臭男人休掉的妻子所犯的"七出"分别是：

一、无子——这个应该说不适用于您，因为上篇您已经给李四生了个儿子。虽然刚生下不久就死了，但是以您的年龄，显然生儿子的可能性还很大。唐律规定，正妻要年满五十岁以上无子，才能适用此条被休。（如果是男方患不孕不育症呢？也要归罪于女方。这什么世道啊！）

二、淫佚——咳咳，无论您看到帅哥动没动过心思，只要没有真凭实据被夫家抓住，这理由就不能随便用。什么？他们说跟自己老公××○○太多也算淫佚？少乱来了，结婚两年才怀上娃。

三、不事舅姑——跟公公婆婆关系不好，不好好侍奉老人。这就是考验儿媳妇的情商了，会不会哄老人高兴。估计穿越女们这一项都不及格。

四、口舌——成天东家长西家短地说闲话，跟妯娌小姑们吵架拌嘴也算。

五、盗窃——在夫家乱拿不属于自己（嫁妆）的东西，私藏起来或者偷偷给人。

六、妒忌——不容许自己老公跟其他女人××OO，这一条您张三娘那可是板上钉钉坐得实实的。

七、恶疾——染上了妨碍正常生活的疾病，包括麻风等传染病，也包括聋哑、眼盲、秃头、跛脚、驼背等等。其实这一条也十分之混账，比如老公在外面乱交染上了花柳病，回来传染给妻子，结果妻子却要因为"恶疾"被休，上哪儿说理去啊。

以上是"七出"条款，历代都差不太多。"三不去"也就是"男人不能休妻的三种情况"，分别是：

一、经持舅姑之丧——公公婆婆死后，按礼法规定为他们服过三年丧的妻子，不能被丈夫休弃。

二、娶时贱后贵——丈夫又穷又贱的时候娶的妻子，后来发达了，也不准休妻。我觉得这一条还是很人性化的，现在也很有借鉴意义（如果臭男人发达以后，糟糠妻自己想离婚那倒可以）。话说贞观年间，大脑经常短路的李世民陛下曾经表示过要嫁女儿给门神尉迟敬德，就被尉迟以这条"糟糠之妻不下堂"的律令规定给顶回去了。

三、有所受，无所归——这一条的"受"和"攻"……不对，"归"，解释起来有争议。有人认为是说"妻子成婚时带来的嫁妆，如果休妻时夫家无力归还，就不能休妻"，也有解释成"明媒正娶进门的妻子，如果休妻时她的父母兄弟已经不在了，没有娘家可回，就不能休妻"。大致上，理解成"妻子被休以后无生活来源"应该错不到哪里去。

"七出"和"三不去"是相互制约、相互斗争的关系，如果一个妻子，比如说张三娘您，既犯了"七出"（妒忌），又有"三不去"的情况（假如说您在李家当媳妇时丈夫当上了官），那怎么办呢？

按唐律规定，如果您犯了"恶疾"和"奸"这两条罪名，那么即使符合"三不去"的情况，夫家也可以休妻。除这两条以外，只要您符合"三不去"，那么即使犯了"七出"的其他条款，夫家也不能休妻。

如果丈夫在妻子没犯七出、没犯"义绝"（下面会讲这个）条款时，蛮不讲理硬把妻子休了，官府会判他一年半徒刑，把妻子追回来，不准脱离关系。如果妻子犯了"七出"里的其他五条，但有"三不去"的情况，丈夫还是把人家给休了，丈夫要打一百杖，妻子仍然追回来。

如果以上都不存在，丈夫"合理合法"地休妻，倒不用报经官府批准，但是需要把休妻的情况写个书面文件，他的父母、伯叔、姨舅要在文件上签名，妻子这边的父母、伯叔也要在文件上签字同意，连带邻居朋友见证人什么的一起签名作为凭证。

以上说的是丈夫主动休妻时的情况，唐朝还有一种情况，夫妻双方可能都不想离婚，但是官府会强迫他们离婚，这种叫"义绝"。

发生了什么事的时候，官府会动用行政手段强迫夫妻分开呢？

比如说——您跟李四吵架，吵着吵着动起手来了，公公婆婆过来劝，估计少不了要向着自己儿子拉偏架，您一时气急，骂公公婆婆"老贱奴""老虔婆"——得，妻打骂夫的父母、祖父母，这都算犯"义绝"，官府如果知道了，直接就判您和李四离婚，如果不离，要服一年徒刑。

类似犯"义绝"的行为还有：

一、妻子杀伤夫的外祖父母、伯叔父母、兄弟、姐妹、姑。

二、妻子蓄意谋害丈夫。

三、妻子与丈夫的近亲通奸。

四、丈夫与岳母通奸。

五、丈夫殴打妻子的父母、祖父母。

六、丈夫杀害妻子的外祖父母、伯叔父母、兄弟、姐妹、姑。

七、夫妻双方的父母、祖父母、外祖父母、伯叔父母、兄弟、姐妹、姑相互杀害。（好壮观啊……）

总之，如果有以上家族大火并的情形发生，夫妻俩要被强迫离异，断绝两个家族的联系，哪怕遇到"大赦"也非离不可，违者徒一年。

以上"七出"也好，"义绝"也好，一旦夫妻以这两种方式离异，都是非常伤感情的，两个家族之间基本上也都会由此结下仇恨。同时，无论是男方还是女方，在当地都会落下不好的名声，总之是影响安定团结，不利于维稳和谐。

所以，不到万不得已，男女两家不想撕破脸的话，李四和您这对小夫妻，八成会选择"和离"，也就是"协议离婚"，这是影响面最小，对双方家族伤害最少的办法。

"七出"是男方提出离婚，"义绝"是官府出面判定离婚，"和离"呢，是双方协商，所以您作为妻子，就可以从本家派个人去夫家，向李四提议：咱俩结婚三年，一直"不相安谐"，吵吵闹闹的没意思，咱离了吧。

李四那边，虽然有点儿不舍，有点儿肉痛（娶个媳妇挺贵的），但想到那些个被您赶走的美妾宠婢，为了他今后半辈子的性福，也就同意了。小夫妻禀明双方父母，都强调自己在婚姻生活中很受伤，心疼儿女的老人也没办法，离吧。

名义上，和离的主动权还是掌握在作为丈夫的李四手里，所以他要写一封《放妻书》给您。

> 盖次伉俪情深 夫妇义长 幽怀合卺之欢 叹同牢之乐 夫妻相对 恰似鸳鸯 双飞并膝 花颜共坐 两德之美 恩爱极重 二体一心 死同棺椁于坟下（这说的是理想状态下的夫妻关系标准）三载结缘 则夫妇相和 按年有怨 则来作仇隙 今已不合 想是前世冤家 眅目生嫌 作为后代增嫉（结婚三年还成天吵架，估计前世就是对头，就别硬扯着连累子孙了）缘业不遂 见此分离 聚会二亲 夫与妻物色 具名书之 已归一别（合不来就离婚，双方亲属一起见证，李四给妻子您的东西都一一写清楚）相隔之后 更选重官双职之夫 弄影庭前 美逞琴瑟合韵之态（这是李四祝愿您再嫁个好丈夫，下次婚姻幸福）解缘舍结 更莫相谈 三年衣粮便献柔仪（给您"三年衣粮"作为赡养费）伏愿娘子千秋万岁 时某年某月某日某乡李四放妻书一道

从《放妻书》里能看出来，你们协议离婚以后，李四不但要依律把您带到李家的嫁妆原价还给您（唐朝经济条件不错的人家，嫁女一般都会陪送丰厚嫁妆，包括布匹钱粮等等），还给了您一笔足够三年花用的赡养费。三年以后呢——一般三年之内您就能再嫁出去了，再找一个男人当饭票就是。

您问啥？古代不是宣扬"从一而终"吗，您这离了婚的妇女，还能再嫁出去吗？

怎么说呢，当然大家还是承认娶初嫁闺女比娶二婚妇人强，也承认头婚原配的地位比续弦正房的地位高一些，但是在唐朝和唐以前，女子离婚、再嫁都是很常见的现象。尽管官府和社会舆论也尊重"妇人守节"是一种品德高尚的行为，但是如果您夫死了或者离婚了，再找个人结婚，一般不会有人出面指责您不守妇道啥的。

　　唐朝的男人找老婆，首先看对方的出身，是不是高门大姓或者至少是当地望族；其次看地位家产，如果对方父兄官职高，家里有钱最好；最后看女方本人是否有才有貌德行口碑好，至于女方是不是初婚的闺女，考虑次序那是比较靠后的。

　　像您这样的情况，在当地算不错的人家，父母疼爱，给的嫁妆很多，自己又还年轻能生儿子，三年之内再婚，问题不大。当然，再婚不再婚也要在一定程度上尊重您个人的意愿。

　　基本上来说，唐朝的大男人各个都跟李四差不多，要他们一辈子只对您一个人保持忠贞，是不太可能的。如果您还是不肯接受这个穿越现实，那干脆别再嫁人了，以"父母年老需要侍奉"为借口，您完全可以理直气壮地赖在娘家吃一辈子白食。父母死后，当家的兄弟有责任继续供养您，就算兄弟死了，继承家业的侄子也要一直供着您白吃白喝到死为止，您死后他们还得按礼制为您服丧。

　　其实别说您自己一个人回娘家吃白食，就算再带几口子，好比说，跟李四离婚以后您又嫁给了赵六，过了几年生了两个孩子，赵六病死了，就算他家里还有父母兄弟户主，您也可以收拾应得的家产，带着两个拖油瓶回娘家居住。

　　这种情况下，您孩子的外祖父母、舅舅表哥，都有责任有义务供养寡女（姐妹/姑）一家几口，衣食标准和自己家人一样，还要负责送您的孩子上学读书、赴科赶考，甚至结婚成家立业。这是唐朝人普遍认同的家庭责任，如果做不到，要受社会舆论谴责的。

　　然后，如果您的后半辈子是在娘家度过的，到了您的弟弟或者侄儿当家时，您对于家庭事务也有一定的发言权，家里的重大事项做决定前要和您商量。特殊情况下，甚至可能这个家就由您来管了。死后您也可以葬入家族坟地，长眠在父母身边，晚辈给立个碑文墓志，还要写您是为了侍奉父母才回娘家长住，称赞您是一位孝女。

这几章里，我们说了很多您穿越成唐朝妇女后面临的命运，看完之后是不是觉得坑死人了？要知道，唐朝的妇女地位在所有封建帝制王朝里，还算是比较高的呢！所以，如果您是女性，敬请珍惜现在的幸福生活吧！

本篇参考文献 & 深度了解推荐：

姚平著.唐代妇女的生命历程.上海：上海古籍出版社，2004

钱大群撰.唐律疏义新注.南京：南京师范大学出版社，2007

第七章　有心进入政界的同志注意了

吓死你不偿命，秦琼、敬德的门神工资

公务员收入

看完了苦逼的唐朝穿越女生活以后，您觉得穿越成男性会好很多？未必呀，未必。

确实，前面我们讲了不少唐朝的美食华服、旅游风景、娱乐产业、体育运动这些烧钱项目。不过享受完以后，您是不是应该郑重考虑一下赚钱的事了？就算您是官二代、富二代，也总有坐吃山空的一天，不是吗？

在唐朝什么工作待遇最好？那当然是亘古不变的考公务员，当官捧铁饭碗啦。

为了给您提提精神，谈工作之前，先大概说说唐朝公务员的收入吧。

盼望着，盼望着，秋风来了，发工资的日子近了。赶紧着，招呼家人奴仆清仓房、倒腾库底、洗刷米缸，最好再跟人家要几只猫来养着抓老鼠，没猫请蛇大仙来也行。您问这是干啥？唉，不是说了，要发工资了吗？

发工资跟仓库米缸有什么关系？呃，您认为您将要到手的工资会是什么东西？纸币？金条？银行账户上的数字？还是所有古装剧里上至尧舜禹汤下至晚清民国几千年来通行不悖的——银票？

唉，白烂天雷古装剧害死人啊。您听好了，您这个唐朝公务员，每年领一次（对，一年一发，不是每个月都领）的工资，大部分都是白花花的大米。可能也有一些地方由于自然地理条件限制，只能发放小米、稻谷或者别的粮食，不过那都要按一定比率折算，发放的粮食价值要相当于别地那么多大米的价值。

总之，工资主要是粮食，而且大多是在秋收后粮食已经入库的时候发，发一次粮食要够你们全家吃一整年。所以，领工资以前，您家里必须准备好存放大量粮食的空间和容器。

您问要准备多少个米缸才够？这就要看您当的是什么官了，毕竟工资是按照级别和岗位来发放的嘛。如果您政绩不错，连连升官，工资也会跟着上涨。

在您刚刚入仕的时候，身上套着两个官衔，分别是"将仕郎"和"秘书省校书郎"。那么问题这就来了，"将仕郎"是一个从九品下阶的最低级的"散官"，而"秘书省校书郎"是一个正九品上阶的职事官，您的工资要按照哪个级别发放呢？

就高不就低？美死你了。记好了，在唐朝名目繁多的各种工资项目里，最重要的"禄米""月俸"和前期"力课"，都是按"散官"的品级来计算发放的。所以"散官"这个系统，经常也被叫作"寄禄官"，意思是这个官衔没啥实际工作可干，纯粹是用来标志收入待遇。

您刚刚做官，当然是从最低级的"从九品下阶"开始计算工资。那么，您一年能领到多少大米呢？唐朝中央对各级官员禄米有统一明确的规定，我们来看两张表。

唐朝京官每年能拿到的禄米如下：

正一品官 700石，从一品官 600石；正二品官 500石，从二品官 460石；正三品官 400石，从三品官 360石；正四品官 300石，从四品官 260石；正五品官 200石，从五品官 160石；正六品官 100石，从六品官 90石；正七品官 80石，从七品官 70石；正八品官 67石，从八品官 62石；正九品官 57石，从九品官 52石。

上面说的是在京城长安做官的工资表。如果是在京城以外的地方做官，就比较惨一点儿，工资要比同级京官低大约10%。

唐朝外官每年能拿到的禄米如下：

正一品官 650石，从一品官 550石；正二品官 470石，从二品官 430石；正三品官 370石，从三品官 330石；正四品官 280石，从四品官 240石；正五品官 180石，从五品官 140石；正六品官 95石，从六品官 85石；正七品官 75石，从七品官 65石；正八品官 64.5石，从八品官 59.5石；正九品官 54.5石，从九品官 49.5石。

对照上表，您看看，您这个在长安做官的"将仕郎"，一年能领到52石大米呢。52石大米有多少啊？您先别急，这可不是您一年的所有收入，还有几项福利奖金津贴什么的可以领呢。

您的第二大收入项目，叫"职田"。

"职田"就是朝廷给官员们发的土地，让他们雇农民来种地，自己收地租来作为工资补贴。职田的数量，当然也是根据官员等级来分发的，不过这个就不是按"散官"等级来算，而是按"职事官"算的。

职田的数量，同级京官和地方官也不同，但是这回反过来了。因为京城仓库多、人均耕地少，所以京官的职田比较少。而地方上闲置耕地较多，所以地方官分到的职田就多，正好可以补贴少拿禄米的心理不平衡感。

京官职分田列表如下：

一品官1200亩，二品官1000亩，三品官900亩，四品官700亩，五品官600亩，六品官400亩，七品官350亩，八品官250亩，九品官200亩。

外官职分田列表如下：

（地方职事官没有一品官）二品官1200亩，三品官1000亩，四品官800，五品官700亩，六品官500亩，七品官400亩，八品官300亩，九品官250亩。

您的职事官是"秘书省校书郎"，正九品上阶，能分到200亩职田。不过，我问问您，这200亩地，您能自己种吗？不能吧？肯定得租出去当地主，那么一年能收多少租子呢？

唐朝廷规定，职田收租不能超过每年每亩6斗粟。就按一年1亩田6斗粟来算，您这项收入是1200斗（120石）粟子。

为了您最后方便计算一年总收入，我们最好把您的所有收入都折换成大米。按唐朝的官方比价，粟2石＝稻3石＝米1.2石，职田收入120石粟＝72石大米。

看看，您的职田收入比禄米收入还要多呢，感觉到受鼓舞了吧？别着急，下面还有呢。

您的第三大收入项目，叫"月俸"。

"月俸"这项比较麻烦，因为一开始主要是发肉鱼、果菜、香皂、洗发水、笔墨纸砚等实物，当然也发钱。后来大家都觉得发钱最合适了（在商品经济发展得越来越好，用钱买东西越来越方便的情况下），于是朝廷也定了章程，规定每个月按等级给官员们发钱或者相当于这么多钱的实物。

京官的月俸收入如下：

一品官11贯钱，二品官9贯钱，三品官6贯钱，四品官4.2贯钱，五品官3.6贯钱，六品官2.4贯钱，七品官2.1贯钱，八品官1.85贯钱，九品官1.5贯钱。

按您那"将仕郎"的九品散官品级，您每个月能领到的福利钱物，大概相当1.5贯钱，那么一年就能领到18贯钱。

要把钱折算成大米的话，18贯钱能买到多少大米呢？

据说唐代中叶（开元天宝年间）正常的米价是斗米20钱，石米200钱，但是贞观四年（632）以后，似乎一直到高宗前期，二十多年间米价都在极低的情况下运行，贞观四年斗米3～4钱，贞观八九年（636—637）斗米4～5钱，贞观十五年（643）斗米2钱，高宗永徽五年（654）斗米4钱，麟德三年（666）斗米5钱……目前暂且算初唐平均斗米10钱吧？1石=10斗，1000文钱=1贯，也就是说1贯钱=10石米。

18贯×10石米=月俸年收入为180石米，比禄米和职田收入加起来还要多哟！

地方官的月俸嘛，我们就不细说了。因为前期地方官的月俸基本上由本地财政收入的多少来决定，同级的官员，因为所在地区不同，福利收入差距就非常大。

您的第四项收入，也是作为中低级官员的最后一项主要收入，叫"力课"。

这玩意儿可能会让您略有不适感，因为这个收入的内容，是活生生的精壮汉子的劳动服务。

唐朝的百姓男丁，每年除了种地交租子交粮食以外，理论上还要服役，即给官府免费出力气干活。到官员们家里来看家护院、站岗放哨，官员们出行的时候前呼后拥当卫兵，也是他们服劳役的内容之一。

服这些劳役的男丁，根据品级和位置不同，分别叫防阁、庶仆、白直、执衣等等，为简单起见，我们一律管他们叫"役力"好了。

唐朝京官给配备的役力人数如下：

一品官九十六人，二品官七十二人，三品官四十八人，四品官三十二人，五品官二十四人，六品官十五人，七品官四人，八品官三人，九品官两人。

这里的官品，唐高宗之前是按"散官"算，高宗以后按"职事官"品级算。所以您这个九品散官兼九品职事官，每年还有两个免费的卫兵可用呢。

按我们的规矩，卫兵也要换算成大米。您问人肉和大米的比价是多少？这也太重口了吧，不是这么算的。

这些应该来服役的男丁，如果家里有事抽不开身，或者干脆就是不乐意去给别人低三下四看家护院，就宁可交一笔钱完事。这笔钱，我们就叫它"力课"。这种情形，官府倒也允许，而且还给出了官方的定价，就是每个月交200钱多一点儿，咱就算200钱吧。

所以如果您这两个公费配备的卫兵，一年都不来当差，您家这一年就又有4.8贯钱的收入啦。还按1贯钱=10石米算，48石大米到手。

好了，中低级官员的主要收入说完，我们来算算，您这个小小的唐朝九品芝麻官，一年总共能领到多少大米？换算成人民币大概有多少？

禄米52石+职田收入72石+月俸180石+力课48石=全年总收入352石大米。

按现代学者的研究，唐朝的1石大米，约等于现代的85斤米。所以，您得做好准备了，要领一年的工资，得往家搬回近3万斤大米来……

如果按现在的市场米价，1斤大米2元人民币左右的话，您这个唐朝最小的官员，年薪也有接近6万元人民币，月收入5000元。感觉如何？

什么？您问唐朝最大的官收入有多少？这可难说了。首先，不包括皇帝那一家子吧？然后，杨国忠、李林甫那些大贪官奸臣的家产也不好算。这样吧，我们就算两个名气比较大的清官、好官，比如您家里过年贴的那俩门神。

元代以后，两位上古门神神荼、郁垒的人气，被更加世俗化的叔宝、敬德逐渐分走不少。我们就简单说说秦琼、尉迟敬德二位开国元勋，在给李世民陛下打工期间的收入。

先把他两一辈子拿到的最高官职晒出来，敬德是吴国公，食实封1300户（封爵）、开府仪同三司（散官）、右武侯大将军（正三品职事官）。秦琼是翼国公，食实封700户（封爵）、上柱国（勋官或散官）、左武卫大将军（正三品职事官）。

然后我们就去找找他们的禄米等级吧。

您先别急，仔细瞅瞅人家两位的官衔，跟您这位九品芝麻官相比，是不是多了些啥？

像你们这样的中低级官员啊，可能身上只套着"散官"和"职事官"两个体系的头衔。但是像二位门神这种开国元勋，最高级的大官僚、大贵族，很可能还要再多出两种官衔。

一种叫"封爵"，就是敬德的"吴国公"和秦琼的"翼国公"。这个主要体现的是血统，比如皇子们封的王，皇女们封的公主，都算是"封爵"。异姓臣子想弄个封爵是很不容易的，一般做到"国公"级，爵位就到头了。

而且，有了封爵，未必就一定有经济上的好处，这要取决于二位门神封爵后面跟着的那一句"食实封N户"。没有"食实封"，只有虚封的，一分钱都拿不到，纯属荣誉证书。

"食实封"是啥呢？就是朝廷在某些地区划出几十几百户人家，规定这些人家本来应该交给政府的赋税（唐代是租、庸、调三种），转去交给爵爷们作为他们的收入。正常情况下，皇族亲王的食实封最高不超过1000户，公主只有300～600户，敬德的1300户、秦琼的700户，在整个唐朝都算顶尖的食实封了。

其实，即使是最少的起步食实封50户，一年收入都比一品官员的全部工资高。所以，唐朝有规定，如果你有了"食实封"，那么禄米、职田这两项都不再发给你了，想多吃多占也要有个限度啊。

那么我们就来看看，二位门神的食实封收入是多少。

初唐的租庸调制，要求每个成年男子（丁）每年向国家交纳税粟2石或者稻3石，是为租；每人一年服役二十日，是为庸（如果不服役，每日交三尺绢）；调则随乡土所产，绫、绢、绝各二丈，布加五分之一。输绫、绢、绝者，兼调绵3两；输布者，麻3斤。

把以上这些杂七杂八全换算成大米的话，按现代学者（李锦绣《唐代财政史稿》）的研究，贞观年间的男丁每年要交相当于15石大米的财富。

另外，唐朝那些"食实封"的米虫，在挑选自己的"封户"时，都是拼命挑那些男丁多的家庭，据说至少是"三丁以上"。就按每户三个男丁算吧，敬德每年1300户的收入是：15×3×1300＝5.85万石大米；秦琼每年700户的收入是：15×3×700＝3.15万石大米。

然后他们二位还可以领月俸和力课。

按我们上面列的表，敬德的"开府仪同三司"是从一品散官，每年可领月俸132贯钱，折米1320石；秦琼的散官官品如果按"上柱国"来算，是二品，每年月俸108贯钱，折米1080石。

力课，敬德一年收入230贯钱＝2300石米，秦琼是1728石米。

这还不算完呢，对于他们这些带高级"勋官"（上柱国）的顶级武将来说，还另有一大项力课收入，叫作"亲事、帐内"课钱。这些"亲事、帐内"也是对免费卫士的称呼，但这些卫士一般都是高官家的子弟，充当高级官员的"亲事、帐内"是他们步入官场的途径之一，所以不干是不行的。可是大少爷们去站岗总是不情愿。老法子，交钱赎身吧。也因为都是高官家子弟，油水足，所以交的钱可真是不少，这笔钱也就成了配备"亲事、帐内"官员的一笔大财源，不能忽视啊。

具体表格就不列了，简单给个结果：敬德的这项收入每年约195贯钱，1950石米；秦琼的这项收入是1335石米。

最后的总加法：

尉迟门神的年总收入=食实封5.85万石米+月俸1320石米+力课2300石米+亲事帐内课1950石米=6.407万石米=1089.19万元人民币，即年薪1000多万，月薪90多万。

秦门神的年总收入=食实封3.15万石米+月俸1080石米+力课1728石米+亲事帐内课1335石米=3.5643万石米=605.931万元人民币，即年薪600多万，月薪50多万。

您已经被吓死了吗？不至于吧。其实唐朝高级官员的收入，在历朝历代还算不上最高的呢。据现代学者的研究，如果把历代官员收入都统一成大米作对比，那么唐朝和宋朝两代的繁荣期，公务员收入是最高的。其中，宋朝的高级官员收入最高，而唐朝的中低级官员历代收入排第一。

本篇参考文献 & 深度了解推荐：

李锦绣.唐代财政史稿.北京：北京大学出版社，1995

张国刚.唐代官制.西安：三秦出版社，1987

黄惠贤，陈锋主编.中国俸禄制度史.武汉：武汉大学出版社，1996

杨光辉.汉唐封爵制度（第二版）.北京：学苑出版社，2002

想跟元稹、白居易做同事吗？为您指点一条升官之路

唐后期文官仕途

在上一节了解到唐朝公务员的收入以后，您是不是摩拳擦掌、跃跃欲试地想去当官拿工资了呢？这次我们就来体验一把唐朝的公务员考试和干部提拔过程吧！

身为白居易粉丝的您，如果能准确地穿越到他那个时代去当官，就能现场观摩他和元稹、刘禹锡、李商隐等人的友情互动。自己闲来无事写首歪诗，喝点儿小酒，聊聊八卦，怀古缅今一番，说不定也会有一首诗作被选入后世的语文课本，然后您就成为名垂青史的唐朝著名诗人了。

如果说，在安史之乱前的唐朝，当官的主要途径还是拼爹拼机遇，那么到了唐朝后半段，科举制已经基本成熟，从中考、高考到公务员考试以及官员任命都有了一套完整的制度，所以，您要想当官，请努力读书去考科举吧！

当然，投胎时选择的家庭还是很重要。技术高超投进了顶级皇亲国戚家的，我先不论了。在唐朝想当官，至少也得是地主出身，而且最好是住在中原关中附近。唐朝的笔墨纸砚都很贵，印刷术普及之前，书籍的价格更是高得离谱，贫下中农家的孩子想读书上学基本是没啥指望的。

您投胎到了一个中低级官员或者地主家庭，正常情况下，在十岁左右开始发蒙读书。至于是请家庭教师来家里教课，还是出去跟其他孩子一起上学，要看家里的经济条件，后者更常见。

一个聪明的小孩，上个七八年学，大致可以准备参加科考了。让您松一口

气的是，唐朝不考八股文，您不会变成范进那样的书呆子。如果您打算考比较容易的明经科目，"四书""五经"还是要念要背的，这是主要考试内容。

不过呢，作为一个志向远大的唐朝学生，您应该是瞄准更高级的考试科目进士。那样您就要在写诗和作文上下功夫了。

每次到长安参加科举考试的有上千名学子，其中能考中明经的有一百人，能中进士的只有三十人左右，所以不是一般的难考。您的偶像白居易，据说十六岁就到长安参加科举考试，写出了"野火烧不尽，春风吹又生"的名句，然后他在贞元十六年（800）进士及第，跟同时考中的十七个人一起在雁塔题名，非常得意地写下"慈恩塔下题名处，十七人中最少年"，您知道白少年这一年多大岁数吗？

二十九岁！这个年龄在唐朝进士当中真的算是很年轻了！

我就说您学足偶像，也在快三十岁的时候中进士吧。御街夸官、雁塔题名、杏园探春、北里饮宴，种种红火热闹的庆祝狂欢仪式消停以后，您来到礼部或者吏部一伸手："我是新科状元，给我个好官做吧！"

该部办事员白眼一翻，扯嗓子就喊："卫士！新科状元失心疯迷了！速速又出去送太医署！"

进来两个南衙卫士，架起您就走。唉，不要挣扎啦，先忍会儿吧。怪我没跟您讲清楚，不过话又说回来，谁告诉您考中了进士就能当官的？

您别激动、别激动……哎哟……抱头揉。是，我知道一开始就说要当官得考科举，但是可没说进士及第、高中状元以后马上就可以做官啊。

唐朝中后期，考中明经和进士的，都不太可能立刻给您授职，一般要在长安等上三五七年，吏部才有个空位子给您。这段时间叫"守选"。

"守选"期间，您干啥呢？

第一，找个贵族高门人家的未嫁女结婚吧。这种人家一般都很喜欢挑选年轻未婚的新进士当女婿，能娶个这种门第的娘子，您可以少奋斗三十年啊。

所以您看您身边的唐朝大好青年，很多初婚年龄都在三十岁左右。他们可不是剩男，而是奋力向上攀爬阶层的表现。而且，他们虽然不婚，但也不用靠日本爱情动作影画打发时间，人家可以随便跟身边的婢女侍妾深夜谈心，就算生了娃都没事，只要不把贱籍女娶为正妻就没人管。

第二，继续跟元稹、白居易他们一起混街，吟诗作赋，写传奇小说。在文学界混出来的名气越大，越容易得到实职官，只可惜当时没有论坛微博，否则去当个网络意见领袖，仕途会更顺畅。

第三，如果您实在没地方蹭饭了，急需做官拿工资，那就再去考个"博学宏词科"或者"书判拔萃科"吧。这是进士科的加强精英版，考试难度比进士还要大，但只要考中了，就能立即授官，不用再苦苦"守选"啦。

说考就考，考了就中。能从这些加强版科目考出来的，应该都是当世第一流的顶尖才子了，天子和宰相吏部都十分重视，很快任命您做了一个九品的"校书郎"。

唐朝的秘书省、司经局、弘文馆等很多部门都有"校书"这个职位，根据部门不同，官阶从"从九品下阶"到"正九品上阶"不等，但是负责的工作都差不太多，就是整理、校勘部门收藏的图书。

您又想掀桌了？"老子一路过关斩将辛苦考了这么多回，才能当个九品芝麻官、图书管理员？"

您就别不知足啦，回家瞅瞅亲戚朋友同学邻居的反应，所有人都羡慕死您了。唐朝考上科举的文人，一当官就能做"校书郎"的，或者当个比"校书"还略低一级，但工作性质类同的"正字"[1]，都是最良好的出仕起点，前程远大啊。

为什么这么说呢？第一，"校书郎"的工资收入不错，社会关系简单又

1　官名。北齐始置于秘书省，隋、唐、宋沿置。与"校书郎"同掌校雠典籍，订正讹误，辽属秘书监著作局。隋、唐并有太子正字，其地位略次于"校书郎"，亦掌管校勘典籍之事。明代于翰林院设"正字"一官。

有地位，没那么多繁杂事务和必需支出，所以生活清闲又优裕。您听听白居易当上"校书郎"以后怎么说：

> 三旬两入省，因得养顽疏。（一个月只上班打卡两次，剩下时间都自己支配。）
>
> 茅屋四五间，一马二仆夫。（连他家马都能独占一个房间住。）
>
> 俸钱万六千，月给亦有余。（每个月光俸钱收入就这么多，还不算发的大米之类的实物。）
>
> 既无衣食牵，亦少人事拘。[1]

第二，"校书郎"能随便翻读朝廷藏书，进一步丰富自己学识，这在印刷术普及之前书价昂贵的社会，是一件特别令文人羡慕的事。

第三，"校书"和"正字"虽然是最低品级的小官，但驻在京城，又离"台阁"，也就是中央权力机构很近，上面有个风吹草动，容易得知消息，可以及时做出反应，比如公开上个奏章。如果一道奏疏被天子或者宰相看中了，机遇来到，可以立刻飞黄腾达。

要是这么说您还不能理解，那我们来看一个不太好的出身起点，也就是考试成绩不佳或者不通过科举考试或祖荫，而是从所谓"杂途""流外"[2]出身当官的那些人。

1　出自白居易《常乐里闲居偶题十六韵，兼寄刘十五公舆、王十一起、吕二炅、吕四颖、崔十八玄亮、元九稹、刘三十二敦质、张十五仲方，时为校书郎》。文中的（　）为作者附加的内容。

2　唐朝人当官主要有两种途径：一种是祖上当过大官，子孙可以直接进入仕途，叫"门荫"；另一种是通过科举考试当官。除这两种途径以外，其他当官的办法，比如先当小办事员（吏），再慢慢升职成为官员，或者通过捐钱买官等，被称为"杂途""流外"当官方法，被一般的官员看不起。

他们一般会去当个县尉，跟"校书""正字"一样是九品官。但是，除了一些特别重要的县（比如首都长安所在的长安、万年两县，或东都洛阳所在县，以及跟这些重要区域紧邻的县）之外，如果一个士人当官后第一个官职是比较偏远普通的县尉，他回家时八成眼神黯淡、脸上无光，跟老婆大吵一架的概率很高。

这种县尉，要做具体实务工作，可能去分管收税、押囚、组织劳役、迎送长官等繁杂困顿的工作，所以被清高的士人看不起。李商隐同志就当过县尉，看李县尉对自己工作的描述，跟"校书"真是有天壤之别。

> 黄昏封印点刑徒，愧负荆山入座隅。
> 却羡卞和双刖足，一生无复没阶趋。[1]

而且，如果当了一个化外蛮荒之地的县尉，比如岭南广州那边的吧，往往要花上大半年时间全家人才能都搬到那边去住。为什么？因为正常情况一任官要当四年，交通不方便又不可能经常探亲，两地分居久了，不怕老婆红杏出墙吗？

因为这样种种麻烦卑屑之处，有些文人被授偏远县尉职务以后，打死也不去，宁可辞职不干了，回起点重新练级。

所以说，您这个一出仕就当了"校书郎"的，别再埋怨啥了，老实上任去吧。如果您坚持一考上状元就得当四五品官，那敬请穿越狗血小说，唐朝不适合您。

1　出自李商隐《任弘农尉献州刺史乞假归京》。李商隐在弘农县当县尉的时候，向州长请假回京所写的。他忙碌劳累了一天，到黄昏把官印封存起来，还要到监狱里清点犯人无误，自嘲还不如献和氏璧的卞和，虽然被昏君砍了双腿，但至少不用这么卑贱劳累地跑来跑去任人驱使了。

"校书郎"的工作非常悠闲，不过您也得稍微注意一下自己的行径和名声。不指望您能整理出多少皇皇巨著来，但是您也别带着狐朋狗友们进图书馆吃烧烤，顺便再失个火，烧光一百万册藏书。要知道还有一个"官员考课"的制度在那里等着您呢。

考课，也就是现在的工作考核，内容大致包括品行、官声、工作成绩等，标准是德、慎、公、勤，吏部专门有一个司是干这个的。每年根据考核结果把官员定为上上、上中、上下、中上、中中、中下、下上、下中、下下九个等级，当面宣布，被考人不服可以申诉，考核结果记录到各人档案里，考绩高的涨工资，累计升官，考绩差的罚工资免官，中等的一般继续留任。

这样过了四考，也就是四年以后，会有一次较大规模的官员调整。四年考绩都很好的，升官去了，考绩都很差的免职回家，这个您能理解。但是像那些中等或者中上等的官员呢？继续留在原职位干同样工作吗？

这您就错了。唐朝特别是后半期制度，官员做满一任（四年）以后，自动进入下岗再分配状态，先回家等着，等吏部再给您安排一个新职务。这个等待的时间因人而异，从一年到十二年不等，这也叫"守选"。如果想缩短"守选"时间早点儿有个新职务，那您要么名气大，要么背景深厚，要么多给吏部主事官员塞点儿钱吧。

您这个新任"校书郎"，要想持续当官拿工资，成本最小的方法就是在任期间拼命交际，把自己的名声远远传扬出去。这样当四年期满，或者还没等到四年任满，很可能就有外地的节度使、观察使来聘请您去给他当幕僚了。

安史之乱以后的唐朝，各地节度使就像半独立的土皇帝一样，不太服长安管辖，但是他们却都很喜欢以重礼聘请长安清贵文官当自己的参谋，对这些参谋一般也很尊重，开的工资更高，是同等级京官的几倍往上翻哦！

如果您很擅长交际，跟节度使感情不错，培养出了相互信任、相互依赖的关系，那么节度使在他自己升官或者调任时，很可能仍然把您带在身边，您就成了他的智囊、谋主一类的人物。这种情况下，您身上可能会同时带三四个官职，比如"节度判官""朝散大夫""检校尚书户部郎中""上护军"。

其中，"节度判官"是您实际从事的参谋职务，但是这个职务一般被称为"幕职"，不算正经的朝廷官员，所以需要后面那一大串，来标明您这个官"相当于"正经官员行列里的什么职位。

"朝散大夫"是您身上的"散官"，主要用来确定身份待遇，领工资用的。唐朝的散官分九品，每品又分正、从两级，每级还分上、下两阶，每一阶在地位待遇方面都有细微的递进。

"检校尚书户部郎中"，尚书省户部约等于如今的国务院财政部，户部郎中是很有实权的部门中的高层官员，一般人能做到这个职事官，基本也就到头了，再往上就要靠机遇。不过，这个职务前头带了"检校"两个字，本来是临时充当的意思，在这里则是表示您不是真正的户部郎中，没在财政部上过班，只是在外地做了一个"相当于"这个官品的职务。

"上护军"则是勋官，本来是用来标明战功的，在唐朝后期已经没有什么实际意义，纯粹的荣誉象征罢了。

不过话说回来，您要在节度使手下做到一个"节度判官"，也挺不容易的，而且应该是效力多年才能得到这个职位。如果您不愿意老在地方上转悠，帮着节度使出主意对抗中央朝廷，那么在他手下待个两三年，捞一笔钱，就找机会请他给您推荐一个京官职位，还回长安来吧。

如果这时候您还比较年轻，官品还不高，那么节度使多半会推荐您进御史台，当"监察御史"（正八品上阶）、"殿中侍御史"（从七品上），甚至"侍御史"（从六品下）。您可别觉得这些官职的品级低，很多原来在地方上做到正六品的官员能入御史台，都欣喜若狂呢。

御史是管官的官，大致相当于现代的纪检委监察局，专门负责督查官员们有没有过失。所以一个七八品的御史出京巡查，土皇帝们只要不想跟中央掐架，都会对御史恭恭敬敬的。白居易的好友元稹当御史的时候，曾经在四川调查过一件大案，还据此弹劾了一位已死的节度使。白居易就此写诗赞扬：

> 元稹为御史，以直立其身。
> 其心如肺石，动必达穷民。
> 东川八十家，冤愤一言伸。[1]

那么还有比御史更给力的中级官员吗？也有，就是门下省的"拾遗"和"补阙"。如果说御史是管官员的，那么这两种小官则是管皇帝的，专门给皇帝挑错进谏。再看白居易的介绍：

> 阳城为谏议，以正事其君。
> 其手如屈轶，举必指佞臣。
> 卒使不仁者，不得秉国钧。[2]

比御史吸引力稍差一点儿的同级官员，就是外地特别是偏远地的县令了。虽然说县太爷很有实权，但是工作量也大，没那么多时间吃喝玩乐写诗闲聊，去偏远县当官还要远离京城这个政治文化中心，所以文人们就不怎么乐意。

唐朝还有一级政府是州，一个州管几个到几十个县，是介于现代的省和市之间的一个行政单位。各州的实权官员、录事参军等等，也算是中层官员，但是也不太受士人待见，理由同偏远地县令。

1　出自白居易《赠樊著作》。
2　出自白居易《赠樊著作》。

当您做到了御史、拾遗、县令、参军这一级官的时候，看看身边的同事，会发现很多人都已经白发苍苍等着退休了。对于大部分唐朝官员来说，一辈子做到六品的中级官员，也就到头了。再往上，能做到五品以上，就会被唐朝人视为高官，事业有成、光宗耀祖。

从五品到三品，这是部分幸运儿的顶峰。如果您真是惊才绝艳的有为青年，一举冲破五品界限，那么在京城，您可能担任中书舍人（为皇帝起草文件的秘书）、各部郎中（国务院各部的实际工作负责人）、九寺各署监（负责朝廷内外事务执行的部门负责人）等，在外地，则可能当上了各州的刺史，也就是首长，甚至边疆各都护府的副职。

什么？您问三品以上官员？唉，我劝您不了解也罢，因为能当上三品官的概率太小了，这在唐朝属于可遇不可求的事，您要是以这个为目标，那八成奋斗一辈子，最后还是郁郁而终，何苦呢。

那些拼爹拼血统的王子宗室皇亲国戚，我们不论，就说您这样出身中低级官员家庭的仕途打拼者，如果确实非常有才干，智商情商都很高，再加上一点点运气，那么经过几十年努力，做个四五品官员退休还是比较有把握的。但要再迈一步，升到三品，甚至二品、一品就不太可能了。

首先，那些掌握实权，真正有固定工作要做的"职事官"，就没有一品二品的，最高也就是正三品，像侍中（门下省首长）、中书令（中书省首长）、吏部尚书（尚书省吏部首长）、十六卫大将军等等。而且，当您真正当上了这些京城里的三品职事官，会发现自己基本上已经处在被架空的退休状态，没啥人真正来跟您请示工作了，您就拿着高工资混吃等死就行了。

那么唐朝的一二品官都是干啥的？简单地说，全部都是拿着高工资混吃等死的荣誉头衔，一二品的爵位有亲王、郡王、国公、郡公、县公等，文武散官有开府仪同三司、骠骑大将军、特进[1]、辅国大将军等，名义上的虚职

1　特进，唐朝散官名称，是正二品的文散官。

官有太师、太傅、太保、太尉、司徒、司空等。更悲催的是尚书省首长尚书令这个二品职事官，本来人家是有正经活干的，但是因为唐开国武德年间，某个逆贼小子一直霸占这职位，最后还造反当了皇帝，从此以后大家怕被祥瑞，谁也不敢当了。

所以说，要在唐朝当个三品（以上）超级高官，那不是人类通过努力就能达到的事，指望死后朝廷追赠一个还比较现实。想想也是的，唐朝一个时代，几千万人口，几万名官员，三品以上官职（不含爵位）也就那么二三十个，不比彩票中奖的概率高啊。

以上说的是唐朝后期文官们的晋升之路，有团友又问了，说要想穿越成武官，开疆拓土、一统江山，那要怎么操作呢？

基本上我们不太推荐这条线。即使在武功威震四方万国来朝的唐朝前期，当兵打仗也是一个非常艰苦残酷的过程。您不信？那么下节您就穿越成一个大头兵试试看吧。

本篇参考文献 & 深度了解推荐：

赖瑞和.唐代基层文官.北京：中华书局，2008

赖瑞和.唐代中层文官.北京：中华书局，2011

历史的垃圾桶里躺满了低估我军实力的蕃酋

唐前期武将仕途

大唐贞观三年（629），你二十一岁。这年你被拣点入伍，从军出征了。

你住在关中醴泉县[1]，家有良田几百亩、牛马数头、兄弟三人。早在你祖父那一辈，你家就有军名，即被列入了当地军府的名籍，每年家里男人都要服兵役。

你的两个兄长都出征打过仗，其中第二个至今还没回来。如果不是去年邻人捎回了一封家书，大家都觉得他也许已经死了。

你父亲前隋大业年间死在辽东战场上，还有几个叔伯也在其后的离乱中相继不归。再往前数，你祖父死于周齐攻战，据说曾祖父也一样葬身沙场。

自从这个家族在关中定居，家里的男人，能死在自己床上的是少数。

你的母亲、妻子和妯娌平静地帮你打点行装，准备各种必备物资，从马匹武器到生活用具，当然，还有粮食和钱帛。你对着兵府发下来的装备账目发呆，想不通家里如何才能借凑出这么多财物来。

你自己需要携带的有：一张弓、三十支箭、一个箭囊；随身横刀、火石、解结锥；毡帽、毡衣、绑腿；9斗炒干饭、2斗米。

你和同在一个军府的另外九人，组成一"火"。这个"火"里需要配备：六头马（或驴、牛，运输物资用），一顶供十人同睡的乌布帐幕，一口

1　醴泉县，今陕西省咸阳市礼泉县。

煮饭大铁锅，一具布做的马槽，一套包括锸、镢、凿、碓、筐、斧、钳、锯的工具，两具放置兵器装备的甲床，两把镰。如果有条件，还要再配一头用来驮伤病员的马驴。以上物资由十人均摊，有物出物，没物出钱。

五个"火"，也就是五十名卫士，组成一"队"。每队需配备：一具火钻，一套拴马的胸马绳，三套防畜生走散的首羁、足绊。这些物资五十人均摊，有物出物，没物出钱。

你年轻的妻子在夜里偷偷哭，你也陪着她落泪。但你很清楚，态度也很坚定，你愿意从军去打仗。

你还记得几年前，秋风卷过白草，漫天涨起烟尘，来自关外的寒流裹挟着突厥骑兵呼啸到家乡。虽然家里人及时牵着牲畜，扛着尽可能多的粮食避入了附近坞堡，但等狼烟散尽，你们回家时，土墙上只剩下几根黢黑的房梁。

所有没抢走的物什全部都烧尽了，田地里的庄稼被马群吃过后又践踏，邻居同乡有没躲及的，让突厥人掠了去当奴婢，驱往北方。

主管当地军府的统军说，天子派了李靖、李世勣二位大将军，率关陇河东子弟去攻打突厥颉利可汗。打败了突厥人，那群狼军就再也不会来糟蹋乡里了。

你说，某愿往。

除了复仇的快意，你心里暗暗还埋藏着别样的渴望。邻村张阿大数年前征点入伍，听说战河北立了功，如今已是宿卫京城的将校了。你的一个远房表兄也立功受勋，虽然没做官回了家，但仍当了军府的别将，还向官府请到额外60亩"勋田"，据说带回家的战获也很是丰厚。

背上好不容易凑齐的装备、衣粮、钱财，牵着马匹，你拜别了母兄长辈，在指定的日子里到军府应点。经过简短的训练，从府库里领了长矛、甲仗等重型装备，统军亲自带领数百本府卫士，往京城去交兵。

你和同乡卫士被打散，重新编制，由京城十二卫派下来的军官统带着上了战场。

平生经历的第一场战争，并没有给你留下太深刻的印象。大部分时间里，你都在闷头行军走路，走出关中，过了黄河，到了太原，北出马邑，奔袭恶阳岭……唯一一次在战场上持矛呐喊着冲锋，是在已经进了大草原的一个叫"白道"的地方。听说前方有突厥人，你和兄弟们听着鼓声按军令冲上去，然后连敌影也没见就胜了。

后来，你听说大将军李靖带着骑兵，一直奔跑在你们这些步兵前方，连打带吓地使颉利可汗步步后退，直退进大沙漠。隆冬的风雪铺天盖地，家乡百姓在烧爆竹过除夕，颉利可汗派使者进长安议和请降，李大将军带了三千精骑在夜雾中奔袭可汗的牙帐，于是突厥王族们成了你军的俘虏，突厥亡国了。

打仗原来只是这么简单的事。

五年以后，你又一次跟随着李靖大将军去征伐吐谷浑。那一仗打得很累，你差点儿以为自己回不来了。

敌人依然是不堪一击的，累只因为你们在荒凉的不毛之地行军。开始是永远爬不完的大山，然后进入了千里无人烟的草原，茫无涯际的青色大湖里居然是不能饮用的咸水，好好走着路，你觉得头晕、恶心，无法喘息。全军大半战士都患上了和你一样的疫病，但即使挣扎爬行，也跟在那位六十多岁老将的身后不肯掉队。

战胜，追击，追过一座座大雪山，追进狂风肆虐的大沙漠，渴饮马血，生吃马肉，直到你们逼得那反叛天朝的吐谷浑王上了吊，又生擒他的家人部将回京献俘。这是大唐的土地了，前王的尸体就是界标。

又过了五年，你在侯君集大将军的统率下去征伐高昌。你站在西域的绿洲上，和伙伴一起欢呼，目视当世最高大雄伟的投石机千发齐动，将那高地上的城池砸成齑粉。曾经嫌弃大唐穷弱的高昌老王活活吓死，新王开城出降，你和同袍们冲进城里去抢劫。

没什么过意不去的，只要手快、腿快、眼疾、耳灵，抢在将军们终于想起来下发一道"严禁劫掠"的军令之前，尽可能多地往怀里塞满贵重物品就是了。否则，自己置办那么多财物来从军，是图什么呢？

将军们计功还算公平，赏赐也不小气。你身上的勋级一转、二转、三转，行军职务也从最低级的卫士，到伙长，到五十个人的队副、队正。你是一个老兵了，但仍然只会闷头行军、闷头打仗、闷头抢劫、闷头受赏，你不是当官的料子。

你进过长安南衙的十二卫，在右武卫府长上，每天看门站岗，被人尊称为"侍官"。然后你想家了，考课的时候请求回乡，与妻儿团聚种地。于是你丢了在京城的差事，回县做了军府的头领，原来叫作统军的，现在已经改名叫"折冲校尉"。

每年冬闲三个月，你负责把本府有军名的男丁征集到一起，训练战阵武艺，每年还要征点一部分府兵送到京城去服役。如果有战事，你负责检验京城使者带来的征发兵符，按命令征集兵士交给他带去打仗。

你在当地已经是半官半民、德高望重的豪绅，那些小规模的剿匪、巡边、平叛，用不着你亲自领兵出征了。稍微有点儿遗憾的是，错过了贞观十五年（641）英国公李世勣征伐薛延陀[1]的诺真水之战。李靖大将军老病致休以后，你最膺服的将军就是英国公。

贞观十八年（644），你觉得你无论如何也不能再错过这一场征战了。

天子亲征高句丽。

你带了两个家奴、五匹马，各种军械粮草钱帛装了一车，以自家资财应募投军。你跟随天子的车驾出关东巡，沿运河北上，一路攻城拔寨把高句丽

---

1 薛延陀，古部落名。亦名"薛延陁"。铁勒诸部之一。由薛部与延陀部合并而成。初属突厥。唐贞观四年（630），助唐灭突厥。唐贞观二十年（646）发生内乱，为唐所破。

野战军打得哭爹叫娘望风而逃。

你在辽东的寒秋中冻坏了一条腿，五匹家马只余一匹存活，踽踽回到关中家园。

贞观朝的天子没能再兴兵。他死了，就葬在你的家乡。

天气好的时候，你坐在自家堂前，抬头能看到九嵏山险峻的峰顶。你抚摩着残腿，觉得自己老了，儿子们也大了。

新天子听说是个斯文孝顺听话的青年，但也一样喜欢打仗。在西域，在辽东，听说还造了无数巨大的船。你每年送出一批又一批儿郎上战场，有很多死了，伤残了，有很多发了财回来，也有的留在京城做侍官。

让你觉得不安的是，自愿乐意来应点征的男丁，似乎越来越少。你听说前线的军官计功不公平，克扣军粮，勒索财物，甚至叫军士去送死，好吞没他们自备的从军资财。你听说军纪越来越废弛，士兵生病受伤无人过问，战死以后连尸体都不给送回家里埋葬。你确实知道的是，凭功勋来申请额外的田地已经不可能了，关中早已经没有什么无主田地可以授给百姓了。

新天子坐朝二十年，一个惊雷般的消息让你暴怒掷杖奋起。

你根本不相信自己的耳朵。天朝数万大军在你曾经战斗过的吐谷浑大非川与吐蕃对阵，几乎全军覆没，名将薛仁贵等议和而归，安西四镇失陷。大唐开国以来，你这个百战老兵从军入伍以来，从未有过这等败阵。你相信，你的同袍伙伴们相信，大唐君臣上下相信，膺服于天可汗的外番蛮夷们都相信，太宗文皇帝一手创立的大唐天兵有众神护佑，本就是永远不可战胜的。

你愤怒地咒骂着那些败军之将狗鼠辈，责骂如今的少年郎不出力不中用，要以自己这残病之身的六十老汉去投军雪耻，还用手杖抽打了前来劝阻的子侄。几个壮男费尽力气才把你按拘住，你的老妻给你灌下了一碗安神的饮子[1]。

1　一种介于药物和饮料之间的饮品，类似于如今的保健性饮料。

九年以后，裴行俭将军复安西四镇。你没能活着看到那一天，但你以六十六岁的高龄寿终正寝，安稳地死在儿孙环绕中。

你的一个儿子曾经短暂接替你的折冲校尉职务，可他几乎无事可做。军府已经名存实亡，富人不愿意自备资财从军，穷人根本置办不起装备，宁可抛弃土地逃亡。人们越来越看不起武人，曾经显耀的京城侍官变成了骂人的粗话。朝廷遣使带来兵符，你的儿子只有一句话回复："无兵可交。"

无奈之下，朝廷只能出钱出粮，雇些无业游民在京城做禁军。至于边疆的守卫军队，从兵到将，都越来越依赖骁勇善战的游牧民和胡人了。

你有很多孙子，其中有几个精明能干的，考科举和武举进京做了官。他们的子孙渐渐成了逐日斗鸡走马、游猎打球的长安公子。按规矩，他们成年后应该去做卫士，以此为进入官场的晋身之阶，但他们全部都交一笔钱代役了事。

天宝八年（749），朝廷正式下令，废除了军府。天子的杨氏宠妃嬉笑着为她收养的义子"洗三"[1]庆生，这义儿名叫安禄山。

他是一个胡人与突厥人的混血儿，六年后，率领着大唐边防军的绝对主力反噬中原，攻陷洛阳，直扑长安。你的子孙辈里很多人血勇犹在，报名从军诛叛，但当他们打开武库，发现百年太平后，长弓散痪，箭羽缠结，刀身锈蚀，枪杆都已腐坏；他们一生中只见识过陷阱里的野兽，街市中的打斗，面对千军万马的擂鼓冲锋，他们双腿发软，抛却刀枪，坐地抱头痛哭，任凭边塞精骑挥刀斩下头颅。

长安城破，唐军死了。

你在遥远的时空叹息，注视那些曾与唐军为敌的势力结局。安史之乱八年平定，贼首全家灰飞烟灭；突厥几起几落，名号终于在玄宗年间消失；强大的吐蕃也在唐僖宗年间崩溃了，从此风光不再；回纥汗国在文宗年间被吞

[1] 旧俗在婴儿出生后第三天给他洗澡。

并……三百年风云变幻，你所效忠的李唐支撑残喘，终于见证外敌被——葬进了历史的垃圾桶。

大唐帝国的最后一抹余晖也在驼铃梵唱里散去。西域日落，江河东流，斗柄南指，莽原荒漠上再无汉骑纵横，万里觅封侯的传说，就此只铭记在史家汗青中。

本篇参考文献 & 深度了解推荐：

王永兴.唐代前期军事史略论稿.北京：昆仑出版社，2003

"凤凰男"安倍仲满的海外留学之路

赴唐留学生

一则轰动全日本的独家消息。

仁明天皇承和三年（836），朝廷下诏，追赠一位已经故去的"遣唐使"为正二位高官，诏曰：

> 故留学生赠从二品安倍朝臣仲满，身涉鲸波，业成麟角，词峰耸峻，学海扬漪，显位斯升，英声已播，如何不慭，莫遂言归。唯有谈天之章，长传掷地之响。追贲幽壤，既隆于前命，重叙崇班，俾给予命诏。

这位"安倍仲满"之所以能被日本国如此隆重表彰悼念，并不是因为他出身大贵族家庭，也不是因为安倍家和日本第一权臣藤原家族关系密切，甚至也不是因为他"身涉鲸波"成功渡海，真正尽到了一名光荣的遣唐使的职责。

使他得到朝野上下高度重视疯狂追捧的原因是他在大唐"业成麟角，学海扬漪，显位斯升"的惊人成就。

他是海内外大量赴唐进入国子监学习的留学生当中，极少数考中进士的高才生。进士是唐朝科举考试中最高精尖的科目，每届参加科考的几千人中，能考中进士的只有二三十人，就连唐朝本土的学生也很难考上，一介外国留学生想中进士，是被留学指南专家叹之为"难于上青天"的事情。

不仅如此，他还在大唐朝廷中历任门下补阙[1]、卫尉少卿[2]、秘书监[3]、散骑常侍[4]、安南都护[5]等清贵要职。他与唐朝大诗人李白、王维、贺知章等有深厚友情，就连"天可汗"唐朝皇帝都曾经亲笔写诗赐给他，这是何等的无上荣耀！

安倍仲满又被叫作"阿倍仲麻吕"，汉文名"晁衡"。尽管他十九岁就离开了日本，此后一直到七十二岁病逝于长安，再未返回故乡，但他的事迹仍然传遍全日本，引起轰动。

> 光仁帝宝龟十年，日皇下敕赐给晁衡家人东绉百匹、白绵三百屯作为慰问。[6]
>
> 延历二十二年，追赠晁衡为从二品大臣。
>
> 承和三年，日皇又将他的从二官赠官追加为正二品。[7]
>
> 他的遣唐团同伴下道真备学成回国后，创立了日文中的片假名。
>
> 在晁衡的努力下，唐高僧鉴真大师东渡日本，将佛教奥义传入海东……

---

1 负责向皇帝提意见的谏官。

2 皇家仪仗管理局副局长。

3 国家图书馆馆长。

4 门下省副长官。

5 唐朝派驻今越南地区的行政首长。

6 出自《续日本纪》宝龟十年（779）五月丙寅条。

7 出自《大日本史》卷一百十六。

无数日本贵族学校教师，自发地在课堂上向学生们推荐晁衡的事迹；那些望子成龙望女成凤的家长更是又激动，又羡慕，无不渴望把自己的孩子培养成第二个、第三个晁衡……

本公司将助您穿越成一位与晁衡关系密切，一同留学大唐的日本贵族男子，通过亲身经历，让您零距离认知"凤凰男"安倍仲满的海外留学之路。

当您穿越成功醒来时，发现自己是在一所理论上应该很豪华高贵，但无论以现代人眼光还是以当时唐朝人眼光来看都相当简陋的神社里。

这是唐朝的开元五年（717），日本的养老元年。大几十号人虔诚地在住吉大神前跪伏舞蹈，您耐着性子多耗一会儿，应该就能弄懂，这是遣唐使的使团出发以前，拜祭求神保佑一路平安少死几个人呢。

跳大神有用吗？应该说基本没用。

日本刚开始派遣唐使的时候，一般是走北线，在难波（今日本大阪）登舟，通过濑户内海，从博多（今日本福冈）出发，沿朝鲜半岛西岸北行，再沿辽东半岛南岸西行，跨过渤海，在山东半岛登陆，再由陆路西赴洛阳、长安。这条航线大部分是沿海岸航行，比较安全，船只遇难情况较少。

但是后来，日本和半岛上的新罗（今朝鲜祖先）开掐，走北线不安全，于是改取南岛路，即由九州南下，沿南方的种子岛、屋久岛、奄美诸岛，向西北横跨中国东海，在长江口登陆，再由运河北上。这条航线主要在茫茫东海上航行，难以靠岸，危险较大。自从改走这条航线，除了一次奇迹式的平安出返外，其他遣唐团就没有不沉船不死人的。

不过您不用担心，紧跟着你身边那个清秀斯文的小哥，分享他的主角光环就好。这小哥就是阿倍仲麻吕了，这时候他还不叫晁衡。

你们俩都是留学生，在这个四五百人的大团里，跟你们身份相同的还有十几个青少年贵族。四五百人分乘四条大船，在船上，你们的地位比大部分人高一点儿，比如像知乘船事、船师、船匠、舵师、水手长、水手等航海人员；史生[1]、射手、声音生[2]、杂使、玉生[3]、锻生、铸生、细工生等杂役人员，理论上都是为你们服务的。此外，船上的译语、主神（神官）、医师、阴阳师、画师、卜部[4]、音声长[5]等专业人员，也不如你们身份高。

但是，真正统率管理这四五百人的，有四五级官员，他们才是在海上掌握生杀予夺大权的人。

这个团的最高团长押使，名叫多治比县守，再过一会儿他将去皇宫，从天皇手中接过节刀。节刀就代表他受日皇命令统理这个遣唐使团，副使以下任何人都可以用这把刀随便砍杀，不用偿命。

押使的下级是大使，你们的大使叫大伴山守。再下一级是副使，叫藤原马养。然后下面还有判官、录事[6]等行政和外交官员，他们都可以在船上发号施令。至于你们这些留学生，还是乖乖听话比较好。

拜过鬼神，拜过国王（日皇还嘱咐了几句"你们到大唐以后要恭恭敬敬的，别惹人家嫌弃啊"），你和阿倍仲麻吕领了朝廷发给的学费和生活费，每人四十匹绝、一百屯绵、八十端布。你们随身带的仆人也可以各领到一小笔生活费。

四五百号人上船从九州南下，要航行三十天左右，甚至更长时间，才能到达中国大陆。途中几乎肯定要遇到台风、海啸、巨浪、沉船……你死死抓住阿倍，把他当个救生圈就行了。

好不容易漂上岸，你们集齐幸存者，点点人头。还不错，主要官员都在。那些水手工匠是不用上京的，留在本地等着，押使多治比县守带领行政

1　日本"太政官"（相当于唐朝尚书省）机构里的低级办事官员。

2　乐师。

3　玉器工人。

4　负责占卜算卦的专业人士。

5　乐师首领。

6　遣唐使团里的低级官员。

官员和你们这些留学生先去本地官府报备。

这时候，您开始感觉出了您和阿倍仲麻吕之间的差距——他的唐言，也就是中古汉语学说得很好，可以当个译语人用。您呢，虽然在竞争留学生时也学过必修课唐言，但是只能说是哑巴汉语，笔谈还行，张嘴就一股味噌腔，被人笑死了。

好在使团里除了留学生会汉语外，还有专门的译语人，其中很多来自新罗，他们充当海东诸国与大唐之间的语言翻译很久了，也深懂门道。你们团长押使面见唐朝官员以后，一张嘴道："我大日本天皇有诏……"新罗译语人听完之后对唐人转述，就成了："东海日本国藩王上奏天朝……"

只要你们懂汉语的留学生闷声不语，双方就皆大欢喜。交换文牒，互赠礼品，当地官府给你们开具了"公验"，说明这一行几十人是过海漂到本地上岸的使团，已经验明身份，并非内地逃奴奸佞，现往长安朝见天子，过路守捉关卡不必留难云云。

你们拿了这道文书，就可以上路往长安走了。同时，当地官府也会派出信使，乘驿骑飞报长安，日本国遣唐使团又来啦！

长安朝廷接到报告以后，一般会先下令，让沿途官府对使团给予照料，别让人家好不容易漂洋过海上了岸，却饿死在前往长安的半路上。遣唐使抵长安后有唐廷内使引马出迎，奉酒肉慰劳，随后上马由内使导入京城，住进四方馆，由监使负责接待。接着遣唐使呈上贡物，唐皇下诏嘉奖，接见日本使臣，并在内殿赐宴，还给使臣授爵赏赐。

这是那些押使、大使的活动，像你和阿倍仲麻吕这样的留学生呢，待遇就没这么好。你们进了京，向负责接待的鸿胪寺说明来大唐求学的目的，鸿胪寺官员顿时就犯了难，摸着胡子告诉你们，这得等等，他们要去问国子监有学生空额没有。

　　唐朝的中央大学——国子监，下设六个分院，分别是国子学、太学、四门学、律学、书学和算学。

　　这其中，四门学、太学和国子学，学习的内容都以儒家经书为主，这三个学院之间的关系大致可以理解为本科、硕士、博士。四门学招收低级官员的子孙和民间优秀人才，最多时学生额有一千三百人；太学招收五品以上官员子孙，最多时学生五百人；国子学招收三品以上官员子孙，最多三百人。

　　这三个学院的学生都要参加旬考、月考、季考、年考和毕业考。毕业考成绩优秀而又愿意继续学习的，四门学生可以升级为太学生，太学生可以升级为国子学生，国子学生可以……没得升啦，国子学最多让你吃九年闲饭，九年过后踢你去参加科举考试，考上了有官做，考不中踹回原籍饿死活该。

　　至于其他三个学院，都偏重职业技能教育一点儿。律学院是培养法律人才的，书学训练书法和普通话，算学教你学数学搞经济，这些在当时都被正经读书人看不起，一般留学生也不会去这三个学院就读，最多选修旁听一些课程，所以就不细说了。

　　作为留学生，在大唐受到一定优待，就是可以直接进入太学读书，不必经过四门学那一级。不过，当然啦，这个前提是你们要通过鸿胪寺、礼部、国子监这几个部门的考察审核，认为你的水平足够直接入学听课。否则连唐言都听不懂的洋鬼子，去蹲着听老夫子们摇头晃脑念经书，那不纯属浪费国家教育资源吗？

　　有一年新罗国一次来了两百一十六名留学生，最后只有七人拿到了录取通知书，其余两百多全被轰回本国；还有一次渤海国出来十六个学生，刚走到山东那边，就被踹回去十人。你当进入世界最高学府是件容易事？

　　为什么名额控制得这么严格呢？因为你一旦被录取入学，国子监会给你免费分配宿舍，每天免费供应饮食，仅收取少量的象征性学费（当时叫"束脩"）。入国子学和太学，每人交纳三匹绢，入四门学交二匹绢，非官员子弟还有贫困生减免政策，跟那三个职业学院的学生一样交一匹绢就行了。还要再集资凑些酒肉请老师们吃吃饭，之后短则六年，长则九年，甚至更长时间里，你们就可以一直在国子监里混吃混住了。食堂多做点儿饭还好说，主要是宿舍容量有限制，必须有一批学生毕业搬走了，腾出床位，才能再招收新生，所以人数一定要卡死啦。

你和阿倍的运气很好，碰上这一回太学还有不少空额，于是笔试和面试都相对宽松，主要问了问家世背景，考察一下汉学基础和人品礼仪，见你俩态度诚恳，文化素养较好，就都过了。工作人员带你俩去办了入学手续，分了宿舍，你们把随身行李搬出四方馆，入住太学，就此成为一名光荣的唐朝太学生。

同时，你们也就跟遣唐使团的其他成员分手了。大使他们在长安和内地一般要逗留一年左右，可以到处参观访问和买书购物，充分领略唐朝风土人情。遣唐使归国前照例有饯别仪式，设宴畅饮，赠赐礼物，珍重惜别，由内使监送至沿海，满载而归，上船出海，听天由命。

留下的这些太学生，先来认识一下你们的校长和老师吧。

你们的大学校长，官名是"国子监祭酒"[1]，是一位从三品的高官。他手下还有国子监司业、丞、主簿等行政管理人员。至于给你们上课的大学老师，分博士、助教、直讲等多种职称级别，一个老师带三十至七十名学生不等。学院等级越高，老师带的学生越少。

你们在太学九年的学习过程中，主要课本内容是儒学的"九经"，按文字多少分为大经、中经、小经，同时还分为必修课、选修课和专业课。

大经为《礼记》《春秋左传》；中经为《诗经》《周礼》《仪礼》；小经为《周易》《尚书》《春秋公羊传》《春秋穀梁传》。学生可以按

1　国子监祭酒，唐朝中央最高学府的校长。

规定选择相应的儒经来学习，标准有"二经"（一大经、一小经或二中经）、"三经"（大中小各一经）和"五经"（大经和《诗经》《周易》《尚书》）等层次。《孝经》《论语》则为公共必修科目。对各经还规定了修业年限：《孝经》《论语》共学一年；《春秋公羊传》《春秋穀梁传》各为一年半；《周易》《诗经》《周礼》《仪礼》各为两年；《礼记》《左传》各为三年。

除了这些儒家经典以外，你们如果想去旁听学习律学、书学、算学的课程，也是允许的。你的同学里有一个叫下道真备的，就花了很多时间精力在律学和书学方面，后来他回国创立了日本的法律和片假名等。

至于阿倍仲麻吕，你注意到，他除了刻苦读儒经以外，还很喜欢参加公开问难活动。

唐朝太学的教学方法，主要有讲论、问难、诵读等。讲论和诵读都是老师带着学生学习，问难则有点儿像辩论会，师生多人围绕着一个议题各抒己见，反复辩诘。如果参加问难的人风度好、口才佳、学识精，往往能吸引大批围观者，他的名气也会迅速传扬开来。

长安国子监本来就是一个人员流动频繁、消息传播很快的地方，阿倍在公开场合出过几次风头以后，"有一日本国太学生……"就成了长安上流社会人士茶余饭后闲谈的话题，其性质跟"听说林邑国进贡了一头大象……"差不太多。

阿倍出名以后，时不时被邀请参加名流的宴集聚会，吟诗作赋，也由此跟李白、王维等著名诗人结识。既然挤进了那个圈子，一群文人相互吹捧，知名度越来越高，这样当你们太学修习期满，参加科举考试的时候，包括你在内的大部分学生都名落孙山，阿倍却被主考官青睐有加（当时审卷子不糊名，判分的人都知道自己在给谁打分），高高地中了一名进士。

一个来自海东偏僻小国的蛮夷居然进士登科，这个消息轰动朝野，很多诗人写诗大赞阿倍是"上才生下国""野情偏得礼"[1]。你听说，在含元殿面试时，连唐朝皇帝都觉得这个一口清脆金陵洛下音的老外怪有意思的，亲自赐他一个汉名叫"晁衡"，还委任了他一个非常好的出身——"太子宫左春坊司经局校书郎"。

这个职务的正经工作，是在东宫的图书馆校对、整理图书，品级是正九品下阶。你可别看不起这个九品芝麻官，这个又悠闲又有品位有文化的位子作为当官的起点，是一个人人羡慕、恍如登仙的美职呢。

而苦逼落榜者如你，已经在太学混够了日子，学校辅导员们毫不客气地挥舞大扫帚轰你出门。好在你和阿倍——现在叫晁校书了——交情深厚，可以暂住他那里。如果你实在找不到谋生的门路，等日本下一团遣唐使过来，跟他们回国就是。以你大唐太学生毕业的履历，回国抖抖海龟威风，当个大学教授、公共知识分子绰绰有余。

你回国以后，与中土消息不通，很多年没有晁衡的音信。直到几十年后，又一批遣唐使和留学僧人回国，你才辗转听说晁老同学历任大唐门下省左补阙、仪王友、卫尉少卿、秘书监兼卫尉卿等职务，官运亨通，飞黄腾达。他曾经起意回国探亲，并且获得了唐皇的批准，但上船以后就遇台风，一直被吹到安南（唐属地，今属越南），差一点儿就被当地土人砍死。他的好友李白等人都以为他死了，很是伤心，纷纷写诗悼念。

当这些悼诗传遍天下以后，晁衡又从唐领土安南奄奄一息地爬回长安，又黑又瘦地露个脸，表示不是故意欺骗大家感情的。不过这回历险也有好处，安史之乱爆发几年后，唐朝廷兵荒马乱到处抓人当差，因为晁衡到过中南半岛，于是被任命为"左散骑常侍兼安南都护"，名义上成了今越南地区的最高负责人，一跃进入三品高官行列。当然，他应该没去实地上任过。

---

1 出自包佶《送日本国聘贺使晁巨卿东归》。

一直到死，晁衡都没再回故乡。倒是你俩那个叫下道真备的同学，回日本创出了一番光辉事业，相形之下，你也就是落个平安终老罢了。不过至少你在家乡酒后还能跟人吹吹牛："老子当年在大唐留学的时候……"

至于日本人对这些留学生的历史评价，用他们做的汉文诗结尾吧。

礼乐传来启我民，当年最重入唐人。[1]

本篇参考文献 & 深度了解推荐：

唐群.唐代教育研究.西安：西安出版社，2009

张白影.阿倍仲麻吕研究.广州：广州师院学报（社会科学版），1999，20（1）

1　出自广濑淡窗《咏史》。

想去华清池偷窥李世民、武则天洗澡的看过来……

府兵三卫制度

唐穿业务又开张啦，这次是人体艺术爱好者组团穿越。不过不但没折扣，还整体提价啦，因为他们穿越目标要求太高，要去骊山华清宫围观皇帝后妃们洗澡，偷画人体素描。（本鹿真不理解，那一个一个大肉球有啥可画的啊？）

说到骊山的温泉浴池，倒真是唐穿者欣赏人体艺术的不二圣殿。这处古老的温泉，从秦朝嬴政的时代起就被圈地建设为皇家专用洗浴城，到了唐代，首席八卦娱记，以文风浅近表白肉麻著称的白居易大神更是在自己的文艺作品里大打植入性广告，尺度打擦边球，内容香艳无比。

春寒赐浴华清池，温泉水滑洗凝脂。侍儿扶起娇无力，始是新承恩泽时。×××××××……（对不起，根据大唐法律法规，您的输入结果不予显示。）

咳，大唐礼部工信司威武。总之，唐朝一建立，从第一代皇帝李渊开始，就喜欢往骊山温泉宫跑。特别是在冬天，下点儿小雪，泡在露天的温泉池子里，脑门上顶块毛巾，喝着水上木托盘里飘来的清酒，别提多惬意了。（公司负责人出面拖走这只劳累过度的时空感混乱鹿：对不起大家，这鹿反穿到日本去了，请无视上几行字。）

抽醒鹿需要点儿时间，我们先进一段广告，广告词抄袭自华清宫导游解说词。

骊山是著名的风景区，"骊山晚照"是长安八景之一。骊山自古都是文人墨客讴歌和历代帝王游幸的场所。因为骊山是一座死火山，故而温泉较多，早在三千年前的西周时期就成为帝王游幸之地。

相传西周幽王曾在这里修建"离宫"；秦始皇利用这里的温泉建造了"骊山汤"；汉武帝时，将这里加以修葺，扩建为"离宫"，即别墅；隋文帝重加修饰，"列植松柏数千株"。到了唐代，唐太宗大兴土木，营建宫殿汤池，起名"汤泉宫"；唐高宗改名为"温泉宫"；唐玄宗天宝六年（747），改汤造林，环山建宫，宫周筑城，改名"华清宫"。华清宫的规模在唐玄宗时达到鼎盛。

回到穿越现场，您看，上面说得挺清楚了，李世民、唐高宗（和武则天）以及唐玄宗（和杨贵妃）都在骊山温泉泡过澡，理论上我们穿到骊山行宫里，顺着时间线走，可以偷窥到他们这几代皇帝。

但是呢，业务员鹿提前跟您打声招呼，就是偷窥唐玄宗李隆基那一对洗澡，难度要比前两者大得多，需要加钱。本公司一向明码标价，额外收费项目穿越前单独列出，供客人自主选择，透明消费，您可不要向时空管理局投诉本公司欺诈顾客哦！

您问为啥偷窥李隆基难度大？（因为他的体重是他曾祖爷爷和奶奶的总和吗？）原因很简单，明皇陛下是在室内洗澡的，而太宗、武后他们是露天洗澡。

您想想，露天的话，只要接近浴池几公里内，本公司再给您配备个高倍望远镜，就齐活儿了，风险比进入有卫士把守的李隆基的澡堂子（并不大）要小得多，当然收费也就低得多啦。

您不相信李世民、武则天会厚颜无耻、胆大包天到在户外洗澡裸奔？不好意思，骊山温泉的考古发掘成果显示，那两人还真就那么胆大皮厚。（对自己的身材和容貌有自信吗？）

李世民陛下扩建"温泉宫"的时候，给自己修建的"御汤"，是一座不太规则的长方形浴池，约有半人多高，占地面积有一百多平方米，说是目前国内发现的最大的御用汤池。池子旁边的更衣室有屋顶，有墙，还有地下的供暖管道，但是等李世民陛下脱光衣服出来，"扑通"一声跳进浴池里（哇，好大一片水花），池子上空却是没遮盖的，他老人家白天抬眼可以看天空、看云、看树、看鸟，晚上抬眼可以看星星、看月亮，如果下雨、下雪……呃……侍御医在哪里？快来把这个不怕伤风感冒的不要命的家伙架走。

从目前的资料看，直到玄宗李隆基时期，才修建了在室内泡温泉的池子。那么在他之前，武女皇来骊山的时候，无论是跟那谁谁、谁谁、谁谁谁洗鸳鸯浴，还是自己一个人享受，八成还是在露天的池子里泡着。

唉，啰唆了这么多，还没说到正题。如果您想穿唐去偷窥这些陛下洗澡，该怎么做呢？

这个首先要取决于您穿越后的性别。如果您穿成了千娇百媚的贵族家小娘子，荒淫腐败的皇帝们总会时不时征选美人进后宫，到时候您或者让家人主动送您入宫，或者提前造造势，大肆宣传您家有一位才貌无双的美女堪伴君王，要进宫还是不困难的。入宫以后，就算没法得宠，只当个普通宫女，耐心地等机会，估计怎么也能偷偷靠近皇帝身边几次。

要是您穿过去的父母双亲特别慈爱，死活不同意送您入宫，而您的偷窥欲望又强烈到了丧尽天良的程度，您可以考虑诬告自己家谋反。谋反主犯家的女眷，通常会被"没入掖庭"，也就是被抓到宫里去当女奴干活，不管怎么说，也算入了宫，有了接近皇帝的机会。

如果您穿越成女生，但是落点坐标错误，生到了平民，甚至贱民奴婢家里，也不是没有补救办法。勤学苦练歌舞才艺，把名声打响，然后被选入教坊，做个"太常音声人""内人"之类的歌舞演员，就有机会入宫给皇帝表演了。特别是在玄宗年间，李隆基同学就在华清宫里专门建了一座"梨园"，亲自在那里训练歌舞艺人们（为了训练出一身汗以后直接去洗澡方便？），那您就可以趁人不注意，溜出梨园到隔壁的"莲花汤"去现场目击李三郎偷情……

大唐防火墙还挺敏感，我就不说男女间相互偷窥的事了。接下来说说您要穿成了男身，该怎么纯洁正直地欣赏皇帝们的人体艺术。

最简单的办法，穿越成太监，穿成皇帝本人，穿成皇帝的婴幼儿子跟老爹共浴（好吧，最后一种情况也不多见，可行性不太好）。这种穿法只考验落地坐标准确度，不涉及穿越后的技术含量，没啥可说，请谨慎选择时光机驾驶员就好。

概率比较大的还是穿成大官贵族家子弟，当然了，贵族家也是分成三六九等的。在唐代，五品以下官员算是低级官员，这些人家的子弟，能近身去围观皇帝私生活的机会就很少。

那么五品（含）以上官员的儿子，要通过什么方法去接近皇帝呢？

笼统地说，去当各种各样的皇家侍卫。

那啥，先消停会儿，唐代没有"影子侍卫"这种东西。五品以上子弟当侍卫是要通过公开、公正，当然（对平民子弟来说）绝对不公平的选拔，选上了以后也是一堆人一起值班干活（唐代叫番上），很难自己一个人偷偷摸摸跟主人搞个啥。

我们具体来说，假如您穿越成了一位官员的儿子，当您长到二十一岁时，您父亲在当太子中舍人，正好官居五品，您就可以去吏部和兵部报名，要求去当一名翊卫。

翊卫是啥呢？他们和勋卫、亲卫一起，并称为三卫。简单说就是级别不同的皇家卫士。

一个翊卫的品级是正八品上阶；如果您父亲是秘书少监之类的四品官，或者您爷爷是六部尚书（三品官）中的一位，您就可以去申请一个勋卫当当，品级高一点儿，是从七品上阶；再给力点儿，您干脆穿成三品官的儿子或者二品官的孙子，那样就能做亲卫了，正七品上阶。

您说啥？才七品八品，官职太低了？庐山瀑布汗，您以为在唐代混个官职容易啊。

那些没有老爷子门荫的科举考生，十年寒窗苦读，一朝春风得意，中了进士，可着劲儿满城撒欢打滚，滚完了以后去当官上任，您知道他们当的是几品官不？九品！在京城只能当个图书馆管理员研究一下马列主义，在外县只能当个编制内最低级的县尉！在基层摸爬滚打十来年，运气好了升官成县令，都是几万十几万人的父母官土霸王了，您猜是几品官？七品！跟个刚出社会的官二代平级！啧啧，人比人气死人啊。

回来还说三卫，您呢，拿着老爷子的户口簿去要求当皇家卫士，有关部门审核了，认定您出身没造假，但还得看看您本人，是不是适合给皇帝太子们牵马守门。

先看长相，基本的要求是横平竖直、仪表端正，水桶腰、肉包子脸更好。

然后听您说几句话，声音要清楚有力，口音要接近当时的官话"金陵洛下音"，地方口音不能太重，否则跟您的保卫对象交流起来容易出麻烦事。

再是让您写几笔字看看，书法要端正优美，笔迹歪七扭八像鹿蹄子踏出来的，直接踢回家练字去！

最后要考察一下您脑子好使不，对事务的分析能力和判断能力咋样，能不能及时处置突发事件，做好维稳工作，绣花枕头驴粪蛋儿就别在皇帝跟前晃了。

四条都合格，三卫里又还有编制，恭喜您，去领员工卡和工作服，明天开始打卡上班吧。

三卫们的工作，一般来说不是很累。总共将近五千人，分散到几个卫队里。皇帝上朝，你们给当仪仗队，站在宫殿门里墙边充场面；皇帝太子亲王出行，你们打打旗子，扛扛兵器。不上朝不出行的时候，你们在自己的划定守卫位置里站岗，不准让闲杂人等乱逛，就行了。

这样，您看，当李世民、武则天去骊山泡温泉的时候，肯定要带上你们三卫（不见得把所有人都带去）。那么哪天轮到您在御汤池上面的山坡站岗时，发现那个露天的星辰汤里有人啦，本公司就给您送个高倍望远镜过去，嘿嘿……

不过说实话呢，如果您被选上了亲卫还好，是勋卫、翊卫的话，就算名义上直接守卫着皇帝洗澡了，估计距离也会很远，中间有点儿花草树木遮挡，再有旅帅校尉之类的军官来回巡视监督，偷窥效果大概不尽如人意。

没关系，只要努力，一定有成果。早在贞观年间，李世民陛下就从三卫和别的渠道挑选了一批敏捷伶俐的帅哥，编成"飞骑"，专门跟在他身边陪着打猎洗澡……咳，陪浴属于我的无良想象。到了高宗武后年间，"飞骑"进一步扩大，更成了专属于皇帝的私人军队。如果您在三卫里表现出色，被选到了飞骑队里，那离皇帝就更近了。

那么"飞骑"是不是离皇帝最近的侍卫呢？不——是——还另有一种"御前带刀侍卫"，唐代名叫"千牛卫"，那是可以拿着真刀真枪在皇帝面前晃来晃去的。

千牛卫呢，是十二卫里面很特殊的一个组织，这一卫的卫士很少，总共只有二百七十四个人。他们别的不干，专门贴身地跟在皇帝身边宿卫侍从。其中最高级的是"千牛备身"，一共只有十二个人，职责就是轮班地给皇帝拿御刀（千牛刀）。

千牛备身的品级也是最高的，正六品下阶，也就是一出社会，就跟中等州的副州长平级了（万恶的官二代）。而且千牛备身们升官一般也很迅速顺利，基本上小时候要能卡住这个位子，一辈子都不用愁富贵了。

好，您想当千牛备身是吧？别急，我们一步一步来看，到底怎么才能混进这个系统。

首先，还是最重要的技术活儿——投胎。您不但得穿越成贵族子弟，还必须是全国最高级的那种大官僚家庭，比如：

一、老爹是亲王，您是他的嫡子继承人"嗣王"，就有资格给自己的爷爷或者伯父陛下拿刀了。

二、老爹是一二品的大官。唐代这种等级的官员极少极少，就是王、国公、太师、太尉、司空这些荣誉性职务，除了皇族以外，一般人做到这些职务的时候，基本都已经退休当顾问了。真正掌权做事的官职最高也就三品。

三、老爹是宰相，或者御史大夫之类的"清要官"。所谓的"清要官"，可以简单地理解为那种只务虚不务实的意见领袖、公众知识分子……

四、老爹是"三品职事带上三品本品官"，比如侍中（门下省大头头）、中书令（中书省大头头）、吏部尚书，再带上"金紫光禄大夫"或者"冠军大将军"的散官衔。

满足以上四项中的一项后，还不算完。如果您是想在贞观年间去当千牛备身，给李世民陛下拿刀，那您的生身母亲还必须是老爹的正妻，小妾养的不要。

很好，落地投胎成功的您，在大贵族家里长到十一岁，外表端正，举止稳重，可以去选千牛备身了（过了十四岁就年龄超限了，可别耽误机会）。由于名额有限，待选的小正太们，除了PK家世背景以外，还要通一经，又要会弓马，也就是文武都得来一刷子这才选得上。想想他们的年龄也就是现在的小学五六年级的样子，所以综合素质要求还是蛮高的。

选上了以后怎么上班呢？公家会给您发很华丽的工作服——绣满花钿的绿色锦袍，您穿成一只绣花菜团子，跟同班正太们轮流替皇帝拿御刀，不拿刀的就一本正经地端"象笏"，在皇帝御座侧后方侍列。

工作时间，禁止交头接耳，禁止从皇帝面前走过（如果需要走动，必须从皇帝背后绕行），禁止和御座位下的其他人说话聊天，禁止……禁止事项很多，不过呢，没有明文禁止偷看皇帝洗澡，也没有明文禁止在皇帝洗澡时站池子旁边拿刀侍奉。

　　据说"千牛备身"这职位，传到东瀛去似乎还保留了一个简略版，那些将军大名的身后也经常坐着一个专门拿刀的少年，好像叫"小姓"啥的，跟男主人的关系十分亲密……

　　另外，"选三卫"这档子事，在贞观年间比较有效，高宗武后时代这制度就废弛得差不多了，玄宗李三郎年间基本就没这事了（顶锅盖，我承认这一篇指南保质期太短，有骗工作量嫌疑）。

　　最后补充一条，如果您想偷窥的是武女皇，那还有条捷径，就是传说中的"控鹤府"。建议您可以带点儿蓝色小药丸穿过去，然后就××××××××（对不起，根据大唐法律法规您的输入结果不予显示）……

本篇参考文献 & 深度了解推荐：

刘琴丽.唐代武官选任制度初探.北京：社会科学文献出版社，2006

不能一高兴就"诛九族"，也不能"拉出去剐了"，请依法治国！

法律

今天我们来玩一次难度比较高的穿越。

您凝神静气，心意合一，两眼一闭，"biu"一声穿过去了。睁开眼，发现身处一座大堂之内，面前地下跪着几个五花大绑的人，两边立着虎视眈眈的衙役们，堂上除了您自己，还坐着几位道貌岸然的高官，正在一起听人陈述案情。

您算是反应快、适应力强，很快就懂了，您好死不死地穿越到了正在审案子的唐代刑部官员身上。

没办法，赶紧看案卷，弄清楚是个啥事吧。这一看不要紧，正在审理的居然是桩谋反案！

爱国忠君的您，看着案卷里记录的犯人种种无法无天欺君罔上的恶行恶状，热血上涌，怒火冲天，拍案大骂："娘希匹！岂有此理！把主犯都拉出去给我活剐了！诛他九族！一个活口都不许留！"

这话一出口，就见堂上所有人都用打量珍禽异兽的目光看着您，您（穿越上身的那位）带来的仆从赶紧跑出去请医生，主审官厚道地宣布先休庭一阵子，三司要合议。

几位官员转入后堂，可能有那性子直率的，过来劈头问您："公欲反邪？"

晕，我这不是一起在审谋反案吗？怎么变成我要谋反了？

那位说了，您不想谋反当皇帝，那"诛九族""拉出去剐了"的话是怎么出口的？我们是公务员，审案判刑要按法律条文来行事，厚厚几大卷《永徽律疏》里，哪有"诛九族"？哪有"活剐"？这种法外滥刑，就算是天子一时气急了下令实施，我们做臣子的也应该劝谏拦着才对，您今天是失心疯了，在公众场合里大嚷这个？

您要是够聪明的话，这时候最好回答："对对，我一时迷糊犯了心恙，需要回家休息。"——熬夜恶补唐代法律去。

高难度穿越很考验人吧?

其实呢，唐代的刑罚种类倒并不复杂，说多了也就五种，说少了只有三种：打屁股、流放加苦役、杀头。

打屁股，最少打十下，最多打一百下，中间分成十等。打十下、二十下……至五十下，叫"笞刑"，打六十下到一百下，叫"杖刑"。杖刑最多能翻倍到二百下，不准再打多，再打多叫"鞭尸"，也不准打非整数，没人肯动手给犯人"笞三十七""杖六十六"。

贬为奴婢去做苦役，叫"徒刑"，往往跟"流刑"（流放远地）并用。徒刑也分五等，即做苦役一年、一年半、两年、两年半、三年。

"流刑"分三等，即流放两千里、二千五百里、三千里。

"死刑"只有两种：绞刑，用绳子把人勒死，因为可以留个全尸，是较轻的一种死刑；斩刑，砍掉头，是较重的死刑。

唐代合法的刑罚，只有以上这些。除此之外，那什么夹手指啦、割耳朵啦，砍手砍脚啦，剥皮碎剐啦，绑台上烧死，沉水里溺毙，被三炮捧杀……一律属于法外的"私刑"，您在正式的朝廷文件里是看不到这些的。

什么，您问啥？知道不能剐人了，但为啥也不能诛九族？这不是很古老的刑罚吗?

呃，唐以前的刑罚，我没研究过，唐代的种种非法私刑，我们也暂时先不论，只说《永徽律疏》上规定的合法刑罚，最严重的十恶之首——"谋反"，处刑也不过是：正犯斩首，正犯的父亲和成年儿子绞死，"三族"之内的亲属受牵连没收财产或流放，仅此而已。

您说您脑子有点儿乱了？唉，我们来看个具体的案例吧，比如您手上这宗案卷，就可以是一桩涉刑很广泛的罪案。

这桩谋反案的揭破起因，是长安城万年县永宁坊里两个地痞打架，被路过的片儿警（武侯）逮到，扭送见官。

当然了，痞子打架这种小事，根本不会惊动您所在的刑部、大理寺等中央司法机关过问，甚至京兆尹（长安市市长）、万年县令（长安市万年区区长）很可能也懒得理，由万年县的"法曹参军"（负责司法事务的区长助理）王五审一下：两个人都只轻微见血，没大伤，但痞子张阿三打架时抄了板砖，杖六十；痞子李四奴是空手打的，没用凶器，笞四十，各人打一顿屁股完事。

张阿三一拐一拐回家，想到自己比李四奴多挨了二十板子，气恨难平，于是隔天又找到王参军告发："李四奴那小子不是好人，几天前我见他夜里跟别人一起往他家搬财物来着，不是偷来的就是抢来的。"

既然有人告发，县里也不好不理，派些城管协勤（唐代管这些人叫"不良人"）去李四奴家搜查一下。其实谁也没当回事儿，就算在李家搜出了一些赃物，只要不值五匹绢的钱，那也不过是再把李四奴打一顿而已。

没料想，不良人回来了，一个个气色不正，口眼歪斜。王五见状笑问："看来李四奴这小子还真偷了不少东西啊，比五匹绢还多？那就得徒一年了。他去做苦役倒也没啥，就是'徒'以上的刑罚得县官甚至京兆尹来审理，还得送大理寺去判决，忒麻烦。李四奴这小子真该死。"

不良人你望望我，我望望你，有人闷声说："嗯，他偷的东西比五匹绢值钱，值钱得多。"

王参军皱眉了，说："不是吧，偷一尺绢杖六十，多偷一匹加杖十下……偷够五匹绢徒一年，偷十匹徒一年半，十五匹徒二年……偷够三十匹绢就要流放两千里，偷五十匹绢流三千里加两年苦役，这是盗窃罪的最高判刑了。李四奴他到底偷了多少东西啊？"

不良人说："他偷了件龙袍。"

"……"

案件上报给万年县令，县令上报京兆尹，京兆尹上报大理寺。事关重大，大理寺又上报宰相奏明天子，指定刑部、御史台各派官员，会同大理寺官员进行"三司会审"。您穿越上身的这位刑部侍郎某，这才参与到案件中来。

一边侦查一边审理，李四奴受拷不过（"这杀材真没用，打二十板子就招了，最多可以打三次，总共二百板呢！"大理寺官员来某评论），全盘供出同伙数人，其中一人是贵官邵禄柔的家奴，负责看守邵家仓库。龙袍，还有其他财物，都是从邵家偷出来的。

李四奴一伙的窃盗案至此审理清楚，下一步侦讯重点转为邵禄柔私造龙袍的谋反案。在那之前，我们先把李四奴一案涉及的各色人等处分清楚。

主犯李四奴等数人，盗窃伪龙袍及金银器若干，价值超过五十匹绢，每人都流放三千里加苦役两年。同时，从他们的家产中罚没相当于赃物两倍价值的财物。

李四奴藏匿赃物，本来还另有处罚，因上述盗窃罪处罚已经达到上限，不再加刑。

永宁坊坊内出了一名盗贼，本坊里正（街道办事处主任）应笞五十，因三十日内破案捕获盗贼，里正免罚。

首告人张阿三可以得赏钱，李四奴等人被罚没的相当于双倍赃物的财产里，扣除赃物那一份，剩下一份，分给张阿三和出力捉盗的不良人作为赏钱。

张阿三欢天喜地叩头领赏走人，李四奴痛哭流涕地收拾东西去服刑，下面可以审理邵禄柔私造龙袍案了。

本来呢，这个邵某如果只是自己缝了一件龙袍，甚至是偷了龙袍玩Cosplay，倒也不能算"谋反"，"盗乘舆服御物罪"的处刑只是流放两千五百里。但是随着侦查的深入，发现这人不仅造了龙袍，还造了冠冕、礼器、车辇、兵器、铠甲……私养了一堆马匹武士谋臣，做好了行刺皇帝改朝换代的谋划，联络了京外封疆大吏，画好了军事行动地图……

简单地说，不把这人定性为谋反的话，我誓不罢休……于是三司会审的官员们量刑上奏，皇帝批复"宜依"，按照唐律，处刑如下：

正犯邵禄柔砍脑壳，没说的。他的父亲和儿子（第一等亲族）按律要绞死，他的母亲、女儿、妻妾、媳妇、祖孙、兄弟、姐妹（第二等亲族）、奴婢都应该罚没为官奴婢，他的家产也应该罚没为官产。

但是具体细分起来，还有很多种情况。比如主犯有三个儿子邵大、邵二、邵三，其中邵大和邵二都已经年满十六岁，那就得绞死，而邵三还不到十五岁，可以免死，降一等，罚为官奴婢。

主犯的母亲邵古氏年龄超过六十岁了，可以免罚，领走属于自己的一份家产另立门户过日子。父亲邵归克就比较惨，男人要满八十岁才能免罚，他不到年龄……如果遇上了一个心软的执法者，肯给邵归克的身体状况出具"笃疾"（最高级别的老病残废）证明，那也可以免罚拿家产走人。

主犯有两个女儿，大女儿已经订婚，收了聘礼约书，那就算夫家的人了，可以免罚，从入官的家产里领回本属自己的一份嫁妆，嫁人去吧；小女儿还没许嫁，真不幸，只能没入掖庭去做官婢了。

此外，主犯邵禄柔的伯姊、叔婶、侄儿侄女（第三等亲族）按律也要被流放三千里。邵的伯父就申诉了，说他家和主犯已经分家，不同居共财了，那么好，你人要流放，但你家的财产可以不没收入官，你自己带走。

唐代最严酷的"合法刑罚"，就是这样的了。

您可能觉得不过瘾，没关系，在合法刑罚之外，非法的私刑滥刑也一直在社会各阶层存在着，只是随着时代风气不同，轻重程度有所区分而已。

比如，历朝历代的皇帝，就没有哪个敢拍胸脯保证朕一辈子奉公守法从来不动私刑的；各级官吏在审案子的时候，也难免会多打几板子逼出口供来，万一碰上周兴、来俊臣这种酷吏，那犯人只能自怨命苦但求速死；一般的贵族甚至平民，对自家奴婢动用私刑也不算罕见。

私刑呢，在唐代是一种无法绝迹，但始终被批评指责的行为。唐律里有种种条文，限制官员、主人滥用私刑，一旦违法，要承担责任被判刑。对皇帝的滥刑行为，虽然没有什么有效的监督控制办法，但大臣和史官们议论这事时，也大多持否定态度，有些人就直接冲着皇帝喷唾沫星子去了。

您要想对此加深理解，我建议您调整好坐标，精确穿越到贞观元年某月日的太极宫里，大概能亲眼看到一对正在为公刑私刑吵架的君臣。

暴跳如雷的李世民："我已经诏告天下，敢伪造简历来应聘求官的人一律砍死，这好不容易抓了个典型出来，结果你竟然只判他流放！你这是当面打我脸啊？"

翻白眼的戴胄[1]："您老人家要是抓住那个伪造人以后当场用私刑砍死他，我也没法；现在您既然把这人交给我们司法机关审判了，我们当然要按国家法律量刑——都跟您老人家似的玩激情判罚，这国家要成什么样了？"

李二："……好吧，打脸就打脸好了……反正我也已经被打成肉包子脸了。"

本篇参考文献 & 深度了解推荐：

钱大群撰. 唐律疏义新注. 南京：南京师范大学出版社，2007

1　戴胄（？—633），初唐大臣，唐太宗时期的宰相。

第八章　一千多年前我们这样过节

欢迎来到唐朝教堂过圣诞节！

三夷教

叮叮当，叮叮当，又到了一年里我最讨厌的日子了。为啥？您愿意半夜拉着个老胖子冰天雪地里全球疯跑吗？又冷又累又不给加草料，满雪橇礼品包没一个是我的。干这苦差事，还不如拉着客人们穿越增加业务量呢。

我说，有没有人乐意圣诞节穿越回唐朝，去瞅瞅唐代基督教堂里在干吗啊？

对对，您没听错，唐朝就有基督教了。当然正经的称呼是"景教"，是被正统基督教会开除轰出门的异端教派。不过不管他们内部开不开、轰不轰，人家教徒们还是念着阿门揣着《圣经》来华传教，我们就马马虎虎地一概以基督教概括。

说穿就穿，大家上雪橇，坐好，咳……总之走啦，目标地点——长安城，时间是贞观十三年（639）以后。

平安降落，您问这是在哪条大街上？我也不知道啊。招呼客人们，跟我走，我们向西，路上遇到人再问路就是了。

对，朝西走应该没错的，原因嘛，一会儿再说。您看那边来了个胡人哟，赶紧上去问问吧。喂，您不要这么积极啊，您问的啥？"请问拜耶稣的基督教堂在哪里？"闪一边去！在唐朝要这么问——

"请教丈人，义宁坊波斯胡寺如何行去？"

看，人家这就指路了吧？往西，一直往西，走到皇城西第二街再折向北，过了居德坊，便是义宁坊。波斯胡寺，也就是景教的天主堂，在义宁坊东北角。

这下您明白为什么我一直叫大家往西走了吧？来自西域的胡人，大量聚居在长安城西部，而义宁坊正是长安城里最西边，紧靠着西城墙的一溜儿里坊之一。全城最古老最大的基督教堂，始建于贞观十三年（639），就在这个胡人聚居区里。

抓紧时间，赶紧走着，没一会儿您就能看见唐朝的教堂啦。客人加油，前面就是……对啊没错，前面那个大庙就是基督教堂啊。

您说啥？怎么看都不像？那是，没有哥特式尖顶，没有俄式的洋葱头，也没有圣母像和大十字架，就是一座白墙黑瓦飞檐斗拱的纯中国式建筑，这是基督教堂？

唉，客人啊，叫我怎么说您呢？您就不要怀疑我中华文化对外来宗教在建筑审美方面的影响和同化啦。

总之这个外表看着跟佛寺、道观没啥两样的建筑，就是景教的天主堂啦。前面有山门，进门以后有牌坊，过了牌坊有大雄宝殿……咳，应该叫礼拜堂吧。客人请，我们进堂。

您看，进来以后有点儿熟悉了吧？现代基督教堂里有各种壁画，画着创世纪、圣母怀抱圣婴、末日审判……您看这礼拜堂的正面墙壁上，不也挂着一排好大幅的人像画吗？我们走近点儿瞻仰，这幅穿黄衣服的，会不会是圣母马利亚呢？

我看也不像，没听说过圣母脸上长胡子的。这家伙貌似是个男的，脑袋上裹着唐朝人束发的黑色幞头，吹胡子瞪眼的，挺吓人，看上去个子很高，穿黄色圆领长袍，束玉带，脚穿靴子。这边有汉字写着身份说明！让我们来看看基督教堂里供着的这位到底是谁——

大唐太宗文武大圣大广孝皇帝

李、李世民陛下，您怎么了？为什么捞过界到这种程度，连耶稣马利亚孤儿寡妇的饭碗都抢，而且还携子带孙一拖一窝地占领人家的地盘？看太宗画像的旁边，那一排也是穿黄袍的男人们，"高宗天皇大圣大弘孝皇帝""中宗大和大圣大昭孝皇帝""睿宗玄真大圣大兴孝皇帝"……掀桌！难道我带错路了，进的是皇家太庙？

客人们稍等，我去问问技术部的人看是怎么回事。

嗯，回来了，结论是我们没走错。技术部的人查了资料，明确告诉我唐朝最大的景教"大秦寺"里，就是供着皇帝们"写真"像（为什么我觉得穿这么多衣服的写真很不带感呢），而且是由皇室"颁赐"给寺里，由"教父"（景教中国区总监督）欢天喜地接受谢恩，悬挂于堂中供人礼拜。

为什么基督教堂要挂中国皇帝像？据说这是因为景教传入中国后，一直坚定不移地走皇室上层路线，跟历代皇帝都勾勾搭搭来来往往，努力讨好以换取皇室对他们建寺传教的支持。

不管他们了，我们继续往里走。看那边，地板上有不少"达娑"（信徒）或跪或坐，听"司祭"（牧师）讲道呢。走得怪累了，我们也坐下来歇会儿，顺便听听唐朝的基督教牧师布道吧。

那身穿白袍、满脸大胡子的司祭，看上去形象跟近现代的神父差不多嘛，怎么一开口，全是纯正典雅的文言文呢？

> ……我三一妙身无元真主阿罗诃，判十字以定四方，鼓元风而生二气，暗空易而天地开，日月运而昼夜作，匠成万物然立初人……[1]

您听不懂？不要紧，我来给您翻译翻译，您听着就熟啦。上面说的那个"阿罗诃"，就是上帝耶和华他老人家，"三一妙身"是那个"三位一体"

---

1 出自景净《大秦景教中国流行碑》。

啥的，这整句话的意思，大致就是这样：

> 起初，上帝创造天地。大地混沌，还没有成形。深渊一片黑暗，上帝的灵运行在水面上。上帝命令：要有光。光就出现。上帝看光是好的，就把光和暗分开，称光为"昼"，称暗为"夜"。晚间过去，清晨来临，这是第一天。上帝又命令：在众水之间要有穹苍，把水上下分开。一切就照着他的命令完成。于是上帝创造了穹苍，把水上下分开……上帝看陆地和海洋是好的……陆地要生长各种各类的植物……太阳支配白天，月亮管理黑夜……上帝创造了地上各种各类的动物……上帝照自己的形象创造了人……[1]

这就好懂了吧？咱继续听司祭讲：

> 戢隐真威，同人出代。神天宣庆，室女诞圣於大秦；景宿告祥，波斯睹耀以来贡……[2]

又不懂了？其实他说的是这段：

> 有童女将怀孕生子，她怀的孕是由圣灵来的……耶稣诞生在犹太的伯利恒。有几个星象家从东方来到耶路撒冷，他们问："那出生要做犹太人的王的人在哪里？我们在东方看见了他的星，特地来朝拜他。"……

讲了一段故事以后，注意司祭要对教众们讲教义啦。

---

1 出自《圣经》中文版和合本。
2 出自景净《大秦景教中国流行碑》。

第一愿者，天尊说云：所有众生，叛逆诸恶等，叛逆天尊，亦不是孝。（我是你的上帝，我以外，不可敬拜别的神明。）

第二愿者，若孝父母并恭给，所有众生孝养父母，恭承不阙，临命终之时，乃得天道为舍宅。（要孝敬父母，好使你在我要赐给你的土地上享长寿。）

第三愿者，所有众生，为事父母。如众生无父母，何人处生？

第四愿者，如有受戒人，向一切众生皆发善心，莫怀睚恶。（当爱人如己，己所不欲，勿施于人，恨你的要爱他，这样你就可无敌了。不要恨恶邻舍，不可睚怨。）

第五愿者，众生自莫杀生，亦莫谏他杀，所以众生命共人命不殊。（不可杀生。）

第六愿者，莫奸他人妻子。（不可奸淫。）

第七愿者，莫做贼。（不可偷盗。）

第八愿者，众生钱财，见他富贵，并有田宅奴婢，无睚妒。（不可贪图别人的房屋，也不可贪爱别人的妻子、奴婢、牛驴或其他东西。）

第九愿者，有好妻子，并好金屋。做文证莫加谋他人。（不可做假证陷害人。）

第十愿者，受他寄物，并将费用，莫事天尊。（你们不可起贪心，不可做榨取他人的伪善者，不可存恶意。）[1]

越听越熟？摩西十诫都上口了？对啊，这是景教徒们以十诫为蓝本，又结合了唐朝的本土文化（比如对孝道的特别强调），稍带个人发挥自由心证的混血作品。

听布道还是有点儿枯燥，看达娑们有人在打瞌睡了吧。于是司祭又开始讲圣诞故事了，我们继续听圣母圣子的故事。

---

1 出自敦煌石室景教文献《序听迷诗所经》。文中的（ ）为作者附加的内容。

天尊当使凉风向一童女，名为末艳，凉风即入末艳腹内，依天尊教。当即末艳怀身。（在成婚以前，马利亚知道自己已经由圣灵怀了孕。她怀的孕是由圣灵来的。）

末艳怀后产一男，名为移鼠，父是向凉风。此天尊在于天上，普署天地，当产移鼠迷师诃。（孩子出生，约瑟就给他取名叫耶稣……从天上有声音说：这是我亲爱的儿子，我喜爱他……他将拯救他的子民脱离他们的罪。）[1]

等等，好像有奇怪的东西混进去了，马利亚末艳同志生的儿子叫移鼠？

问了问，没错，唐朝的景教徒就是这么称呼自家的救世主弥赛亚（即上文的"迷师诃"）。您觉得移鼠这个名字太难听了？我觉得也是……要不我们换换？唐朝人对耶稣还有一个称呼，叫"客怒翳数"，是转译自叙利亚语。

"移鼠"或"翳数"，您觉得哪个好听点儿？随便挑吧，反正唐朝还没有"耶稣基督"这个名号，基督教徒穿越唐朝请慎重，建议穿越到明朝。

其实，如果您想穿越到唐朝去拜外国神，我并不推荐您去凑景教的热闹，因为景教真的不算很热闹。

唐朝流行的"洋教"（夷教）不少，其中景教受到特别关注，说句大实话，那是因为近世以来基督教文化在全球的强势流行。

在唐朝最热闹最强势的洋教，其实是人家火祆教，也叫拜火教、琐罗亚斯德教，是古波斯帝国的国教，那些从丝绸之路过来中国做生意的胡商，大部分都信这个。

为什么说祆教比景教热闹呢？来来，我们出门左转，您跟我去瞧瞧就明白了。

1　出自敦煌石室景教文献《序听迷诗所经》。文中的（　　）为作者附加的内容。

义宁坊东南的礼泉坊里，就有一家"祆祠"，也就是人家拜火教的教堂，在坊西北角。平常日子，里面也就烧着三坛熊熊大火，一些身穿长袍、头戴罩面的祭司出出入入，但我们运气好，赶上了人家的宗教活动，唐朝老百姓一般叫"赛祆"，这就可以大饱眼福了。

您看，这一堆大鼻子、深眼窝、满脸胡子的中亚人，头戴尖帽，穿着翻顶的团花锦袍，围在祆祠内外吹拉弹唱，或站或立，有弹琵琶的、吹筚篥的、唱歌的、转圈跳舞的……空地上架起火，吱吱地烧烤着肉，另外还有大坛的美酒揭了泥封供饮用，香气随风飘散。围观群众越聚越多。

突然，有个胡僧走出来，向围观群众叽里咕噜说了一大堆粟特[1]语，然后拔出雪亮的刀子，一下子戳进自己裸露的肚子里！

在围观群众的惊呼声中，该胡僧面不改色，还在用力捅自己，直到刀刃从后背破出。他又握着刀柄，横切竖划，把自己的腹部剁成十七八块，肠断肚裂、血流满地，但仍然一副满不在乎的模样，抽出刀子，往身上洒点儿水冲冲，然后没事了，走回去歇着。

又一个胡人头目走出来，这位没拿刀子，拿了一根很长的大铁钉，冲着围观群众嘿嘿一乐，举起钉子冲着自己的天灵盖就刺了进去，旁边还有人帮手，拿着个锤子在那里敲敲敲，一会儿，钉尖从胡人腋窝里透出来啦！

这位钉腋大侠也是祆神护体、百无禁忌状，高举着胳膊来了个马拉松长跑，跑一圈以后回到祆神面前，念诵些咒语，拔钉，歇着去了。[2]

---

1 粟特，中亚地区的一个古代民族。

2 记载见唐张鷟《朝野佥载》："河南府立德坊及南市西坊皆有胡祆神庙，每岁商胡祈福，烹猪羊，琵琶鼓笛，酬歌醉舞。酹神之后，募一胡为祆主，看者施钱并与之。其祆主取一横刀，利同霜雪，吹毛不过，以刀刺腹，刃出于背，仍乱扰肠肚流血。食顷，喷水咒之，平复如故。此盖西域之幻法也。"同卷又记："凉州祆神祠，至祈祷日，祆主以铁钉从额上钉之，直洞腋下，即出门，身轻若飞，须臾数百里。至西祆神前舞一曲，即却至旧祆所，乃拔钉，无所损。卧十余日，平复如故。莫知其所以然也。"

您说这个挺好玩，您也想皈依火祆教学点儿技术，当个唐朝的大卫·科波菲尔？

对不起，人家祆教不随便传教，也基本上不收汉人教徒，只在胡人圈子里内传，再说，您确定您能适应这种神秘中亚宗教的教规吗？别的不说，我只给您举两条教规。

祆教徒死后不进棺材，不土葬，也不直接火葬，而是要曝尸，让狗吃掉皮肉，剩下的骨头装进个小瓮里埋起来。[1]

一些"高贵的纯血"祆教徒，遵行血亲通婚的乱伦律法，比如父亲娶亲生女儿为妻。[2]

恶寒吧？我们还是躲开为妙，看热闹纯围观就好了。

唐朝的洋教，还有一种可以说说。这种呢，既不像火祆教那样盛行于当时，也不像基督教景教那样大兴于后世，但是它在中国人当中知名度很高，是相当高，是什么教呢？

"焚我残躯，熊熊圣火，生亦何欢，死亦何苦……"

"武林至尊，宝刀屠龙，号令天下，莫敢不从……"

"九阳神功！乾坤大挪移！"

熟悉吧？这就是明教的前身，在唐朝人称摩尼教。如果不谈武侠小说的话，摩尼教给人留下的最深印象是，创教主摩尼老祖非常骄傲地宣称：他老人家是佛祖、琐罗亚斯德和耶稣的继承者，也是最后一位先知。

"智慧和神迹不断的被神的使者传给人类。因此曾经使者是来自印度的佛祖，在另一个时代则是来自波斯的琐罗亚斯德，再一个时代则是西方的耶

1　狗食尸的习俗，见杜佑《通典》卷一九三《康居》条："国城外别有二百余户，专知丧事。别筑一院，院内养狗，每有人死，即往取尸，置此院内，令狗食人肉尽，收骸骨埋殡，无棺椁。"

2　祆教徒父女通婚的习俗，见1955年西安土门村出土《苏谅妻马氏墓志》。

稣。现在启示再次降临，在这个最后时代的预言则通过我，摩尼，来自巴比伦的真主的使者……"[1]

摩尼教对唐朝的影响，主要体现在中后期，唐的主要对手回鹘信奉摩尼教为国教，于是相互影响之下，唐朝也建了"大云光明寺"一类的摩尼教宗教设施。摩尼教的中下层路线走得比较好，比其他夷教（除了佛教）更能团结广大基层群众，于是在中国的持续时间也比较长，像宋代的方腊啦，元代的朱重八……

咳，总之，喜欢过宗教洋节的同学，穿越回唐朝也大有可为，鼓励您回去消费，为拉动大唐GDP增长尽一份力啦。

本篇参考文献 & 深度了解推荐：

翁绍军校勘注释.汉语景教文典诠释.北京：三联书店，1996

龚方震，晏可佳.祆教史.上海：上海社会科学院出版社，1998

1　出自比鲁尼《古代遗迹》所引述的摩尼教经文《沙卜拉干》的前言。

五色丝线端午抛，帅哥你往哪里逃

端午节

特大喜讯！特大喜讯！本公司今年推出的"佳节特惠穿"系列活动第一站，"穿越到唐朝过端午"现在正式开团！名额为……哦……呃……不好意思……报名人数已经满额了。欢迎您在七夕节继续参团，现在开始接受预订。

为使您了解"佳节特惠穿"系列活动的穿越质量，本公司在此放出端午穿的详细说明，有兴趣的请往下看。

当您穿越成功醒来时，也许发现自己正在船上。摸摸自己，确定性别为男，出舱照照水面，发现是一个膀大腰圆、面白有须的唐代帅哥。不错，这回运气挺好。

出了舱房跟同道人闲聊，慢慢套话，知道了自己姓万名楚，原本是京都长安人氏，现任扬州司马。端午节快到了，这一趟旅程，是替扬州刺史前往长安进贡"江心镜"和其他节礼。

"江心镜"是什么呢？

您找借口在这一串长长的船队里溜达溜达，希望趁人不注意时能偷窥一下中间那条大货船上绑扎得严严实实的箱子，但是船上守卫警惕性高，包装又太厚重结实了，不可能自己扯开。（您在心里吐嘈：穿越前老子网购时，快递公司也这么负责任该多好。）

没奈何叫奴仆打了一瓮酒，寻个晚上，请船队里的"进镜官"过来，几大碗黄汤下肚，灌得他晕乎乎的，跟您透露机密。

扬州的能工巧匠本来就天下闻名，铸镜师吕辉更是个中高手。某年他在铸镜时，突然来了个老人，自称姓龙名护，会造"真龙镜"，进入铸炉室，闭关三天，再开户门时，老人踪影不见，炉前留下一幅素绢，上写："盘龙盘龙，隐于镜中。分野有象，变化无穷。兴云吐雾，行雨生风。"

吕辉于是把这个铸炉搬上大船，停泊在扬子江心，当年五月初五铸成了一面宝镜，进献到宫中。宝镜径九寸，青莹耀目，背后有盘龙纹饰，据说几年后天下大旱，有道人持镜作法，镜背的龙口忽吐白气，须臾满殿，甘雨如注……自此以后，扬州每年五月初五都要在江心铸一批铜镜，打磨历年，于次年端午前进献京师。

当然了，封疆大吏给皇帝送礼，光送镜子太寒酸了，船队里还装了金银彩缎、美食药物、江南特产、珍禽异兽，由您这个司马摄进献使统领着，从扬州上船，浩浩荡荡入邗沟[1]，转淮水，进通济渠，白天迎风拂柳，晚上弄月吟诗，一竿子直插到洛阳。

从洛阳走水路进关中不太容易，得弃舟登岸，把货物搬到车上，由陆路入潼关，在四月底运抵长安。

时近端午，长安城里已经很热了。您在烈日灼烤下，押送这一队货车走在黄土飞扬的宽阔街道上，送往宫城里的中藏库收储，又要把贡品的清单奏状上报内侍省，转呈皇帝老儿笑纳，非常辛苦。

但是这还不算完，根据我天朝自古以来的潜规则，地方进京的贡物，光送给皇帝那是绝对不行的。早在扬州上船的时候，您的上司扬州刺史就命人把贡物分成N多份，一色色打点好，这一车送李相公，那一箱送张尚书，那一抬送杨阁老……随礼物致送的往往还有刺史的亲笔手书信柬，少不得也得由您这个进献使一一上门，拜望到位。

1　邗沟（hán'gōu），古运河名。

吃人嘴短，拿人手短，收礼的也不能白收，各家主人都跟您客气了几句。虽然大部分说的都是"近日时气真好啊"之类的闲扯，但也有那与刺史交情颇深的，屏退左右，低声告诫您，过几日见陛下时要留心。

"某听闻京中传言，有御史参劾扬州府，端午竞舟劳民伤财、耽误农时。使君在御前对奏时，玉音或垂询此事，使君宜早做筹备。"

您立刻头大，心想我刚穿过来没几天，能听懂你们叽叽哇哇说些啥就不错了，还要替都不知道长啥样的领导应付皇帝审问啊？那御史也真是吃饱了撑的没事干，人家过端午节赛个龙舟，又碍着你哪儿了？为这事还写个奏状弹劾，唐朝的纸不是很贵吗？你浪费不浪费啊！碳排放增加全球变暖都是你造成的。

一边心里暗骂，一边还得谢过人家这位好心好意的提醒，至少让您有了提前准备打小抄的时间。一出人家府门，立刻找来从扬州一路同行过来的同僚，问问那劳民伤财的端午竞舟到底咋回事。

这同僚是个土生土长的扬州人，很轻蔑地说：我们端午的龙舟竞渡已经玩了一千年，能有啥事？那御史是个没见过世面的北人，去年奉敕巡视江东，被我们竞渡的盛大场面给吓到了，一拍脑袋就觉得凑这么多壮丁来划船，肯定会耽误种田养蚕，再加上——咳咳，大概是对我们刺史送的程仪[1]不满意？反正回京以后成心找事儿来了。

我们扬州的龙舟竞渡比长安洛阳场面还大吗？一句话问出口，您马上觉得自己脑筋秀逗了。江南水乡，到处都是河流船舶，当然比以旱地为主的北方更适合划船赛舟。

"除了荆湘之地（约在今天的湖北和湖南省），天下没一处端午竞渡的盛况能跟咱江东相比。"同僚傲然回答，随后又眉飞色舞地谈起家乡风俗。

---

1 程仪就是路费，古代上级、亲友要远门旅行，作为下级或亲友，送给他一笔钱在旅途中花销。

几家几户凑钱买龙舟，下水前先三牲六畜吹吹打打地祭船。船头船尾涂油抹朱、点画龙睛是必需的，那富贵高门甚至连划舟丁夫的衣衫上也给涂满桐油，以免溅水湿了衣，妨碍力气。

到五月初五，江边早有无数人家搭起彩楼、席棚，两岸绵延数十里，内中挤满盛装华服的乡民仕女，一早就等着观赛。官府在龙舟出发点立起红旗，在终点扎一座驿楼牌坊，坊上挂起锦标。鼓声三下，红旗开处，龙舟两两跃出，飞光逐电般在水面上滑行。两岸丝竹箫笙大作，喊声如潮，和着船头鼓声、舟夫的号子声、桨击水声，交织成一年一度让人兴奋狂醉的舞乐。忽然驿楼处声如霹雳山呼海啸而起，乃是一舟已到终点，鼓手抡起鼓槌打下了锦标，紧紧捉住飘扬示意，赢得一波又一波的喝彩欢呼声。

端午前后数日，江中总有龙舟两两竞速，优胜者官府赏给彩缎，端午正日打标者加赏银碗一双。自屈大夫投江后，年年如此，江南百姓视为天经地义、理所当然的事，又有什么好弹劾的？

虽然这么说，到底几个同僚凑一起商量半天，帮您拟好了回奏天子的言语，您这才稍稍放心下来。

随后几天，据说您这个长安人氏出京做外官，已经有很多年啦，好不容易回一趟家，亲族旧友少不得都来登门探视，彼此酬酢往还，上上下下忙得不可开交，时间就这么过去了。

到了端午节正日，宫中开宴，又向三品以上重臣和封疆大吏们颁赏节赐，您的上司扬州刺史也在受赐名单中。少不得您又得代表他去进宫参宴、受赏、谢恩，天子见有扬州来使，果然随口问了一句："听闻江南端午竞渡靡费过甚，危害农事？"

您赶紧拿出准备好的一套说辞，什么乡人竞渡乃是为了共祝太平盛世祈愿天子万年啦，什么南人千年积习如此，万一禁断恐惹是非啦，什么扬州百姓深信端午蛟龙出水危害人间须得以舟竞压祟，否则六畜不宁啦……死说活说，总算哄得皇帝龙颜大悦，不再理会此事，还顺手提起笔来，在一柄白团扇上写了一个大大的"龙"字，命您把团扇带回去赐给江南刺史。

这算是殊恩异赏了，顿时惹得殿上各与宴臣子啧啧称赞，大为羡慕。就有那饱读诗书的宿儒出班奏颂，说是贞观年间太宗文皇帝曾在端午节以飞白书亲笔御题"鸾""凤""蝶""龙"等字样于素扇上，颁赐长孙无忌、杨师道等亲旧大臣，清俭儒雅传诵至今，不意今日又见盛世佳话，我圣上机钤盈握，日月在躬……

下面的一堆文言掉书袋，您就懒得听了（听也听不懂），叩头谢恩，从宦官手上双手接过团扇，心里想着怎么才能把这薄薄的玩意儿完好无损地带回扬州。包装也是一门技术啊。

除了这把破扇子以外，皇帝回赐扬州刺史的还有黑玳瑁腰带一条（这是给文官的，武官赐黑银腰带）；百索九子粽一匣，九个小粽子串在一起，样子倒蛮好看（您默默流泪：这么热的天气，带着吃食走几千里去送人，半路不馊不坏才怪，皇帝老儿你还不如赏一坛子泡菜，哪怕叫送到海东半岛去也不怕）；菖蒲、艾叶、雄黄、钟乳等药材各一小盒；五彩丝缕一束。

总的来说，跟进贡的东西相比，亏大了。更让您郁闷的是，这些全是给您上司刺史老大的节赐，没您的份儿，您就是个传说中的快递员。

耗到赐宴结束，殿上官员们谢恩散出，一个个都面有喜色，仿佛飞鸟出笼，呼朋唤友追欢逐乐去，这才真正有了点儿过节气氛。您在长安人缘还不错，有亲朋故旧也来相邀。

您刚过了龙舟回奏那一关，感觉有点儿累，刚想谢绝，这旧友神秘兮兮地搂着您的肩膀问："想去看狐仙吗？"

"狐仙？"您顿时来了兴致，"哪里有狐仙现世？"

"还记得王九那小子吗？"旧友笑问，"他在宋州刺史任上得了上考，进京待迁转。这倒不算什么。可人都说他带来长安的一位新妇，是半路遇到的狐仙，今日正好端午，何妨同去一探究竟？"

这么好玩的事，您当然要插一脚！当下满口应诺，吩咐下人把赐物好生送回家中，妥善收藏，自己上了马跟着旧友往王某家里去——不过您想过没有，大家为啥要在"正好端午"的时候去打探什么狐仙蛇妖之类的东西？

端午节之后就是正经的夏天了，气温升高，蚊虫滋孽，容易流行瘟疫。古人把五月初五叫"恶日"，认为这一天邪佞当道，五毒并出，于是家家户户梁悬艾草、门插蒲剑、佩石榴花、饮雄黄酒，就是您从扬州护送进京的那一批"江心镜"，也是因为宝镜本来有照邪避恶的意味，特选五月初五铸成又附会了点儿神话，更成了贵重的皇室贡品。

在这种到处都是镇邪禳物的环境下，那些妖魔鬼怪似乎陷入了人民战争的汪洋大海中，施展法力大概比平时更困难，于是正气凛然的捉妖使者纷纷出马，比如您一行这四五个青年郎君。

您几位呢，说好听点儿，都是体格健壮、胆大艺高的贵人，说难听点儿，就是没事找事闲得蛋疼的京城恶少。相约打马到了王九家门口，门阍通报进去，在等候主人的时间里，您仔细地侦查了一番周围环境，不由得胸口一窒。

只见王家的乌头大门上，依样葫芦地悬着一大束胡蒜和编结成人形的艾草，菖蒲的叶片修成剑形，倒插门边，更有那长长的五色丝线缠绕成缕，随风飘荡——正经人家的端阳避邪物应有尽有，一件不少，看来王家娘子根本不怕这些啊，定是个法力高强的千年妖狐，十分不好对付。

正想着，主人宋州刺史王某迎出来了，满面春风地热情寒暄，一个个让进正堂去坐定。

家下显然本来也准备了不少端午节宴的酒水吃食，奴婢们铺席设案，将些粽子角黍、蒲酒酥饧类搬上来，宾主开怀畅饮、欢谑说笑。堂上又设了近年来京中最流行，据说是从宫里传出来的"射粉团"戏：剥开几个用艾灰汁浸泡过的黄米角黍，切成小块粉团，放置在大漆盘当中，让客人们用特制的纤小弓箭来射粉团，射中者得食。

粉团表面滑腻，切得又小，箭头一触即歪，能扎进去并不容易。有精于此道的贵公子一箭射中，满堂欢呼。射中者也面有得色，拿起箭支直接将箭上的粉团放进嘴里，咬下大嚼。

很热闹，很欢乐，不过，你们这一行可不是为了吃粽子而来的。

酒酣耳热，色心上头，最沉不住气的客人终于涎着脸向主人挑明道："听闻七郎新纳的娘子知书懂礼，貌若天仙，可否请出来让愚弟等拜见阿嫂？"

王某倒也毫不意外，呵呵一笑，爽快地命奴婢入内："去请娘子出来见客。"

等待整妆的时间里，宾主略谈些结缡经过，不过是王九进京路上夜宿古寺，巧遇美人，女子自言家资万贯、父母双亡、投亲不遇、暂栖寺庙，见郎君气宇轩昂，心生爱慕，自荐枕席愿为婢妾云云。正说得高兴，屏风后环佩叮当，两列婢女依次步出，中间簇拥着一位袅娜佳人，向满堂宾客盈盈拜了下去。

来客纷纷起身还礼，长揖回应"娘子万福"。王某也站了起来，一一介绍过来客身份，示意女子坐在自己身边，又请客人们重新归座。两下里打量，女子风姿端丽、衣饰贵重、举止高雅自若，与寻常贵妇人并无甚差别，只一双美目明若秋水，偶然间眼波一荡，勾人魂魄。

她并不是空手出来的，两列随行婢女手中都捧着朱漆盘，盘上堆了些锦囊、香合、花草、人胜[1]，一份份赠予来客。这"狐仙"也向客人们逐一敛容致敬，到您面前，一名身穿红裙的婢女奉上一盘赠仪，她的女主人说："新妇上万郎续命。"

您吓了一跳，以为"续命"就是"纳命来"的意思，再一看别人都神色如常，女主人温颜微笑，不太像要出手取您性命的样子。红裙婢女放下漆盘，拿起盘中那一束由红、绿、蓝、黄、白五色丝线结成的绳缕，

1　古人戴的装饰物，一般是剪彩或镂刻金箔为人形，贴于屏风或戴在发上，以讨取吉利之意。

亲手为您缠在臂上，嫣然一笑，明眸流转，香风袭人，行云流水般轻盈退下。

咳咳，那啥，口水擦擦，这里跟您讲讲"续命"是咋回事。婢女给您系上的这五色丝线，又叫"朱索""长寿缕""续命缕"等等，是唐代最常见端午节厌胜佩饰，一般要挂在门上、悬在床上、缠在臂上，说是可以防止被恶鬼捉走或被兵刃所伤。后来词义扩大，凡在端午节送人的礼物，都统称"续命"，"新妇上万郎续命"的意思就是"我这个做了人家媳妇的给您送上这些礼物祝您长命百岁"。喂喂，客人，您在听吗？

"狐仙"带出来送赠仪的这些婢女，原来也是她所豢养的家妓，把续命礼送完后，振衣整队，丝竹声起，一列一列地翩翩起舞。您的眼睛一直盯着刚才给您系续命缕的那个红裙女，她在回腰旋身之际，也向您这个大帅哥频送秋波，您二位的眼神吱啦啦在空中激出上百万伏的电弧。

红裙女头梳双鬟，弯眉翠黛，朱唇点脣，低胸上襦袒露出大片雪白肌肤，轻纱阔袖随着舞姿飘荡来去，柔媚婉变，迷离似醉，您自穿越以来从未见过如此动人的美女，不由得三魂七魄统统飞上天际，眼睛里除了这一抹曼妙身姿，世间万物皆归尘土了。

手抚着臂上的五彩丝线，管她是狐狸精还是蛇精还是蜘蛛精啊，哥就是迷上这妞儿了行不行啊！今儿不让哥把她带走，哥就死活不出这大门了，你怎么地吧王九！给个痛快话！

好，主人王某击案喝彩。万司马既一见钟情，小弟岂惜一妓？但请郎君即席赋诗一首，若果然文采典丽、情深义重，弟连此女妆奁一并奉上，如何？

穿越唐朝的终极保命技能——作诗，又派上了用场。如果您是经过本公司魔鬼特训的客人，此刻脑内一搜索，顿时大喜过望，起身团团一揖，昂首吟咏出传诵千古的警句作结：

西施谩道浣春纱，碧玉今时斗丽华。

眉黛夺将萱草色，红裙妒杀石榴花。

新歌一曲令人艳，醉舞双眸敛鬓斜。

谁道五丝能续命，却知今日死君家！[1]

本篇参考文献 & 深度了解推荐：

张宏梅.唐代的节日与习俗.太原：山西人民出版社，2010

---

1 出自万楚《五日观妓》。

七月七日长生殿，美人满屋抓蜘蛛
七夕

"佳节特惠穿"七夕之旅满团起程啦！经过这些天来的折腾，公司决定特别奉送本次团穿成员一个轻松悠闲富贵华丽的高端体验——我们直接穿越进唐朝巅峰期开元天宝年间的皇宫里，目睹唐明皇和杨贵妃的七夕节私密小情调。

请坐好，咱要落地了……唔……嗯，可以睁眼了，但是……客人们少安毋躁，我去问问驾驶员师傅这是啥地方，为什么房基破败一片荒凉……

那啥，不好意思，我们的驾驶员脑筋比较直，听说要去皇宫，就直接降落到了长安城最古老也是最大的皇宫——"西内"太极宫。当然，您可能知道，从唐高宗时代起，唐朝的皇帝们日常就不在这里办公居住了，他们都在"东内"大明宫呢，怪不得这边一点儿人气都没有。

哎哟！师傅您慢点儿！大家抓稳了……不不不不不不，我们不是要去大明宫啊！我刚才那话没说完呐，大明宫虽然是唐朝大部分皇帝的主要居所，但是我们现在所在的玄宗时代，皇帝李隆基同志日常是在自己的城内别墅起居，也就是比较靠近大雁塔的那个"南内"兴庆宫……

我说师傅您脾气也太急了吧？您等我说完话再降落行不？看看，这到了兴庆宫，虽然房子树草明显比太极宫鲜亮，人也比较多，但是，现在是夏天！长安城夏天很热、很闷！有条件的高端人士，比如皇帝，夏天都要出城去避暑！

您还好意思骂我？当着这么多客人的面，算了，回去我再找你们部门领导投诉你。您问朝廷的暑期办公地点到底在哪儿？在秦皇岛北戴河啊……咳，我也气晕了。

历代皇帝各有自己喜欢的避暑行宫，到李隆基这一辈儿呢，有了杨美眉以后，他是比较爱去华清宫，就是在长安东边，骊山脚下，能泡温泉的那个。

成，这算定了，我们走吧。对，骊山，华清宫，靠近皇帝寝殿的地方，这回没错了。

我说师傅您也不用把全车人都甩到温泉池子里吧……对不起，对不起，我们马上给客人们发放免费毛巾，请可怜可怜我这个七夕节晚上还要加班还遇上这种事的苦命导游鹿吧。

还好还好，现在是中午，太阳正毒。我们呢，爬出温泉，先悄悄溜到宫院围墙外，找块儿宽阔平坦的地方，躺下来晒晒衣裳，等干得差不多，晚上再去围观李杨小情调不迟。

那位客人说啥？大夏天的中午，一堆人躺平晒太阳，做木乃伊呢？没事没事，我教您一句话，如果有闲人过来问您，这是躺着干啥，您就跩跩地回答他："老子我晒腹中万卷诗书呢！"

从汉魏开始，民间就有在七月七中午晒书、晒衣服的风俗。有因为尊重这风俗，结果职场受挫的，比如避祸在家的司马懿同志，七月七家里晒个书，就被曹阿瞒打探到，判定这老儿纯属装病骗保，立马押回去上班；也有借着风俗装酷玩行为艺术的，"竹林七贤"里的阮咸，七月七中午别人家晒衣服，一大堆绫罗绸缎挂着，阮某也去凑热闹，举个竹竿，上面挂件破裤头到处晃；至于在太阳底下摊平了大睡，声称是"晒书"的，原创版权属于一个叫郝隆的家伙，我这只算是拾人牙慧而已。

一觉睡到天黑，拍衣服起来，重新溜进华清宫里去，我们一路走一路看热闹吧。

七夕的晚上，宫里比平常夜间欢腾得多，到处能看见三五成群的漂亮美眉，打扮得花枝招展，凑在一起说说笑笑，不知道都干些什么。凑近去瞧瞧，这里有五六个宫女，正围在一盆水边，好像要往里放东西，但是完全看不见她们手里拿的是啥。

再凑近点儿，嗯，这回看到了吧，细细长长的银色物，是针。

您问往水里放针干什么？是唐门的毒针准备做毒药吗？想象力还真丰富。这是宫女们正在"乞巧"，向天上的织女同志申请技能传授资格，手续挺麻烦的。

从七夕这天中午，宫女美眉们就要把这盆水放到院子里曝晒，晒上半天，水面浮了一层灰尘，张力更大些，然后姑娘们就可以往水面上放针了。

放针有两层比试方法，第一层是考验手法的轻柔细致程度，心灵手巧的妹子轻轻一捻，银针就能浮在水面上；像粗笨的鹿蹄举着针往盆里扑通一扔，直接轰出场外领便当去吧。

第二层比试，是当针浮在水面上以后，看它在盆底的倒影成什么形状，如果有点儿像云朵、花、鸟、动物的影子，那这妹子得巧了，像鞋、剪刀、水瓶影子也还不错，如果这影子横看粗如锤，竖看细如丝，怎么看都如轴蜡[1]，就像您摆的这个……笨死算了，我们还是走吧。

看，那边还有一群人拿着针线在比画，那也是在乞巧，方法是在月光底下，用最快的速度把五彩丝线穿过针孔。您说这个简单？您也能来？那好，我们试试。喂，您倒是先数数，这针上一共有几个针眼啊？

对啦，九个！这是七夕乞巧的定制专用针，可不是普通缝衣针哟！朦胧月光下，能把线头穿过针眼儿就不错了，还得一口气穿九个小眼儿，您还要下场比画吗？冒昧先问一下您眼镜片是多少度的？一千度？郑重劝您放弃吧，我们去别处转转。

---

1 轴蜡，车轴和蜡烛。

那边花丛里又有一群拿着盆的妹子，叽叽喳喳一边说笑一边摘花呢。据说在七夕晚上，摘了各色花朵泡在水里，星空下浸一夜，第二天用花水来拍脸净面，可以使肌肤娇嫩白净。反正是纯天然绝无化学污染的东西，怎么用也没害处是不是？

也有专门采一种花的，那种红彤彤的凤仙花，采了捣碎取汁，染红指甲，作为七夕节的装饰之一。再有就是不泡水也不捣碎的，摘了鲜花是为上供，供的神当然是牛郎织女。

我们跟着两位捧花的妹子走，看她们在曲曲折折的宫院里走向一座三层高楼。那是皇帝李隆基特意为七夕节搭建的乞巧楼，他和杨美眉都在楼上待着歇凉呢。

走近了，就能听到楼上楼下传来丝竹音乐声，也能看见舞伎们翩翩挥袖的影子，这俩人还真会享受。

楼下院子里，已经摆好了香案，上面放有一些应季瓜果、鲜花、酒水、食物，当然也有香炉——可不是那种插线香的香炉，唐代还没线香，炉中烧的是小香饼子、小香块哦。

一群浓妆艳抹的嫔妃轮流祭星，乞巧楼里也到处可见穿针玩乐的人群，唱歌跳舞的就更别说了。比较有个性的，大家往这边看，这几个妹子爬墙登高蹿上跳下的，猜猜她们在干吗？

嗯，对，这位客人说得接近了，像是在抓什么东西？抓什么呢？大家凑近看看。哎，客人您站稳了！至于嘛，几只小蜘蛛而已，至于吓成这样？您是罗恩·韦斯莱？

您问她们抓蜘蛛干吗？这个啊，说来话长了。

从前啊……其实也就是汉朝的时候，人们在七夕祭星乞巧，把瓜果放在院子里，大夏天的，免不了招来些蚊虫。夜深以后，这些蚊虫又往往招来了蜘蛛。蜘蛛在瓜果上面结网，到了第二天，人们起来验看蛛网，如果没有或者很稀疏，那摆瓜果的就是笨丫头一个，如果蛛网复杂致密，恭喜你得巧了！

到了唐朝，不是怕引不来蜘蛛，或者蜘蛛大爷来了不给好好干活吗？妹子们干脆动手捋袖，自己捉上一两只。怕放瓜果上它们拔八脚就跑？成，弄个盒子，把蜘蛛关里，看你往哪儿跑！这一夜你就给我老老实实吐丝结网吧！

如果第二天早上，蜘蛛俘虏们干活干得不错，蛛网密实，大家公认妹子得巧了，剽悍的唐朝美眉可能一高兴会把蜘蛛放生，如果劳动不力……嗯，下场自己去想吧。

折腾了半天，星也祭了，巧也乞了，吃饱喝足，歌舞也看腻了，大家散了睡觉去吧！李杨二位也回卧室长生殿去了。客人您真要坚持溜进长生殿看皇帝贵妃的爱情动作片？好吧，都说了是富贵华丽的高端私密特惠穿。

动作轻点儿，跟着我走，这边来……这是长生殿的门，转过这条屏风，再进这层帷帐……看那俩，对，立在窗边窃窃私语的就是他们二人了，看那膀大腰圆肥嘟嘟的样子，错不了。

杨美眉在哭呢。您问她说啥？唉，她在说她羡慕牛郎织女，虽然每年只能见一面，但是天长地久的，哪像宫中的女人，美色一衰，就得被渣男皇帝抛弃。嗯，然后李隆基同志发誓："吾与卿当世世为夫妇，在天愿作比翼鸟，在地愿为连理枝……"

哈哈，男人的誓言。大家都知道这一对后来的下场吧。

喂，我说那位客人，您别发帖直播了行不行？《我所亲见的李杨七夕之夜》，这标题……还有这位！您刷微博刷得可真快！连艳照都一起直播出去了！太不像话了！你们不知道领袖的私生活属于国家机密吗？

万一哪个看了你们微博帖子的家伙，穿越回安史之乱以后，弄一身道士服去见李太上皇，声称能去海外仙山找到已经挂掉的杨美眉，就拿这句"夜半无人私语"当证据来骗老头子，你们可都是帮凶！帮凶！

　　闹大发了，这次的穿越之旅就到此为止吧。没准儿我回单位还得停职写检查啥的。

本篇参考文献 & 深度了解推荐：

张宏梅.唐代的节日与习俗.太原：山西人民出版社，2010

过年喽！穿棉袄、放鞭炮、压岁钱……对不起，您穿错朝代了

春节

一片彩霞迎曙日，万条红烛动春天。值此新春佳节，唐穿公司全体员工（似乎一共也就两三人）给您拜年啦。同时"佳节特惠节"除夕、元日团也即将起程，这次的特惠是买一赠一，穿除夕附赠元日，大家不要错过良机啊！

按惯例，佳节团成行之前要先发布落地注意事项。过年期间的穿越提示是——最好不要穿越成官员！

您问为啥？之前的那些穿越团，不都是穿越成官员，特别是大官比较舒服吗？吃饭花公款，没事打打猎，公家还给配佣人……但是，如果您想要享受一个吃饱就睡、睡了再吃、天天闲聊不干活的悠闲年假，那么听我的，一定要穿越成平民百姓，或者穿越成小孩子最好啦！官员们在过年的时候是很苦逼的，至于为什么，下面过一会儿再说……

所以呢，这回我们要穿越到长安城的一个普通富户人家，年龄设定得小点儿，十二三岁吧，既勉强能上席吃年夜饭，又能乱七八糟地疯玩一通，不用理那么多规矩。说穿就穿，客人坐好，睁眼就到。

到了……哎，客人您站稳了，留神旁边那家伙！快闪一下！哎哟，撞着了……怎么又踩人家脚了？呀，您脸上面具掉啦，赶紧捡起来戴上，慢一点儿可就要被踏烂啦……

怪我怪我，只顾校对穿越时间，没选好落地地点，对不起啊……您这是直接落到长安城除夕夜街上的驱傩大队里了，看这挤挤攘攘、活蹦乱跳、欢呼笑闹的人群，多有过年气氛啊。哎哟，客人您就别这么怒视我了嘛，您脸上的面具样子挺可怖的，再配上这杀人眼神，看，旁边这孩子给吓哭了吧。

您问驱傩是啥玩意儿？我挠头，怎么解释呢？最简单的说法，您就把它当成巴西狂欢节一类的活动，大家在除夕夜组团上街散步，为了民主自由……啊咳，是为了庆贺新春祈愿祝福，自发地参加一些舞乐表演，娱人娱己制造喜庆欢乐的过年气氛罢了。

要解释得稍微详细一点儿的话，您知道有种说法说"年"这玩意儿本来是一种怪兽吧？过年本来就含有相当浓重的驱除鬼怪妖孽、保平安祈祥瑞的成分，而"驱傩"正是集中体现这个作用的一种仪式，在古代中国延续了上千年呢，到近现代，一些乡村里照样还有。

当然大部分城市里如今是不鼓励市民除夕夜上街跳大神了，所以，您好不容易穿越一回，可以体验一把。我郑重建议，您可以把在驱傩仪式上被暴揍的鬼怪，在心里偷偷置换成您的极品领导/上司/客户/亲戚……

这么想就舒服多了吧？嗯，您问驱傩是怎么个驱法？技术要点是什么？好说好说，简单得很。

最简洁环保的驱傩大队，前头有一对男女，戴着老翁、老婆婆的面具领舞，他俩的角色叫傩翁、傩母；围在他俩身旁身后的，有千儿八百个戴小孩面具的，叫护僮侲子；另外的人就是戴各种鬼怪面具，当反面角色。大家边走边跳边吹拉弹唱，大部分人以凑热闹起哄为主，前面专业领舞的有歌词，歌词内容大都是描写正义人类如何胖揍鬼怪。

您说前面太乱，听不清他们在唱啥？嗯，我给您复述两首《驱傩词》[1]：

1　《驱傩词》，此处所引用二首均为敦煌写本内容，个别极生僻字有调整。

适从远来至宫门，正见鬼子一群群，就中有个黑论敦，条身直上舍头蹲。耽气袋，戴火盆。眼赫赤，着绯裈。青云烈，碧温存。中庭沸沴沴，院里乱纷纷。唤钟夔，拦着门。去头上，放气熏。偎（摺）肋折，抽却筋。拔出舌，割却唇。正南直须千里外，正北远去不须论！

还是不懂？免费再赠一次文言译白话：

刚从远处到房门，撞见鬼怪一群群，里面有个傻大粗，蹲在家里房檐上。浑身冒着青红火，红眼还穿红裤头。红火外面透着绿，吓得院里乱纷纷。叫钟馗，守住门，跳上鬼头放屁熏。鬼怪一熏他就倒，打断肋骨抽出筋。拔了舌头，割掉唇，一脚踹出千里外，往南往北去充军！

翻译得不好，大家领会精神。反正驱傩词大同小异啦，再来一首也差不多：

适从远来至宫宅，正见鬼子笑嚇嚇。偎墙下，傍篱棚。头鬅鬠，眼隔搦。骑野狐，绕巷陌。捉却他，项底搭。塞却口，面上掴。磨里磨，碓里侧。镬汤烂，煎豆醋。放火烧，以枪攫。刀子割，脔肉擗。因今驱傩除魍魉，纳庆先祥无灾厄！

除夕夜，大队人马上街驱傩的活动，事先要跟城管部门打好招呼。参加者可以天黑出门乱逛而不犯夜禁，机会难得。更难得的是……哎，客人您看您，一不专心就掉队了吧？刚才您在的那一队人径直往北，八成是要一直跳进皇宫里，去给皇帝嫔妃们驱傩。这种时候，有好多游手好闲的无聊人士专门收买您穿戴的这套行头，冒充小孩子偷进宫去，想趁机开眼瞧瞧皇家的女人长得怎么样。

唉，算了，黑咕隆咚的料想他们也看不到啥，我们还是回家吧，不凑那个热闹了——家里还有好多热闹等着您呢。

顺大街，进坊门，走巷曲，回家门。您问长安城夜里有路灯没？对不起，没有，平时只能靠月光星光照路，不过除夕夜会好一些，因为家家户户院里都点着大火堆，唐朝人一般叫"庭燎"，冲天火光会透过院墙和大门，把街上照得亮堂些。

作为京城富户，您穿越到的这户人家，堂下院里也一定点着几堆大火呢。这不您进了自己家门，只见火堆旁边人影憧憧，家里几十口子人有的坐在席上吃年夜饭喝团圆酒，有的喝高了，手拉手臂挽臂地边唱歌边跳舞，一边还有吹弹奏乐的，可真是热闹。

这时候您最想干什么？找肉串来烧烤？我说先把吃货的本性收敛一下成不？您穿越成的是一个十二三岁的小男孩，又是富家子弟，玩心远远大于吃心好吧？快交子时了，远近爆竹声越来越响，您也赶紧去把家里准备的爆竹拿出来放一放吧！

呃，您说翻不到红纸裹的鞭炮？也找不到点炮的线香？

客人您醒醒，咱这是穿越到唐朝，火药这玩意儿离走入人民大众的日常生活还有点儿距离呢。线香也没有，谢谢，那时候人家的香是要团成小块状闷在炉子里熏的。

没火药，鞭炮是怎么做出来的？这响成一片的爆炸声是什么山寨效果？唉，客人啊，您不认识汉字吗？"爆竹"这俩字是啥意思，猜也能猜出个八九不离十吧？

您看，您家里的其他人这不是拖了一大堆竹子过来吗？对啊，还愣着干吗，跟别的小孩一起动手，往火堆里扔竹竿吧！竹节中间有空气，被火烧爆的时候自然会噼里啪啦地响，迸出来一阵一阵金红色的小火花，在夜色里分外艳丽喜庆。

没错，唐朝和以前时代的大众爆竹就是这样的，您要是觉得不过瘾，非得点那种带火药的鞭炮，请认准目标，只穿越宋朝以后。

小孩子们在火堆上烧竹，家里大人却在搜罗过去一年用坏的扫帚、鞋子，扫帚也扔进火堆里烧掉，不能丢出院外，说是这样可以在新的一年"令仓库不虚"。至于破旧鞋子则要埋在院里，这样家里会出当大官的儿子哦。

当当当当，子时到了，街上钟鼓齐鸣，这是辞旧迎新的一刻。在家里守岁的人们纷纷起身，晚辈给长辈行礼，奴仆给主人叩头，大家要说一些拜年的吉祥话。客人您在说啥？"恭喜发财，红包拿来。"您能稍微装得有文化点儿吗？能吗，能吗？

唐朝的拜年话怎么讲呢？如果要说得简单些，记住两句"福延新日，庆寿无疆""福庆初新，寿禄延长"[1]应该能应付过去了。您那爪爪也不用拼命往前伸啦，红包是没有的，唐朝人不给压岁钱。

失望啦？特意穿成小孩子来唐朝过年，结果连压岁钱都没得捞。安慰您一下，有的家里很有钱或者长辈很疼小孩的，可能会准备点儿特制的金、银、铜钱，或者贵金属饰品，甚至珠宝绸缎类的东西，在过年过节时赏给小孩子取个吉利，这些虽然不是马上能花掉的钞票，但您偷偷拿出去换吃的玩的，也不是不行。

但是"压岁钱"这个名词，或者叫压祟钱、压惊钱，以及过年一定要给钱的风俗，唐朝是没有的。同上，指望压岁钱，请穿越宋朝以后。

子时过后，有的家里成年人还要继续守岁玩乐，一直熬夜到天明，但是小孩子一般都会被家长轰去睡觉了，因为初一还要早起呢。当然，您可能不情愿，也觉得还不困，家人会许愿说明天早起来还有很多好吃的、好玩的等着给你，乖啦，脱衣服去睡吧，明天起来就可以穿新衣了哟……

注意，家人说的是新衣，可不是新棉袄。

有什么区别吗？当然有啊，宋以前中原地区根本没有我们现在常见的那

1　这两对出自莫高窟藏经洞出土的卷号为斯坦因0610号的敦煌遗书，有学者认为是现存最早的春联。

种白白的棉花，哪来的棉袄？您要是纯棉控，坚持要在唐朝穿棉布，那请穿越去西域，也就是现在的新疆，那片神奇的土地从汉朝就有棉布了。

您问寒冬腊月的连件棉袄都没有，会冻死吗？咳，看您说的，赶紧睡，一觉醒过来，看看枕边这套颜色鲜艳的新衣服，摸上去也是软软厚厚的吧？这是什么材质呢？

坐起来抖抖看，中间套着的这件最厚的，有一层雪白蜷曲的短毛，是羊皮哦。小小年纪就能穿上真皮草，不错吧？

当然了，羊皮在中国古代并不算特别贵重的东西，一般百姓和下等穷贵族、穷士人，要弄件羊皮袄来穿也不是很困难。昂贵的，穿上很显示身份地位的皮草，是狐皮、豹皮、貂皮，都是给成年人穿出去炫耀挣面子的，小孩子就别想了。

仆妇过来帮您穿衣服了，您别自己乱穿，容易弄错顺序的。贴身的内衣一般是用麻布做的，当然如果您家很有钱，又在过年期间，也有可能给您穿件高级的丝绸内衣。外面穿上皮裘的上下衣，有毛毛的一面朝外，但是您可不能就这么浑身毛茸茸地跑出去，像个野人似的，多没教养。

皮草的毛绒面外头，还要再穿一层绸布外衣，这个叫"裼"，把毛毛遮盖住，才是正式的符合礼制的穿法。

什么？您说您是环保人士动物保护主义者，拒绝穿皮草？好吧，好吧，唐朝人也有非动物性的冬衣，不过那一般都是给很穷很穷连羊皮都置不起的人家，您要在大年初一念叨着"没有买卖就没有伤害"披絮袍烂麻片出门，小心被家人拿棍子抽哦。

冬衣夹层里的植物型填充物，既然不能用棉花，还能用什么呢？最常见的是各种纺线做布的下脚料——乱麻，旧衣里的絮状物，蚕茧的杂质浮丝，最后这种也能精制成比较高级的料子，就是现在说的"丝绵"。

衣服穿好，您蹦跶着出门跑到院里，这时候天刚刚亮，家人又在庭前烧了些爆竹。昨晚是庆除夕，今天就是贺元日了。

唐朝人管大年初一叫元日，也可以叫元旦，跟现在公历一月一日的元旦节不是一回事。家人烧完爆竹，昨晚那几堆大火也基本都灭了，灰堆还冒着青烟，满地碎竹屑。

您突然发现院里多了点儿新东西，是一根很长很长的竹木竿，底部埋扎在土里，竿顶飘悬着纸或者布做的长条形旗子，在寒风中抖动。

您说您认得这个？叫鲤鱼飘？嗯，显然您是经常看日本影视吧。日本人为男孩子过节升立的鲤鱼飘，就是从我国山寨过去的。唐朝人大年初一在院里悬挂起这种幡子，是用来祈福祈长命，没有啥男女不平等的意味。

大门口闹嚷嚷的，一堆人围着看，您也挤过去，原来是家里人正在换桃符，贴门神和春联呢。

桃符，用桃树枝干削成的一对木片，一般涂成红色，挂在大门两边，据说有避邪作用，每年大年初一摘下旧的换上新的。如果实在穷得换不起新的，也得摘下来，重新刷一遍红油漆再挂上去。

最早两片桃符上，一片写"神荼"，一片写"郁垒"，都是传说中能镇恶邪鬼的门神。到了唐朝中后期，由于皇室带头炒作，这哥俩被群众更喜闻乐见的秦琼、敬德代替，而且群众觉得光在桃符上写两个名字不够过瘾，还得把他俩的形象画下来，贴在门上才够疗效。

至于贴春联，原先一直以为从唐末五代起才有这风俗，不过敦煌出土的文字资料证明，早在唐玄宗开元年间就有贴在大门两边的对偶联句出现了。所以您如果穿越到唐朝中后期，很可能大年初一早上，会在自家大门两边发现类似如下的对联：

三阳始布　四序初开

铜浑初庆垫　玉律始调阳

五福除三祸　万古殓百殃

宝鸡能辟恶　瑞燕解呈祥……

元日早上的一堆应景活动搞完，家里人再相互拜拜年，进门团团坐定，终于要进入过年期间最激动人心的程序了——上菜，开吃！

唐朝人过年都吃啥呢？这似乎是群众普遍关心的一个问题。不过其实当家里人开始吃元日团年饭的时候，首先上席的，并不是吃的，而是喝的。

元日要喝几种过年专用饮品，一种叫屠苏酒，另一种叫椒柏酒。屠苏是一种中药剂，由大黄、白术、桔梗、蜀椒、桂辛、乌头、菝葜七种药材混合制成，喝法嘛，有的人是把这种中药提前浸在家中水井里，等元日从井里打水上来喝，也有人是用这药来浸制药酒来喝。

椒柏酒则是用花椒和柏树叶浸泡的酒，据说这两种酒喝了都能驱邪解毒延年益寿，当然想必味道是十分之古怪离奇。

仆人把酒端上席，一一倒好，您闻着那味，正在皱眉头，思考怎么才能偷偷倒掉免喝，却见家里所有长辈都在笑眯眯瞧着您，一家之主更是出言呼唤您的小名，叫您先喝了这酒"得岁"，别人才能喝呢。

这是什么道理？自古上酒席的，不是都敬老尊贤年长者为先吗？哪有年龄最小先喝的道理？这群唐朝人在欺负哥这个穿越者吧……客人您这就想错了，元日饮屠苏椒柏酒，规矩还真是从小孩子喝起，您听家长说了吧："小者得岁，先酒贺之，老者失岁，故后与酒。"[1]虽然不给压岁钱，可一家子都在这里祝贺您又长大了一岁呢。

没办法，喝吧。果然是咸涩苦辣，难喝得要死啊。您正苦着脸咂嘴，又一盘气味奇怪的食物端上来了，这个叫五辛盘。

您定睛看去，食案上的陶碟里，一片青青绿绿的生辣气冲天，分别放着五种蔬菜，乃是大蒜、小蒜、韭菜、芸薹、胡荽（北方人叫芫荽或香菜）。过年吃五辛盘就是为了发散五脏郁气，预防时疫，不闹病。来来，动筷子吧，小孩子不准挑食，不吃不行哦！想学蜡笔小新，门都没有。

1　出自宗懔《荆楚岁时记》。

好啦，好啦，过年的食物也不是都这么奇怪难吃。五辛盘吃完，这不又端上来一盘人见人爱花见花开的胶牙饧吗？

饧是什么？大致就是今天所说的麦芽糖，古人用大麦、小麦或者糯米制出来的甜品，比较黏软，甜度不如蜂蜜，也不如现在常用的蔗糖。但是在唐朝，甘蔗制糖法刚从国外传入不久，蔗糖（当时也叫石蜜）还很不普及，一般百姓见不到，所以麦芽糖已经算是贵重的美味食品了。

客人您别着急伸手，胶牙饧可不是屠苏酒，不能先让小孩子吃，这个主要是给老人吃的。胶牙也就是固牙，一方面是考验老人的牙齿坚固程度；另一方面也是祝愿老人牙齿永不脱落长生不老。

喝了苦酒，吃了辣菜和一点儿糖，肚子难受得咕咕响了。这就上主食，端上来的这一盘，您看了肯定觉得既熟悉又亲切——白腾腾冒着热气的饺子！

真是饺子哎，捏成一个个半月形状，面皮里裹着各种馅，大锅里水煮熟了捞出来，趁热赶紧吃吧，醋蒜也都有哦！不过呢，一碗吃完，如果您大喊"再来一碗饺子"，下人们就晕了，不知道您在说啥，因为唐朝的饺子不叫这名字，叫"汤中牢丸"。

看来客人您真是饿了，这大口大口的，其实不用着急，就算在家里吃不饱，一会儿就要跟家里大人出门拜年去了。正月初一，长安城里家家户户都设着酒宴，邻居们相互拜年的时候，都可以一路吃将过去，这叫"传座"。

平民百姓吃喝玩乐地过年，大概就是这样子了。现在回到开头的问题：为什么说过年最好不要穿成官员？难道唐朝公务员过年不放假还要上班吗？

嗯，理论上来说，公务员们过年也有七天假期，跟现在一样。但是，大年初一早上，官员都要上大朝会！

不只是初一，那些皇帝比较亲信的高级官员，在除夕夜，就得抛弃家人进宫去，陪着皇帝守岁开宴喝酒唱歌作诗看春晚了。皇家御宴上的食物可能比较精美好吃，歌舞水平也很高，但谁乐意万家团圆的大年夜跟大老板一起过吗？走错一步、说句错话都可能落个罪名，战战兢兢的，纯属找罪受哟。

在宫中熬一夜，到第二天破晓时，要上正朝，更受罪了。

元日的大朝会，算是一年里最隆重的朝会之一，不但在京师的文武百官必须打卡上朝，不准迟到，各地的地方官也会派使者或者自己亲身进京贺朝，连远方的羁縻府州[1]、附属国也都要派人来送礼朝贺。

所以礼仪程序也噜苏无比。先是宰相等大官带着一堆下人举火点灯跟打狼似的上朝，在麻麻黑的清早燃起一座"火城"。大家都穿着正式朝服，打扮得花枝招展、争奇斗艳的，先是由宰相带着进皇宫正殿，拜贺皇帝，读晦涩拗口除了作者没人能懂的贺年骈文，然后内臣替皇帝作答，宰相们再退出来，接受外地府官藩属的贺文朝表，选一道高官的贺表继续宣读。如果本朝还有皇太后健在，皇帝这边弄完了，宰相们还要率官员去给太后拜年。

一般来说，官员能做到宰相位子的，都是六七十岁、七八十岁的老人了，大过年的这一通折腾，不犯心脏病高血压中风抽筋就很不错了。著名书法家柳公权就在初一上朝时差点儿给折腾死。

那年他老人家已经八十多岁，当了宰相，元日上朝，领着百官气喘吁吁地爬完大明宫含元殿的庞大龙尾道，进了殿，已经累得七荤八素，满脑袋嗡嗡响，又不让歇着，立刻开始读贺表，结果舌头一时不听使唤，把前朝"××××和武光孝××××皇帝"，一时误读成了"光武和孝皇帝"。也就前后字序稍微一错，被殿下竖着耳朵找碴儿的御史听到了，上表弹劾，皇帝都觉得柳老爷子忒冤了，马马虎虎从轻处分，罚了他一年工资完事。

1　羁縻府州，唐、宋、明各朝在少数民族地区设置的地方行政单位。羁縻府、州、卫所的建立，加强了中原与边疆地方的关系。

　　所以呢，过年过节的时候，当官的还真不如当个百姓轻松悠闲。不过这也就是暂时现象，大多数时候，还是特权阶层要舒服得多了。

　　最后，送一首卢照邻的《元日述怀》作为本次佳节特惠穿的结束语吧。

　　　　筮仕无中秩，归耕有外臣。

　　　　人歌小岁酒，花舞大唐春。

　　　　草色迷三径，风光动四邻。

　　　　愿得长如此，年年物候新。

————————

本篇参考文献 & 深度了解推荐：

张宏梅. 唐代的节日与习俗. 太原：山西人民出版社，2010

后记： 网络是个好东西

对于任何领域的业余爱好者来说，网络都是个好东西，不限于历史界。

网络的第一大好处，就是可以相对便利地获得专业性资源。

遥想并不那么久远的当年，我还是一枚穷学生的时候，为了弄清楚"唐朝人管爸爸叫什么"，跑遍了学校和省市图书馆，也查不到多少有用的资料。去书店吧，首先是照样找不到"称呼"方面的专著，那么把《资治通鉴》《旧唐书》《新唐书》买回家自己慢慢翻看？——我有钱吗？我搬得动吗？

现在呢，我坐在电脑前，在互联网搜索引擎上敲几个字，几秒钟之内，我就发现即使像《二十五史》这样庞大专业的学术资源，网络上都有不止一家学术机构向普通群众免费开放，并且支持关键字在线搜索查询。还有大量不那么严谨的网络文章，传播着正确或错误的各种相关信息。

毋庸讳言，业余爱好者"通俗说史"类作品的流行泛滥与资料的普及化有直接关系。不过我要说的是，如果对网络资源的运用，只限于《二十五史》一类的古籍和无正规出处的网上文章，那还是比较浅层次的。

我在搜索引擎里输入"唐代称谓"，发现电子期刊数据库里收录有这方面的研究论文，再仔细搜搜，也许连已经出版的学术专著也能找到。有了书名和作者名，我就可以到网上书店去购买了，如果脱销，我还可以拜托在高校和学术机构任职的朋友，从电子图书馆、网络数据库里下载与我共享。

在网络时代之前，像我这样专业圈子之外的爱好者，根本就不可能知道那些专精深、名气小、受众面窄、发行量有限的学术著作的存在，更谈不上拿到手来学习。随着网络资源的进一步拓展包容，很多时候我甚至可以直接去专业人士的网站、博客和微博上，向他们"当面"请教，这在以前更加是不可想象的事。

网络的第二大好处，有相同兴趣爱好的人可以跨越地域限制，轻松地聚集在一起，相互交流，讨论激励，使兴趣持久深入地保持下去。

人在实际生活中能接触到的圈子是有限的，如果兴趣爱好很冷僻，比如像我这样的，也许身边一百个人里也找不到一个同好。总是自己一个人闷头瞎想，没有源头活水，再深挚的爱也会渐渐干涸掉。

但是，一百个人里找不到一个同好，三亿人里呢？三亿会使用定向搜擎，很容易发现自己感兴趣的作品并通过网站、论坛、各种交流软件聚集起来保持长时间固定联系的网民——这么一个庞大的基数人群，哪怕你的爱好再冷僻再偏门，也不会是孤单单一个人默默在萌了吧？

学习和写作，都是相当枯燥寂寞的活动，能够坚持下来，必须归功于这些网上好友多年来的支持和鼓励。

我的绝大部分唐史资料是在小非姑娘的帮助下收集积累起来的，她的神光还照耀了本书出版过程中的各种烦琐事务；作为高校学者的水支夫妇，教给我史学观和学习方法，而且本书中所有关于唐朝语言的知识，都直接来源于语言学硕士水支。

若薇、宋猫、连枝草、瀚海银沙、阿腰、丝丝、雁蝶、帝江、豹猫、老克、兔子、蚂蚁、雨衣、桔子、阿蛮、袖子、萧牧之、游北君……这些奇形怪状的网络ID，尽管其中有很多人尚未谋面，但多年来的日夜倾谈以及天天拿着小鞭子抽打我"快去填坑"的凶悍，都已经使我们成为亲切知心的好友。

《唐朝穿越指南》这本书，开始写的时候曾经在西西河、凤仪、天涯、爱吱声等网站发表过，受到了众多网友的热情垂爱以及网站管理员们的大力支持。磨铁图书的编辑渣君也是通过网络途径找到我商谈合作事宜。当我希望为这本书配一些文物照片作为插图时，宋猫、连枝草、叁叁君、彭二、西博志愿者张和鑫和其他很多朋友都愿意免费提供自己的摄影作品给我无偿使用，这一切都是多么温暖和令人感激！

中国唐史学会前会长、清华大学历史系教授张国刚先生，多年前曾与我有一面之缘，此后一直保持着通信往来，对我学习唐史不断给予宝贵指导。同好燕王WF既是广受欢迎的画家，也是古代风俗史爱好者，感谢他慨然提笔为本书创作封面，画风与文风可谓相得益彰。

关于唐朝社会生活的方方面面，还有丰富的素材可以挖掘。如果条件允许，我希望能够把这个系列书继续写下去，为愿意了解古人生活的读者提供更多更好玩的知识，也为有志于古代题材写作的年轻作家提供更多可参考的有用资料。

森林鹿

2012.7